大学入学共通テスト

倫理

の点数が面白いほどとれる本

駿台予備学校講師
村中和之

＊この本には「赤色チェックシート」がついています。

はじめに

本書は、2021年からはじまる共通テストで「倫理」を選択する受験生と、「倫理、政治・経済」で高得点を目指す受験生を対象としている。

高等学校の「倫理」という科目では、おもに**古今東西の思想の歴史**が取り扱われるが、この「倫理」という科目は、はっきり言ってとても楽しい科目だ。僕は大学受験予備校でこの科目を教えているが、僕にとってこの仕事はなかば趣味みたいなものだ。もちろん、プロとしてお給料を頂戴しているのだから、真剣勝負でやっている。でも、「こんなに楽しい仕事でお金をいただいてしまっていいのだろうか」「マルクスが言う**労働の疎外** ➡p.175 って何？」と思ってしまうほどに楽しい。

これは、僕が特別に哲学好きだからというわけではない（哲学好きというのは事実だが）。大学に合格した元受験生らに聞いても、ほかの教科は辛かったけど、倫理はとても楽しかった、という声が少なくない。ある意味ではそれも当然だ。かつてアリストテレスは、**「人間は生まれつき知ることを欲する」**動物だと述べた ➡p.47 が、この科目で扱われるのは、「善とは何か」「真理とは何か」「人はどう生きるべきか」「社会はどうあるべきか」といった、だれもが関心を抱き、知的好奇心をくすぐられるテーマばかりなのだ。こうしたテーマに対してありったけの知恵を絞った先人たちの思索が、面白くないはずがない。

ところが残念なことに、参考書のなかには、その魅力を十分に伝えきれていないように思われるものも少なくない。もちろん優れた本もあるし、そこから僕も多くを学ばせてもらっている。でも、**表面的な知識**をなぞっているだけの参考書があることも事実なのだ。

僕は、受験が終わればきれいさっぱり忘却の彼方に消え去ってしまうような知識を詰め込むことは、本当の勉強ではないと思う。勉強とは、人類の知的探究を追体験し、それを我が物にすることで自分を豊かにするものであるべきだ。もちろん、受験勉強なのだから点数をとらなくてはならないのだが、少なくとも「倫理」という科目は、偉大な思想家たちが文字どおりに命がけで紡いだ思想を学ぶものなのだから、何の意味もない記号を機械的に暗記するような学習はしてほしくないし、また実際そうした姿勢では点数もとれないだろう。本書は、以上のような問題意識から、ただ思想の表面をなぞるのではなく、**思想の核心**をつかんでもらうことを目標にして執筆した。

この点に関してひとつ断っておきたいのだが、僕が執筆のさいに念頭に置いたのは**意欲のある受験生**だ。努力をしたくない受験生がそこそこの点を稼げるようになる本ではなく、努力する意欲をもっている受験生が高得点をとれる本を、僕は書きたかった。だから、もちろんできるだけわかりやすい記述を心がけたが、お気楽に読み進められる箇所ばかりではない。これは、思想家とそれを読み解く者（つまり僕ら）のあいだの真剣勝負だ。真剣に思考したことのない者には、けっして本物の思想は理解できないだろう。でも、本当に理解したいという意欲がある受験生には、本書が強い味方になることを約束したい。だから、一読しただけで理解できない箇所があっても、じっくりと繰り返し読み、用語集なども活用して、理解できるまで読み込んでもらいたい。

これまでのセンター試験に代わって**共通テスト**が始まるが、学習指導要領は変わらないので、問われる内容が大きく変わるわけではない。本書で理解すべき内容をしっかりと学び、**センター試験の過去問**で実践的なトレーニングを積み重ねれば、確実に高得点がとれるようになるだろう。ただ、出題形式は変更も多くなりそうなので、2018年に大学入試センターが実施した試行調査をじっくり吟味しておいてもらいたい（本書にも「試行調査問題にチャレンジ！」として何題か掲載しておいた）。

本書は、2015年に刊行して以来、好評をいただいていた『**改訂第２版　センター試験　倫理の点数が面白いほどとれる本**』をもとにして、内容を大幅に加筆・修正したものです。KADOKAWAの編集部の皆さんには、執筆・改訂のたびに本当にお世話になってきました。

また、学部・大学院時代を通じて哲学の無限の魅力を伝えてくださった先生方、怒鳴り合いのごとき真剣な討論で自分を啓発してくれた大学院時代のゼミ仲間たち、さまざまなことを教えてくださった同僚講師の皆さん、質問を通じて多くを気づかせてくれた受講生諸君、そして僕を私生活で支えてくれた妻と息子に深く感謝したいと思います。

村中　和之

もくじ

「青年期の課題」は、学習する分量こそ少ないけど、毎年必ず出題されてきたから、けっして気を抜いてはいけないよ！しっかり対策しよう！

第2章 源流思想 ...28

第3章 西洋近現代思想 ...112

「西洋近現代思想」は、「倫理」の山場だ！　苦手な人が多いし差がつきやすいから、得点源にすればガゼン有利になるよ。

第4章 日本思想 ...224

第5章 現代社会の課題 ...300

本文イラスト：けーしん・中口　美保
本文デザイン：長谷川有香（ムシカゴグラフィクス）

＊本書がもとづいているデータは、2020年５月現在の情報が最新です。
＊条約（じょうやく）・法律については、採択年（さいたくねん）を表示しています。

この本の特長と使い方

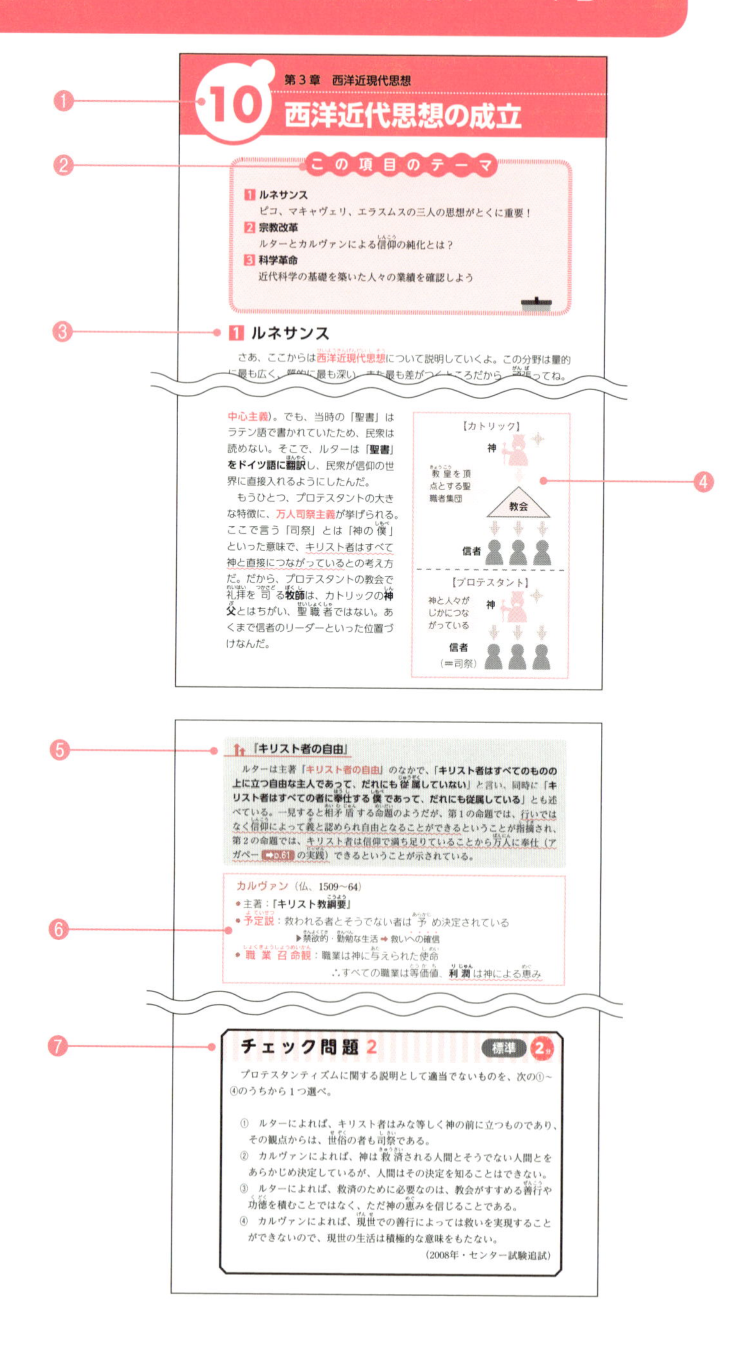

①
②
③
④
⑤
⑥
⑦
10
第3章　西洋近現代思想
西洋近代思想の成立
この項目のテーマ
1 ルネサンス
ピコ、マキャヴェリ、エラスムスの三人の思想がとくに重要！
2 宗教改革
ルターとカルヴァンによる信仰の純化とは？
3 科学革命
近代科学の基礎を築いた人々の業績を確認しよう
1 ルネサンス
さあ、ここからは西洋近現代思想について説明していくよ。この分野は量的
中心主義)。でも、当時の「聖書」はラテン語で書かれていたため、民衆は読めない。そこで、ルターは「聖書」をドイツ語に翻訳し、民衆が信仰の世界に直接入れるようにしたんだ。
もうひとつ、プロテスタントの大きな特徴に、万人司祭主義が挙げられる。ここで言う「司祭」とは「神の僕」といった意味で、キリスト者はすべて神と直接につながっているとの考え方だ。だから、プロテスタントの教会で礼拝を司る牧師は、カトリックの神父とはちがい、聖職者ではない。あくまで信者のリーダーといった位置づけなんだ。
【カトリック】
神
教皇を頂点とする聖職者集団
教会
信者
【プロテスタント】
神と人々がじかにつながっている
神
信者
(＝司祭)
「キリスト者の自由」
ルターは主著『キリスト者の自由』のなかで、「キリスト者はすべてのものの上に立つ自由な主人であって、だれにも従属していない」と言い、同時に「キリスト者はすべての者に奉仕する僕であって、だれにも従属している」とも述べている。一見すると相矛盾する命題のようだが、第1の命題では、行いではなく信仰によって義と認められ自由となることができるということが指摘され、第2の命題では、キリスト者は信仰で満ち足りていることから万人に奉仕（アガペー ➡p.61 の実践）できるということが示されている。
カルヴァン（仏、1509～64）
●主著：「キリスト教綱要」
●予定説：救われる者とそうでない者は予め決定されている
▶禁欲的・勤勉な生活➡救いへの確信
●職業召命観：職業は神に与えられた使命
∴すべての職業は等価値、利潤は神による恵み
チェック問題2
標準
2分
プロテスタンティズムに関する説明として適当でないものを、次の①～④のうちから1つ選べ。
① ルターによれば、キリスト者はみな等しく神の前に立つものであり、その観点からは、世俗の者も司祭である。
② カルヴァンによれば、神は救済される人間とそうでない人間とをあらかじめ決定しているが、人間はその決定を知ることはできない。
③ ルターによれば、救済のために必要なのは、教会がすすめる善行や功徳を積むことではなく、ただ神の恵みを信じることである。
④ カルヴァンによれば、現世での善行によっては救いを実現することができないので、現世の生活は積極的な意味をもたない。
(2008年・センター試験追試)

■この本の読者対象

この本は、共通テスト「倫理」、および「倫理、政治・経済」の対策書です。基礎からていねいに説明しているので、学校の授業で「倫理」を習っていない人でも、**予備知識ゼロの段階から読めます**。また、発展的な内容も盛り込まれているので、「倫理」をある程度得意とし**8割以上の高得点をねらう人にも有用**です。さらには、共通テスト受験生のみならず、高1・高2生が学校の授業の**予習**・**復習**や**定期テスト対策**に使用することも可能です。すなわち、**すべての「倫理」学習者に納得&満足していただける本**に仕上がっています。

■この本の構成要素（左ページの説明と対応）

❶ **「項目」**：共通テスト「倫理」の全範囲を、27個の項目に分類しています。とくに、ほかの参考書ではあまりくわしく書かれておらず受験生の弱点になりがちな**現代社会分野**（**「第5章　現代社会の課題」**）**の充実ぶりには目を見張るものがあります。**

❷ **「この項目のテーマ」**：以下に出てくる内容における学習上のポイントを示します。

❸ **本文**：村中先生による、哲学・思想の本質をえぐり出し、なおかつ出題の勘どころをおさえたわかりやすい説明が展開されています。随所に挿入されている生徒キャラによる“合いの手”は、**学習者が疑問に思うポイントをすべて含んでいます。**赤字・**太字**は重要な用語を、下線部は理解すべき内容をそれぞれ表しています。

❹ **ビジュアル解説**：言葉による説明だけではわかりにくい箇所につき、図表入りで**視覚的**に説明しています。

❺ **発展事項**：やや高度ながら、**共通テストで出題される可能性がある内容**を扱います。高得点をねらう人は、とくにしっかり目を通しておきましょう。

❻ **板書**：続く本文の内容を先取りしています。

❼ **「チェック問題」**：共通テスト試行調査、センター本試験・追試験の過去問のうち、**極上の良問**を掲載しています。**難易度**（易／標準／やや難／難）と**解答目標時間**（分単位）も示されていますので、演習のさいの参考にしてください。

■この本の使い方（左ページの説明と対応）

◆一度目に読む場合：すべての記述をくまなく読み込み、赤字の用語をすべて覚えるよう努めてください。また、解答目標時間以内で解けなくてもかまわないので、**「チェック問題」**にも取り組みましょう。

◆二度目以降に読む場合：一度目よりもスピードを上げ、下線部を中心に読み込みましょう。用語は、赤字だけでなく、**太字**まで覚えましょう。**「チェック問題」**は必ず解答目標時間以内で解き、それぞれの設問につき4つある選択肢をじっくり読み込んでください。“選択肢のつくりのクセ”がつかめ、**実戦感覚**が身につきます。

第1章　青年期の課題

1 人間性の特質と人間の心理

この項目のテーマ

1 人間性の特質
人間性をめぐるさまざまな議論を整理しよう

2 人間の心理
マズローの欲求理論、フロイトの無意識論、さまざまな防衛機制

1 人間性の特質

さあ、これから一緒に倫理について勉強していこう。

そもそも倫理という科目で何を学ぶのかということなんだけど、これをひとことで言えば、**人間とは何か**というテーマをさまざまな角度から探求するものだ。

まずは古今東西の思想家たちが人間をどのようにとらえたのか見てみよう。

ポリス的動物	アリストテレス（前4世紀）による定義。**社会的存在**として同胞たちと共同体に生きる点に人間の本質を見出している
ホモ・サピエンス（英知人）	植物学者リンネ（1707〜78）による定義。「知恵をもつ人」の意味で、人間の本質を**知性**のうちに見出している
ホモ・ファーベル（工作人）	ベルクソン（1859〜1941）による定義。**道具**を作って自然を改変するという能動的性格に人間の本質を見出している
ホモ・ルーデンス（遊戯人）	オランダの歴史学者ホイジンガ（1872〜1945）による定義。**遊び**が学問・芸術などの文化を生み出したとする考え方
シンボルを操る動物	ドイツの哲学者カッシーラー（1874〜1945）による定義。**言語**などの象徴（シンボル）を介して世界を抽象的に理解する存在であるとの考え方

時代とともに見方が変わってきたことがわかるよね。

まず、古代ギリシアの哲学者**アリストテレス** ➡p.44 は、人間を「**ポリス的動物**」と呼んだ。これは人間が単なる個人ではなく**社会的存在**だという意味だよ。「ポリス」とは古代ギリシアの都市国家のことで、アリストテレスは、人間が共同社会のなかで同胞とともに生きる存在だということを言いたかったんだ。個人主義を基調とする西洋近代の人間観 ➡p.112 とは明らかに異なる点に注目してほしい。

次の**ホモ・サピエンス**というのは、人間の生物学的な定義だね。ところで、ヨーロッパで18世紀は「**理性の世紀**」とも言われる ➡p.145 。つまり、人間を**理性的存在**として把握する時代背景のもとに、この言葉がつくられたと言える。

これに対して**ホモ・ファーベル**は、人間が**道具を用いる存在**であるという点に着目しており、これは観想的 ➡p.47 な性格よりも能動的な性格に着目しているという点が新しい。

ホモ・ルーデンスは、「**遊び**」こそが人間の本質とする考え方だ。遊びというのは本質的に利害や打算などとは無縁の、それ自体で楽しい営みだよね。こうした営みこそが創造性を刺激し、文化を構築する。遊びによってヒトは人間になったのだというわけ。

いろんな見方があるんですね。
でも、ひとことで人間と言ってもいろいろな人がいますよね。

もちろん。人間は個性をもった存在だ。言い換えると、**人格**（**パーソナリティ**）は一人ひとり異なる。

日常語の「人格」は、「立派な人」、つまり「人格者」という意味で使われることが多い。でも、心理学でいう**人格**とは「ある人の本質」くらいの意味で、**アイデンティティ** ➡p.23 とも近い概念だ。この人格は**能力**・**気質**・**性格**という3つの要素から成り立っている。性格は能力や気質を牽引するものでもあることから、人格のなかでも最も核心的なものであり、人格そのものと同一視されることもあるよ。

人格（パーソナリティ）

- **能力**…**知**能＋技能
- **気質**…**感情**的特性
- **性格**…**意志**的特性

成熟した人格

アメリカの心理学者**オルポート**（1897～1967）は、**成熟した人格**の特性として❶ 自我の拡張、❷ 他人に対する温かい関係、❸ 情緒の安定、❹ 現実認知と技能、❺ 自己客観化、❻ 人生観の確立　を挙げている。

ところで、性格ってどうやってできるの？

性格は**遺伝的要素**と**環境的な要素**の2つがからみ合うことで形成される、というのが現在の定説だ。

たとえば、音楽的才能などは明らかに遺伝的な要素が大きいし、人間の性格形成には、かつて考えられていたよりもはるかに遺伝的要素が大きいということがわかりつつある。

もっとも、環境が人間形成に影響するというのも明らかだ。たとえば、音楽家の家系では音楽教育が重視されるだろうから、じつはここにも環境的要素が作用している可能性がある。

なるほど。ちなみに僕はB型だからズボラなのも仕方ないね。

血液型と性格とのあいだに関連があるというのはなんら科学的根拠のない話だぞ。とはいえ、たしかに性格にはいくつかの類型を挙げることができる。でも、人間を「○○型」という枠に無理に押し込めてとらえようとするのは**ステレオタイプ** ➡p.316 の危険があるから、話のネタ程度にとどめておいたほうがいい。もっとかけがえのない自分らしさというものを大事にしたいよね。

性格の類型

ドイツの精神医学者**クレッチマー**（1888～1964）は、古今東西の天才たちの性格を分析するなかで、**体型**と性格とのあいだに関連があると論じた（細身型は分裂気質、肥満型は躁鬱気質、闘士型はてんかん気質）。

ドイツの哲学者・教育学者**シュプランガー**（1882～1963）は、人々が**追求する価値**に応じて性格類型を6つに分類できると考えた（理論型、経済型、審美型、宗教型、権力型、社会型）。

さっそく色々な人物が登場したけど、頑張って覚えていこう！

2 人間の心理

人間はさまざまな**欲求**をもっている（「ご飯を食べたい」「キレイになりたい」「世界を平和にしたい」など）。でも、すべての欲求を実現できるわけではない。そうした欲求と現実との不調和（**不適応**）に直面することで、人間は問題を解決するために奮起し、あるいは挫折する。こうした経験を重ねることによって、人格は形成されていくんだ。

以上の点を順に見ていこう。まずは欲求の分類から。アメリカの心理学者**マズロー**（1908〜70）は、人間の欲求が下のように**階層構造**をもつと主張した。つまり、欲求は低次のものから順に満たされていき、最後に**自己実現の欲求**へと向かい、人格が完成されるという。

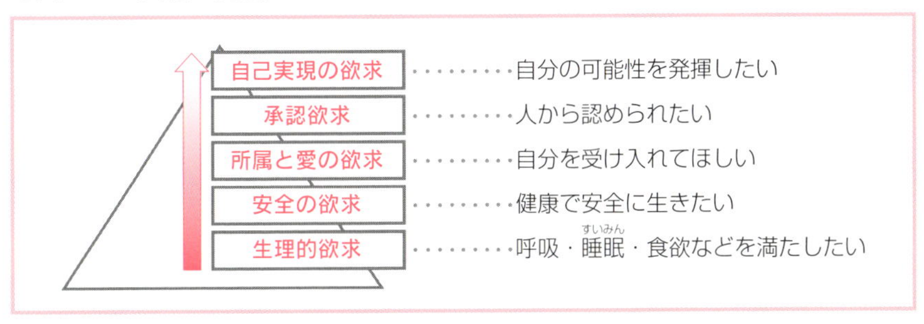

でも、現実には欲求が実現されないことも多いですよね。

そうだね。そして複数の欲求が衝突してしまうことを**葛藤**と言う。葛藤は欲求の種類に応じて次の3つに分類されるので、それぞれ具体例と結びつけられるようにしておこう。

葛藤の分類（レヴィン）

- **接近－接近型**：「Aをしたい」、でも「Bもしたい」
  - 例 この洋服が買いたい、でもあの服もステキ
- **接近－回避型**：「Aをしたい」、でも「Bはしたくない」
  - 例 遊びに行きたい、でも成績が下がるのはイヤだ
- **回避－回避型**：「Aをしたくない」、でも「Bもしたくない」
  - 例 太りたくない、でもダイエットはゴメンだ

さて、こうした葛藤によって**欲求不満**におちいるとどうなるか。大きく3つのパターンが考えられる。

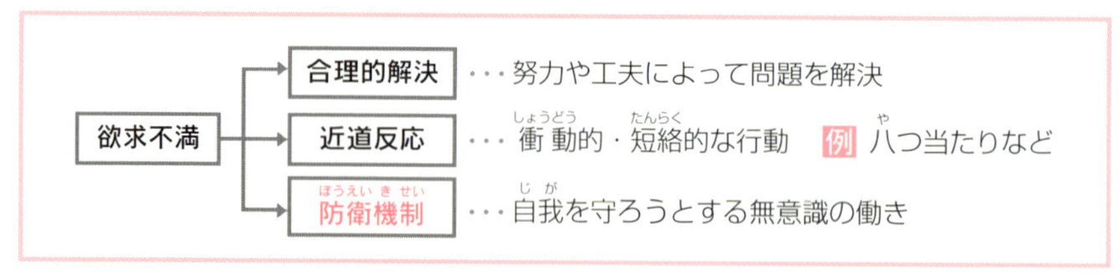

このうち最も重要な**防衛機制**は、**フロイト**（1856〜1939）によって理論化されたもので、自我を守るために**無意識**のうちに現実に適応しようとする心のメカニズムを指す。

たとえば、仕事のために連絡をとらなきゃいけない人がいるのに、どうしてもその名前が思い出せない。じつは、この人はかつて自分の恋人を奪った恋敵であって、失恋の事実を思い出したくないために、**無意識のうちに**記憶の奥底に封じ込めていた、といった具合だ。

西洋近代哲学では、理性を備えた**自我**（＝「わたし」）があらゆる議論の出発点になると考えられていた ➡p.129。ところがフロイトは、人間の心のうち**意識的な領域**というのは氷山の一角にすぎず、人間は広大な**無意識の領域**によって突き動かされていると考えたんだ。

これは西洋哲学の前提を揺るがす主張であり、大変な反響を呼ぶことになる。フロイトは精神科医として神経症の患者を診察するうちに、人間が無意識によって動かされていると確信するようになり、**精神分析学の祖**となったんだ。

フロイトによると、人間の心は３つの部分に分かれる。まず、心の奥底には**エス**（ドイツ語で「それ」を意味する）というなぞめいた領域がある。ここには人間を突き動かす**リビドー**（衝動）が渦巻いており、これが**快楽原則**に従うよう自我に働きかける（「掃除なんてサボってしまえ！」など）。

でも、これでは人間はどんどん転落してしまう。そこで、教育やしつけを通して獲得される「良心」にあたる**超自我**（**スーパーエゴ**）が作動する（「ズルをするのはやめておこう」など）。そして**自我**（**エゴ**）は、こうしたエスや超自我の働き、それに外界からの刺激などを調整する働きを担っている。

フロイトは、このうち人間を動かすリビドーが性的なものである（つまり、性的欲望）と主張し、キリスト教道徳の支配的な社会で物議をかもした。

防衛機制ってのは、超自我の働きなんだね。

そうだね。性欲などの快楽原則を野放しにしては社会生活を営むことができないので、超自我がこれを**抑圧**しようとするんだ。だから、この働きは欠かすことのできないものなんだけど、抑圧しすぎてもまずい。リビドーが突発的に暴発したり、心身のバランスを崩してしまうこともある。フロイトは、ヒステリー患者などはまさにこうした症状におちいっていると判断したんだ。

防衛機制は抑圧以外にもさまざまな種類のものがある。それぞれを具体例と結びつけさせる問題が繰り返し出題されているよ。

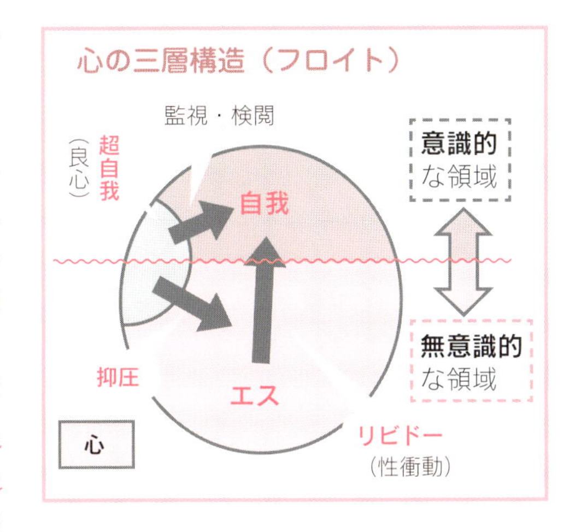

防衛機制	内　容
抑圧	不快な記憶や欲求を意識から排除すること 例　ピアニストの夢を断念して、無意識に音楽から遠ざかる
合理化	欲求の実現に失敗したことを、もっともらしく正当化すること 例　「あんなオトコ、こっちから願い下げだわ」（失恋時に）
反動形成	実際の欲求と反対の行動をとって精神のバランスを保つこと 例　好きな女の子にいやがらせをする
投射（投影）	自分の欲求や意識を相手のなかに読みとること 例　「彼女、オレに気があるにちがいないぞ」
退行	欲求が実現できないときに、前の発達段階に戻ること 例　妹が産まれて母親の愛情を独占できなくなった幼児のワガママ
昇華	社会的に価値の低い欲求から高い欲求へと置き換えること 例　ケンカに明け暮れていた少年がボクシングに目覚める

ユング

フロイトの弟子であった**ユング**（1875～1961）は、当初フロイトと親密な関係であったが、2つの点でフロイトと対立し、離れていった。

第一に、フロイトは人間を突き動かすリビドーをもっぱら性的なものと考えたが、ユングはもっと多種多様なリビドーを想定した。

第二に、フロイトは人間の無意識を基本的に個人的経験などに由来するものと考えていたが、ユングは個人的無意識の背後に個人を超えた**集合的無意識**があると考えた。ユングによると、すべての人は集合的無意識のなかに**元型**というものをもち、これが民族を超えて類似する神話などを生み出したという（**太母（グレート・マザー）**など）。

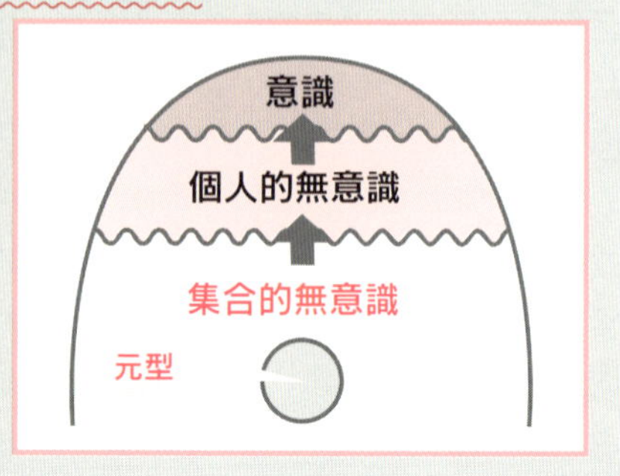

チェック問題

フロイトが考えた無意識が現れる例として適当でないものを、次の①～④のうちから1つ選べ。

① 複雑な感情を抱いている相手の名前を、言い間違えてしまう。
② もう一度行きたいと思っている場所に、忘れ物をしてしまう。
③ 朝日が昇るのを見ると、だれもが荘厳な感じを抱いてしまう。
④ 気がかりなことがあると、何かに追いかけられる夢を見てしまう。

（2007年・センター試験本試）

解答・解説

③

フロイトが想定した無意識は**個人的な体験**に由来するものである。この点で「だれもが……」という表現が入っている③は不適当である。**集合的無意識**の存在を説いたユングであれば、こうしたことを言ってもおかしくない。

①・②・④：**個人的無意識**が個人の行動や振る舞いに影響する例であり、フロイトの無意識論に対応した記述となっている。

スキルアップ1 エディプス・コンプレックスと『オイディプス王』

フロイトは、人間がもつリビドーと、それに対する抑圧の働きの典型例として、**エディプス・コンプレックス**という概念を提唱した。

これは、**ソフォクレス**の悲劇『**オイディプス王**』➡p.29 で知られるギリシア神話に由来する議論（「エディプス」とは、「オイディプス」のドイツ語読み）で、**父親への殺意に近い憎悪と母親への近親相姦的な独占欲という男児の心理**を意味している。しかし、父親を殺すことも母親と近親相姦することも、もちろん社会的にはけっして許されない。そこで、こうした心理はしだいに無意識のうちに抑圧されることになっていったという。

なお、オイディプス王のあらすじは以下のとおり。

◆　◆　◆

テーバイの王ライオスは妻イオカステと暮らしていたが、彼はあるとき次のような不吉な神託を受ける。もし息子をつくるならば、王は息子によって殺され、息子に自分の妻をめとられることになるだろう、と。

しかし、ライオスは結果としてイオカステとのあいだに息子をつくってしまう。これがオイディプスである。王は予言の成就をおそれたが、わが子を殺すにしのびなく、従者に命じて遠方の地に捨てさせた。オイディプスは羊飼いに拾われ、息子をもたないコリントス王に引き渡されることになる。

コリントスの王子として成長したオイディプスは、あるとき驚くべき神託を受ける。――お前は父を殺し、母を妻としてめとるであろう――。自分がコリントス王の実の息子でないことを知らなかったオイディプスは、予言の成就をおそれてコリントスを捨て、放浪の旅に出る。その旅路の途中、オイディプスは1人の男とトラブルを起こし、殺してしまった。この男こそが、ほかならぬ実父ライオスであったのだが、そのとき、オイディプスは真相を知るよしもなかった。

このあとオイディプスは、国王を失い、スフィンクスという怪物に悩まされていたテーバイに入り怪物を退治したため、新王として迎えられる。先王の未亡人を妻として。ここに予言は成就した。

その後、オイディプスは先王殺害の犯人探しを始め、真相を知ってしまう。オイディプスは絶望のあまり目をえぐり、国を去っていった。

青年期の特質と課題

この項目のテーマ

1 青年期の特徴
青年期を特徴づけるさまざまな用語とその提唱者をおさえよう

2 青年期の課題
エリクソンのアイデンティティ論をていねいに学ぶこと

3 現代日本の青年
青年期が近代の産物であることに注意！

1 青年期の特徴

青年期とは子どもから大人への過渡期のことだ。**身体**レベルではもうほぼ大人だが、**精神**的成熟や**経済**的自立という点では子どもの側面を引きずっている。このように、もはや純然たる子どもではないが大人にもなりきっていない、という宙ぶらりんな存在であるという点を言いあてたのがドイツ出身の心理学者**レヴィン**（1890〜1947）➡p.15で、彼は青年期のことを**マージナル・マン**（**境界人**、**周辺人**）と呼んだ。

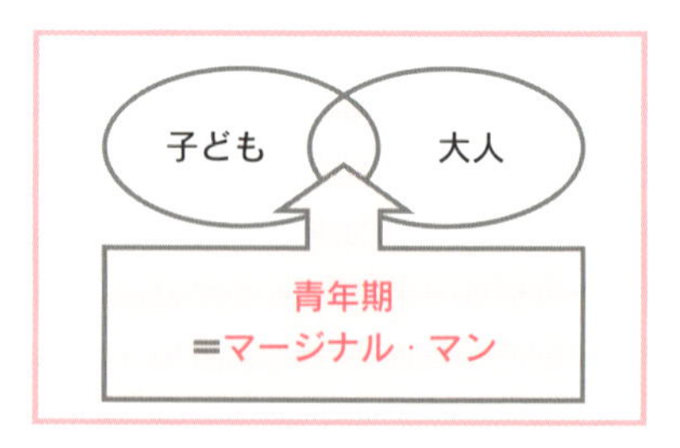

過渡期であるがゆえに、青年期はとても心理的に**不安定**な時期だ。身体面での急激な変化（**第二次性徴**）が起こるため、**自分が何者であるのか**という点で不安や疑問を抱き、**自我**を探求し始める。「**本当の私**」を模索するというわけだ。中学生くらいの時期に、日記をつけ始めるなど**内省的傾向**が深まるのも、このためだ。

内省すると、どうなるの？

強い自我意識から、家族や教師など周囲の大人に対する反抗に向かう（**第二反抗期**）ことも多いが、同時に人から認められたいという渇望も強まるので、異性を含めた**友人関係**が急速に深まっていく。親密さを求めつつ**孤独感**をも深めるというように、青年期は極端から極端へと揺れ動く、矛盾に満ちた「**疾風怒濤**」の時期だとされるんだ。

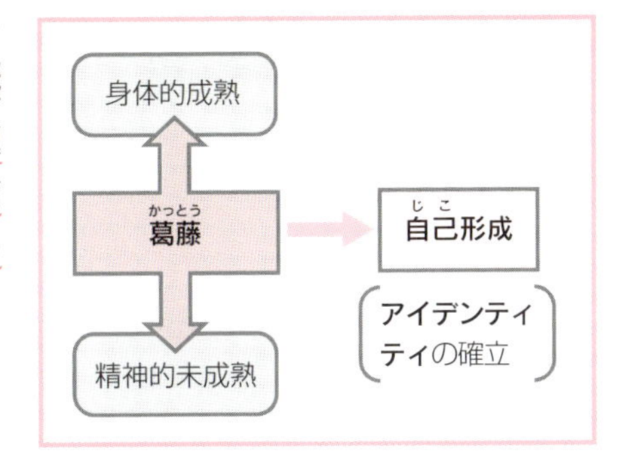

僕、あんまり反抗した覚えがないんだけど。

まあ、たしかに最近では以前みたいに校内暴力で学校が荒れるケースは多くないし、息子が父親と取っ組み合いのけんかをするなんてことは、むしろ非常に珍しいケースだろう。だから、「危機の時代」としての青年期というのはもうあてはまらないんじゃないかという説もある。でも周囲からの視線を強く意識するようになり、さまざまな**悩み**や**コンプレックス**（劣等感）に苦しみながら**自己を形成**する独特な時期であるというのはたしかだ。

そのほか、青年期を表す重要な表現として、以下のようなものがある。とくに「**第二の誕生**」は頻出だよ。

青年期の特徴を表すその他の表現

- **第二の誕生**…青年期が性的な存在として自我を自覚する時期であることを示す。フランスの思想家**ルソー**（1712～78）による表現
  「私たちはいわば二度生まれる。一度目はこの世に存在するために。二度目は生きるために。はじめは人の一員として生まれ、次に男性あるいは女性として生まれる」（『エミール』）
- **心理的離乳**…子どもが精神的に（≠経済的に）親から自立すること（親離れ）。アメリカの心理学者**ホリングワース**（1886～1939）が命名

チェック問題 1

青年期の自己形成に関する記述として最も適当なものを、次の①～④のうちから１つ選べ。

① 青年は、青年期後期における急激な身体的変化や性的成熟などの第一次性徴の発現を契機として、自己を形成していく。

② 青年は、友人とのかかわりのなかで、自分を見つめ直し、あるべき自分の姿を思い描きながら、自己を形成していく。

③ 青年は、プレ成人期において、親や大人から経済的な自立をはかろうとする心理的離乳の過程を通じて、自己を形成していく。

④ 青年は、２つ以上の相反する心理的欲求の葛藤を合理的に解決する合理化の働きによって、自己を形成していく。

（1998年・センター試験本試）

解答・解説

②

正しい。青年期は自分の**アイデンティティ** ➡p.23 を探求する時期であり、これは**友人関係**を深めることなどを通じてしだいに達成される ➡p.24 。

①：「急激な身体的変化や性的成熟」が起こるのは「青年期後期」ではなく**プレ青年期**であり ➡p.26 、またそれは**第一次性徴**ではなく**第二次性徴**である ➡p.20 。

③：**心理的離乳**は親からの経済的自立ではなく精神的自立をはかろうとすることであり ➡p.21 、またこれは**プレ成人期**（23～30歳）よりは早い時期（おもに**青年前期**）に起こる現象である ➡p.26 。

④：**合理化**は防衛機制の一つであって、**合理的解決**とはまるでちがう ➡p.16 。

2 青年期の課題

アメリカで活躍した心理学者**エリクソン**（1902〜94）は、1人の人間の生涯のプロセスを、次の8つの**発達段階**に分類し（**ライフサイクル論**）各段階にはそれぞれ達成すべき**発達課題**がある、と論じた。

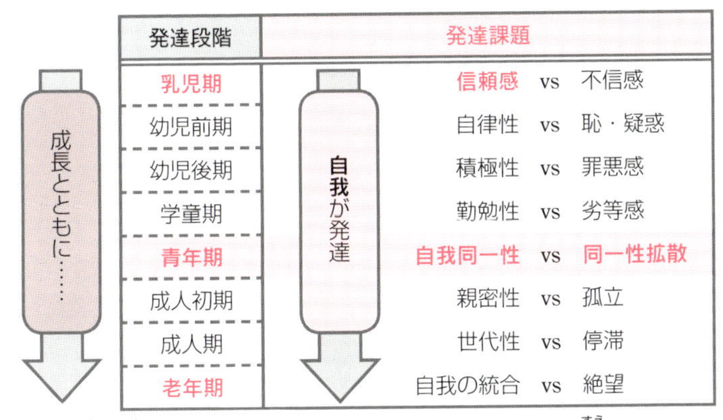

発達段階	発達課題
乳児期	信頼感 vs 不信感
幼児前期	自律性 vs 恥・疑惑
幼児後期	積極性 vs 罪悪感
学童期	勤勉性 vs 劣等感
青年期	自我同一性 vs 同一性拡散
成人初期	親密性 vs 孤立
成人期	世代性 vs 停滞
老年期	自我の統合 vs 絶望

たとえば**乳児期**には、信頼感と不信感のせめぎ合いの末に母親への**信頼感**が獲得されることで自己を肯定できるようになる。

不信感のない子がすくすく育つ、みたいな感じ？

いや、発達課題の対抗要素は不可欠なものなんだ。少年漫画の主人公がライバルと競うことで成長するように、赤ん坊も不信感を経験することでより強い信頼感を獲得する。ほかの段階でも同様だ。

さて、エリクソンは人間を産まれてから死ぬまで成長する存在ととらえているんだけど、とくに**青年期**を重視し、この時期に**自我同一性**（**アイデンティティ**）の確立がなされるものと主張した。

アイデンティティとは、**その人が何者であるかを示す自我の核**というべきものだ。人は生まれてから死ぬまで、精神的にも肉体的にも、絶えず変化し続ける。でも10年前の自分と今日の自分はやはり同じ自分だよね。**時間的変化**にかかわらず変わらぬ**自我の核**（＝アイデンティティ）があるからだ。

それから、その人が何者であるかを示すものは、ひとつではないよね。学校では「生徒」であり、家庭では「息子」であり、コンビニでは「客」であり、という具合に。でも、多様な**役割**を演じつつも、それらを「わたし」としてまとめる何かがあるはずだ。そして、そのような「わたし」が**他者から社会的に**

承認されていること。これがアイデンティティのもう１つの意味だ。

さらに、こうしたアイデンティティは**主体的**にみずから選びとったものでなければならない。つまり、与えられたキャラを演じたりしているようでは、そのキャラをアイデンティティと言うわけにはいかないんだ。

ポイント　エリクソンの言うアイデンティティとは？

- 連続性：時間経過にもかかわらず変わらない自己
- 社会性：さまざまな役割を演じる自己が社会的に承認されていること
- 主体性：自我はみずから選び取らなければならない

ところでアイデンティティの確立は簡単でない。子ども時代の自分をいったん解体して自分を再構成しなければならないわけだから、その過程では**アイデンティティの危機**（**同一性拡散**）におちいることもある。対人不安におちいったり、自分の存在意義について深く思い悩んだり、非行行為に走ったり。

でも、これらは「本当の自分」を模索するために不可欠のプロセスなんだ。アイデンティティの確立には試行錯誤の長い時間を要するので、この青年期には大人としての社会的な責任や義務から猶予されている。これを**モラトリアム期間**と言う。青年期には失敗することも人生勉強として大事なことなんだよ。

発達課題

人生の各段階で達成すべき課題のこと。エリクソン以前に**ハヴィガースト**（1900～91）がこれを提唱した。彼は、青年期の発達課題として、男女の役割の理解、両親や大人からの情緒的自立、職業選択や家庭生活の準備、市民として必要な知識の獲得、行動の指針となる価値観の獲得、などを挙げている。

生きがいについて

自我の形成期である青年期には、何のために生きるのかということでしばしば思い悩む。この点について精神医学者の**フランクル**は、ユダヤ人として**アウシュヴィッツ強制収容所**から生還した体験をもとに、極限状況にあっても生きる希望を失わず、人間として誠実な態度を保ち続けた者がいたと語っている。彼は、「わたしは人生に何を期待できるか」を問うべきではなく、**自分自身が人生によって問われている**ことを自覚しつつ誠実に生きることが大切だと言う（『夜と霧』）。

また精神科医の**神谷美恵子**は、ハンセン病患者へのケアの体験などをもとに、著書『生きがいについて』のなかで、物質的な利益とは異なる精神的な面や内的な心のなかに**生きがい**を見い出すことの重要性を説いた。

チェック問題 2

エリクソンの言う「アイデンティティ」についての記述として最も適当なものを、次の①～④のうちから１つ選べ。

① 人間はみずからの在り方を追求するさいに、ある対象の一面、あるいはいくつかの特性、場合によってはその全体を理想として自分に当てはめ、それと似た存在になる。
② 人間は、日常生活でのさまざまな局面の変化を通じて、変わらない連続性と一貫性を保つ「私」の中核部分をもち、同時にそれが共同体の他者に共有、承認されることを求める。
③ 人間は、社会生活を送るなかで、みずからの帰属する社会や共同体といった集団の規範に同一化することで、つねに整合的で矛盾のない行動の指針を得ることができる。
④ 人間は日常生活のなかで、さまざまな役割としての社会的自己にそのつど、その場限りで同一化することで、他者との関係においても安定した態度を取ることができる。

（2004年・センター試験追試）

解答・解説

②

前半で「**連続性**と一貫性」の契機、後半で他者からの**承認**という契機が挙げられているので、エリクソンのいう**アイデンティティ**の説明として正しい ➡p.23。

①・③：いずれもなんらかの既成の人間像に自己を同一化するということであり、**主体性**という契機が抜け落ちている。エリクソンは、アイデンティティは「**ほかならぬこの私**」という主体的・実存的な性格が不可欠だと考えた。

④：アイデンティティにおける**社会性**の契機は満たしているが、「そのつど、その場限りで」とあるので、連続性が満たされていない。

3 現代日本の青年

ここまでは「青年期」を大まかにとらえてきたけど、右のように、これをもう少し細かく分類することができる。

青年期

- **プレ青年期**（10〜14歳）≒第二次性徴期 ｝思春期
- **青年前期**（14〜17歳）｝思春期
- **青年後期**（17〜23歳）
- **プレ成人期**（23〜30歳）

▶年齢はいずれもおよその目安

青年期って万国共通なの？

そんなことはない。人間の成熟の仕方は国によっても時代によってもちがう。かつては青年期という独自の時期が存在しなかったとも考えられている。それどころか、歴史学者の**アリエス**によれば、中世には「子ども」の概念すらなく、「**小さな大人**」とみなされていたという。

ではどうやって大人になるかというと、なんらかの**通過儀礼**（**イニシエーション**）によって移行期間をへずに子どもが大人になっていたんだ。たとえばバンジージャンプは、南太平洋のある地域で行われていた成人の儀礼が起源だとされる。昔の日本で行われていた**元服**も大人への通過儀礼だった。

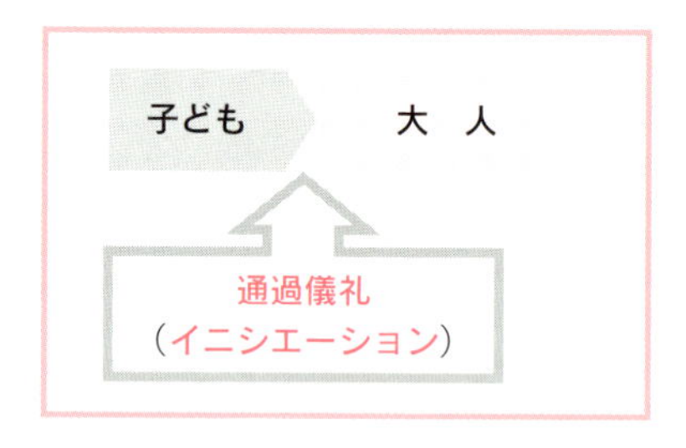

じゃあ、青年期はいつ生まれたのさ？

青年期とは大人への準備期間だから、これが出現したのは、大人に求められるものが複雑化し、**教育**の重要性が高まった産業革命期のころではないかと考えられている。したがって、社会がいっそう複雑化している今日では、さらに**青年期の期間が長期化**している。高校進学率が100%に近い水準となり、大学進学率も50%を超えている今日の日本では、少なくとも22〜23歳まで、見方によれば30歳くらいまでは青年期が続くと考えられている。大人になるのもなかなか難しい時代だってことだ。

ちなみに今日では、食生活の変化などにより、第二次性徴が低年齢化している。そのため、青年期は終了期が遅れているだけでなく、開始期が早期化しており、二重の意味で青年期は長期化しているんだよ。

ポイント 現代の青年期

- 青年期は近代以前にはほとんどなく、近代化によって生まれた
- 青年期は社会の複雑化によって長期化し続けている

現代日本の青年を表すキーワード

●モラトリアム人間

大人への準備期間として試行錯誤(しこうさくご)するのではなく、**大人としての責任を負うことを意識的に回避(かいひ)して子どもであり続けようとする人間像**のこと。精神(せいしん)分析(ぶんせき)学者の小此木啓吾(おこのぎけいご)が1970年代以降の日本の青年を指して名づけた。類似(るいじ)語(ご)として**ピーターパン・シンドローム**というものもある。

●パラサイト・シングル

修学期間を終えたあとも親元で暮(く)らす独身者のこと。経済状況の悪化を背景にして、親元で暮らす若者が増えているほか、なんらかの事情により**引きこもり**になってしまうケースも増えている。

●フリーターとニート

フリーターは和製英語「フリー・アルバイター」の略で、1980年代の日本で生み出された用語。当初は、会社に縛(しば)られない自由な存在として肯定的(こうていてき)な意味で用いられていたが、1990年代からは、正社員になれない非正規雇用(ひせいきこよう)労働者というニュアンスを帯びるようになった。

ニートはイギリスで生まれた概念で、Not in Employment, Education or Trainingの頭文字をとったもの。**雇用、教育、職業訓練のいずれにも参加していない若者**を指す。フリーターが収入をもつのに対し、ニートは定義上、いっさい働いていない者のみを指す。

第2章　源流思想

3 古代ギリシアの哲学(1)

この項目のテーマ

1 ミュトスからロゴスへ―哲学の誕生
最初の哲学は自然を対象としていた！

2 ソフィスト
ソフィストの相対主義的議論の意義と限界

3 ソクラテスの思想
ソクラテスは「知者」ではなく「愛知者」！

1 ミュトスからロゴスへ――哲学の誕生

この項目からは古今東西の思想に入るよ。まずは古代ギリシア。古代ギリシアは**哲学の生誕地**だと考えられているところだ。

そもそも**哲学**っていったいなんですか？

哲学とは何かという問い自体が哲学的な難問なんだけど、さしあたり、**世界のあり方、世界のとらえ方、人間の生き方などのあらゆる物事を根本から探究する学問**、と考えたらいいよ。

たとえば、「あの人はいい人だ」とか「この音楽は美しい」などと言う場合の「いい」とか「美しい」というのはそもそもどういう意味なのだろうか。このように、万人に納得できる答えが出そうもない難問にあえて取り組もうというのが哲学だ。

もちろん、ギリシアでもいきなり体系的な哲学理論が出現したわけではない。およそ世界で起こる出来事についての体系的な説明は、みな最初は**神話的な形**をとっている。ギリシアもその例外ではなく、たとえば**ギリシア神話**では、雷は主神ゼウスが投じる武器として説明された。このようにあらゆる現象を**神々の意志**から説明するのが**神話的世界観**だ。なお、ギリシア語で神話のことを**ミュトス**と言うよ（英単語 myth の語源）。「神々」との表現からわかるとおり、ギリシアでは**一神教** ➡p.55 ではなく、**多神教**が信じられていた。

ギリシア神話

ギリシアでは神々と英雄たちの物語（**神話**）が口承で伝えられてきたが、しだいに文字化されていった。以下のようなものが代表的である。

韻文で英雄などの物語を伝えるもの

- **ホメロス**（前8世紀？）
  …『**イリアス**』『**オデュッセイア**』（いずれも叙事詩）
- **ヘシオドス**（前8世紀？）
  …『**神統記**』（神々の系譜を描写）、『仕事と日々』
- **ソフォクレス**（前5世紀）
  …『**オイディプス王**』➡p.19、『アンティゴネー』（いずれも悲劇）

ギリシア人たちは近代科学の存在しない時代に、自分たちの知識と想像力によって、世界を**混沌**としてではなく、筋道の立った体系的な物語として理解した。とはいえ、神話の内容は恣意的であり、それが正しいかどうかは確かめようがない。そこで、しだいにミュトスによってではなく、**ロゴス**によって世界を合理的に説明しようとする人々が出現したんだ。彼らの立場を**自然哲学**と言う。

ロゴスは古代ギリシア哲学における最大のキーワードと言っていい。これには「**論理**」「**理性**」「**言葉**」などさまざまな訳語が当てられるけど、要するに「宇宙を支配する法則」のことと考えよう。つまり、宇宙は合理的な法則に支配されているのだ、ということ。

このように、世界のあり方を客観的に探究する人々が現れたことをもって**哲学の誕生**と言う。哲学とは人生観のことだと思っている人が多いけど、最初の哲学は自然（**ピュシス**）を探究するもので、今日の「自然科学」に近いものだった。哲学はもともと「学問」全般を指していて、近代になって個別の学問が枝分かれしていったんだよ。

自然哲学についてもっと具体的に教えてください。

自然哲学者たちは世界をロゴスによって説明しようとした、と言ったよね。彼らは**世界のあらゆる現象をすべて説明できる単一の原理**、つまり**万物の根源**（**アルケー**）を求めたんだ。

自然哲学者たち

- **タレス**（前624ごろ～前546ごろ）
  - 「**哲学の祖**」、ミレトス学派を形成
  - 「万物の根源は**水**である」
- **ピュタゴラス**（前6世紀ごろ）
  - 宇宙と音階のなかに調和と秩序を見出し、**数**こそ世界の原理と主張
  - **魂の不死**と**輪廻転生**を主張（➡ プラトンに影響 ➡p.40）
- **ヘラクレイトス**（前540ごろ～？）
  - 万物を生成と運動において把握（「**万物は流転する**（パンタ・レイ）」）し、その背後に**ロゴス**を見出した。
  - **火**こそが万物の根源（アルケー）だと主張
- **デモクリトス**（前460ごろ～前370ごろ）
  - 世界は、感覚でとらえられない**原子**（アトム）と**空虚**（ケノン）からなると主張
  - 「色」や「甘さ」などの感覚的性質は主観的印象にすぎない

この4人は自然哲学のいわば「四天王」で、超重要人物たちだよ。

タレスは、天文学の知識から日蝕を予言したことなどが伝えられる「**最初の哲学者**」だ。アルケーを**水**に求めているという点もおさえておこう。

ピュタゴラスは、三平方の定理などでおなじみだよね。この人は**ピュタゴラス教団**というちょっと怪しい宗教結社の創始者で、アルケーを**数**に求めている。アルケーという概念には、世界の**根源的物質**という意味だけでなく、世界の**究極原理**といった意味があるんだ。

ピュタゴラスは**音楽的な美**が厳密な**数的秩序**によって裏づけられていると考えた。これは今日的に見ても正しい考え方で、たとえばいわゆるハモる音（協和音程）というのは音の周波数どうしが単純な整数比になっているんだよ。そして、ピュタゴラスは音だけではなく、全宇宙も数的な秩序のもとにあると考えた。宇宙のことを**コスモス**（秩序⟷カオス）と呼んだ最初の哲学者はピュタゴラスなんだよ。

また、ピュタゴラスは、人は死んだあとにその魂が別の人間や動物に宿り、生まれ変わるという**輪廻思想** ➡p.79 を抱いていたことでも知られている。彼は肉体を**魂の牢獄**ととらえ、数学と音楽に触れることで不死の魂を浄化することができると考えていたんだ。

タレスが水で、**ヘラクレイトス**は**火**ですか。

そうだね。**ヘラクレイトス**が**火**のなかにアルケーを見出したのは、世界が火からできているという意味ではなく、**生成変化**するものの象徴として火を挙げたのではないかと考えられている。たしかに、火はつねに形を変えているよね。彼は、どんなものも生成と変化のうちにあるとして、「**万物は流転する**」と述べたと伝えられる。また、「**同じ川に二度入ることはできない**」という言葉も有名だよ。

では、ヘラクレイトスは世界が混沌だと考えたのですか？

むしろその逆だね。ヘラクレイトスは万物の変化に注目した哲学者だけど、彼は、変化のなかに貫徹する法則的秩序としての**ロゴス**が世界の背後にあると主張している。じつは、「ロゴス」という言葉を使い始めたのはこのヘラクレイトスだと言われている。

デモクリトスは「理科」の時間に習いました。

そうだね。**デモクリトス**は古代ギリシアの哲学者では最も近代科学に近い発想をもっていた人だ。彼は、万物は**アトム**（**原子**）から成り立っていると考えた。アトムとは、「**これ以上分割できないもの**」という意味だよ。アトムは目に見えない微粒子で、さまざまな種類のアトムが真空（ケノン）のなかを運動していると考えたんだ。

その他の自然哲学者

タレスたちは、世界を単一の素材から説明しようとしたが、単一の素材から複雑な世界が生成されるためには、あるものが別のものに変化しなければならない。こうした生成や変化という現象には根本的な矛盾があり、感覚でとらえられる世界は仮象の世界にすぎないとして、エレア学派の**パルメニデス**（前544ごろ～前501）はいっさいの**運動**を否定した。彼は「**有るものはあり、有らぬものはあらぬ**」と述べている。知性だけでとらえられる永遠の世界を探究するこの立場は、プラトン ➡p.40 に大きな影響を与えたとされる。

これに対して、**エンペドクレス**（前493ごろ～前433）は、世界は水・火・空気・土の**四元素**からなるとして、これらが愛と憎しみによって分離・結合の運動をもたらすと主張することで、自然哲学を集大成した。

ポイント 哲学の誕生

- 世界を合理的に（**ロゴス**によって）説明する哲学はギリシアで生まれた
- 最初の哲学は自然を探求対象としていた（**自然哲学**）
- **タレス**は「水」に、**ヘラクレイトス**は「火」に、**デモクリトス**は「原子」に万物の根源（**アルケー**）を見出した

チェック問題 1

自然哲学者のタレスに関する記述として最も適当なものを、次の①～④のうちから１つ選べ。

① 世界は生成変化のうちにあり、静止しているものはないと考えた。
② 世界は根本的原理によって説明ができ、それは水であると考えた。
③ 世界は不死なる魂と美しい数的秩序の調和のうちにあると考えた。
④ 世界は土・水・火・空気の離合集散から成り立っていると考えた。

（2006年・センター試験追試）

解答・解説

②

正しい。万物の根源（**アルケー**）を水に求めたのは、「最初の哲学者」と言われる**タレス**。

①：世界を生成変化のうちにとらえた自然哲学者は、「万物は流転する」と述べた**ヘラクレイトス**。

③：世界を不死の魂と数的秩序（**コスモス**）との調和（**ハルモニア**）に求めた自然哲学者は**ピュタゴラス**。

④：土・水・火・空気の四元素の離合集散として世界を説明したのは**エンペドクレス**。

2 ソフィスト

さて、よく知られているように、ギリシアは**民主政治**の母国だ。とくにギリシア最大の**ポリス**（都市国家）であったアテネでは、民主政治が全面的に開花するようになる（ほとんどの公職をくじ引きで選んでいたほどだった！）。こうした背景から、人々の関心は自然（ピュシス）よりも法や社会制度など（**ノモス**＝人為的なもの）へと向かうようになった。ところで、民主社会で重要なのって何だと思う？

うーん、みんなを説得する技術ですか？

そのとおり！　王制などとはちがい、民主社会における指導者にとっては、一般市民からの支持を獲得することが何より大事になる。だから、弁論のテクニック（**弁論術**）が求められたんだ。これは今日の政治でも同じだよね。そこで、弁論術などを教える職業教師というものが登場してきた。これが**ソフィスト**だ。

ピュシスからノモスへ

自然　　人為的なもの（法律など）　　弁論術などを教える職業的教師。原義は「知者」

アテネ民主制の発展 → **弁論術**へのニーズ → **ソフィスト**の登場

ソフィストにはどんな人がいたんですか？

絶対におさえてほしいのが**プロタゴラス**（前500ごろ～前430ごろ）だ。彼は講義で謝礼をとった最初の哲学者として伝えられ、「**人間は万物の尺度である**」という言葉が残されている。たとえば、熱さや冷たさは人によって感じ方がちがうよね。このように物事の判断基準を人間の側に求めたのがプロタゴラスだ。

この**人間中心主義**的な発想は、ある意味できわめて民主社会にふさわしいものと言える。なぜなら、民主社会とは、特定の人の意見や宗教的権威などが真理とされるのではなく、各人の意見が平等に価値あるものとして尊重され、そのうえで意思決定しようとする社会だからだ。今日でも絶対的な真理を振りかざす人がいるが、こうした非民主的な主張は警戒したほうがいい。

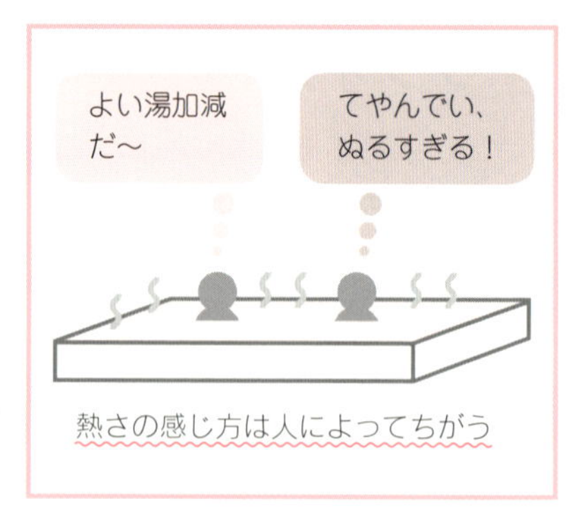

熱さの感じ方は人によってちがう

でも、やっぱり真理はどこかにあるのでは？

これは難しいところだね。たしかに僕らは、譲れない正義のようなものがあると信じてもいる（たとえば「赤ん坊を殺すことは悪だ」という命題は、「単なる意見」だろうか？）。

ところが、ソフィストはあくまで真理や正義が人によってちがうという立場（**相対主義**）をとったことから、しだいに彼らの議論は**詭弁**めいたものになってしまった。そもそも彼らにとっては**真理の探究**ではなく相手を**説得**・**論駁**することが目的だったのだから、これも当然のことだ。こうして、「ソフィスト」とはもともと「ソフィア（知恵）をもつ者」、つまり「知者」という意味だったのに、「詭弁家」を意味するものとして批判的に語られるようになったんだ。

そしてまさにソフィストの相対主義に異議を唱えた最大の人物が、これから見る**ソクラテス**なんだ。

ポイント ソフィストの登場

- 民主政の発展したギリシアでは、弁論術を教える職業的教師（**ソフィスト**）が登場した
- ソフィストは客観的真理を否定する**相対主義**の見地に立つことが多かった

3 ソクラテスの思想

ソクラテス

いよいよ哲学者の代名詞とでも言うべき超大物**ソクラテス**（前470〜前399）の登場だ。ソクラテスはひとつも著書を残していないので、僕らが知っているソクラテスの思想は、弟子**プラトン**の著作などで伝えられたものでしかない。プラトンの著作はそのほとんどがソクラテスを一方の語り手とする**対話篇**になっているが、プラトンの初期の著作ではソクラテスの思想が比較的忠実に再現されていると考えられているんだ。

ソクラテスはどんなことを説いたのですか？

ソクラテスの教えのなかで最も重要なものは、おそらく**魂への配慮**だろう。簡単に言って、出世や蓄財などを人生の目標にするのではなく、人として**立派な生き方**をしなさいという教えだ。

ソクラテスによると、人間にとっての**アレテー**（**徳**）とは、**魂を善いものにすること**（＝魂への配慮）だとされる。アレテーは一般に「徳」と訳されるけど、直訳すると「卓越性」「優秀性」などとなる。要するに、**あるものがその本質においてすぐれている**、ということだ。たとえば、馬のアレテーは遠くまで速く走ること、ナイフのアレテーはよく切れること、などというように使われる。人間は魂を磨いて**善く生きる**ことが大事だ、というわけだ。

> 「大切なのは単に生きることではなく、善く生きることである」
> （プラトン『クリトン』）

おお〜、これは名言ですね。……でも「**善く生きる**」ってどうすれば実現できるの？

ソクラテスによると、善についての**知**を獲得すれば、必ず善い**行為**が実践できるとされる（**知行合一**）。つまり「わかっちゃいるけど、ついついやっちゃう」はありえない。ソクラテスに言わせれば、悪をなす者は本当の意味で善を理解していなかったということになるわけだ。このように、魂を善いものにする（徳を身につける）ことは知によって可能になる。これが**知徳合一**だ。ソクラテスは徳ある人となることのうちに幸福があると考えたんだ（**福徳一致**）。

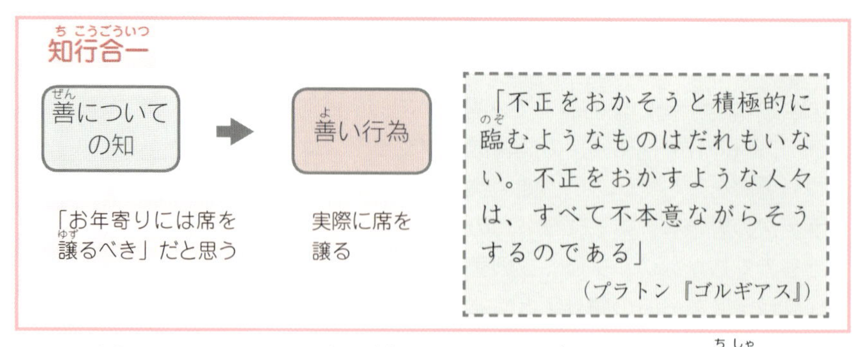

このように、ソクラテスは知の働きを重んじたが、けっして「**知者**（ソフィスト）」は名乗らなかった。彼はあくまで知の探究者（**愛知**者）であろうとしたんだ。「哲学」のことを英語でphilosophyと言うよね。これはもともと**知恵**（*sophia*）を**愛する**（*philein*）ことを意味するギリシア語で、「知への愛」というソクラテスの立場に由来する言葉なんだよ。彼にとって大事なのは、**自分の無知をわきまえつつ知を追い求めること**だったんだ。

あっ、それって**無知の知**ってやつですよね。

そうだね。有名なエピソードがある。

あるとき、ソクラテスの友人がデルフォイのアポロン神殿で、「**ソクラテスにまさる知者はいない**」との神託（神のお告げ）を受けた。これを伝え聞いたソクラテスは不審に思い、その真偽を確かめるために賢者と称される者と片っ端から対話をしてみた。すると、彼らはみなもっともらしいことを言うけれども、肝心なことについては知ったかぶりをしているにすぎないことがわかった。これでソクラテスは、自分も彼らと同様に**善美の事柄**（究極の知）については無知だが、無知である事実を自覚しているだけまさっている（**無知の知**）ということに気づいた、というわけだ。

で、ソクラテスはこれ以降、アポロン神殿にかかげられていた「**汝自身を知れ**」を自身のモットーとして、アテネで多くの人と対話を重ねて真理の探究を行うことになる。そのさいに彼は、知的探究の方法として**問答法**（**ディアレクティケー**）を重視し、また、対話相手に真理を教え込むのではなく、対話相手の矛盾や無知を指摘することによって相手自身に真理を発見させる手助けをするよう心がけた（**助産術**）。

それでソクラテスは人々から尊敬されたの？

そうでもなかったんだな、これが。それどころか、ソクラテスは70歳のころ、「アテネの神々を敬わず、青年たちを堕落させた」との罪状で告発され、陪審制の裁判で**死刑判決**を受けてしまったんだ。

考えてみれば、ソクラテスはアテネの有力な知識人を片っ端から論破し、その無知ぶりを証明して回っていたのだから、そりゃ憎まれもするだろう。なお、この裁判でソクラテスが自分の言い分を雄弁に語る様子を描いたのがプラトンの『**ソクラテスの弁明**』だ。2400年も前に書かれたとは信じられないほど感動的なものだよ。ぜひとも読んでほしい（短いからすぐに読めるよ）。

ところでソクラテスの最後はどんな様子だったんですか？

弟子であり友人でもあった**クリトン**が死刑を待つソクラテスのところに面会に行き、脱獄をすすめたんだ（わりに容易に脱獄できたらしい）。でも、ソクラテスは、不正（＝死刑判決）に対する不正（＝脱獄）は許されないとして、逆にクリトンを説得する始末だった。

「悪法も法なり」ってやつですよね。

いや、それがソクラテスの言葉だという証拠はない。ソクラテスは、国法である以上、悪法でも従わなければならないという消極的なことを言いたかったのではなく、アテネの国法の保護下に生き、その恩恵に浴してきた自分が、都合の悪いとき（死刑判決）だけそれを破るというのは、筋が通らない、ということを言いたかったんだ（彼はペロポネソス戦争に3度も従軍した愛国者でもあったんだよ）。「**大切なのは単に生きることではなく、善く生きることである**」との言葉は、じつはこのときに述べられたものだ。つまり、ソクラテスにとっては、死刑を受け入れるということが「善く生きる」という信念を貫徹する道だったんだ。もしこのときに彼が脱獄していたならば、歴史に名を残してはいなかっただろうね。

深いですねぇ。なんだか厳粛な気分になりました。

「ソクラテスの死」 ダヴィッド

ソクラテスは死刑の日に集まった弟子たちに向かって、哲学とは「**死の訓練**」だと言っている。ソクラテスにおいて哲学とは、「汝自身を知れ」の言葉にあるとおり、真の自己を知ることであり、そして真の自己とは**永遠不滅の魂**だとされる。だとすれば、真理の探究者たる哲学者にとって死は悲しむべきことではなく、むしろ真の自己になることにほかならない。こうして、彼は昂然と胸を張って、みずから毒杯を仰いだんだ。

ポイント ソクラテスの思想

- ソクラテスは**善く生きる**べきことが何より重要だと説いた
- 善い生き方は、真理を探究してそれを**知ること**で可能になる
- **無知の知**を重んじ、対話を通じて人々にその自覚を促した

「魂を善いものにする」など、ややわかりにくい言い回しが多かったかな。でも試験でもわかりにくい言い回しがそのまま使われるから、ぜひ慣れていってね！

チェック問題 2

古代ギリシャの哲学者の一人としてソクラテスが挙げられるが、その思想内容として最も適当なものを、次の①～④のうちから一つ選べ。

① 人間はポリス的動物という本性(ほんせい)に従って社会生活を営む存在であり、正義と友愛の徳もポリスを離れては実現しないと考えた。
② 対話的方法を通して自己の魂のあり方を吟味(ぎんみ)していくことが、「よく生きること」の根本であると主張した。
③ 自然と調和して生きることを理想とし、自然を貫く法則性と一致するように意志を働かせることによって魂の調和が得られると説いた。
④ 富や権力や名誉などの外面的なものや社会規範といったものを軽蔑(けいべつ)し、自然に与えられたものだけで満足して生きる生活を理想とした。

(2002年・センター試験本試)

解答・解説

②

正しい。ソクラテスは人々との対話によって真理を探求し、魂を善いものにする「**魂への配慮**」こそが人間にとって最も重要であると説いた。

①：ソクラテスの孫弟子にあたる**アリストテレス**についての記述 ➡p.44。
③：ストア派の**ゼノン**についての記述 ➡p.51。「自然を貫く法則性」とは**ロゴス**のこと。
④：ソクラテスは「社会規範」をすべて軽蔑したわけではない。「自然に与えられたものだけで満足して生きる」ことを説くのは、老荘思想など ➡p.102。

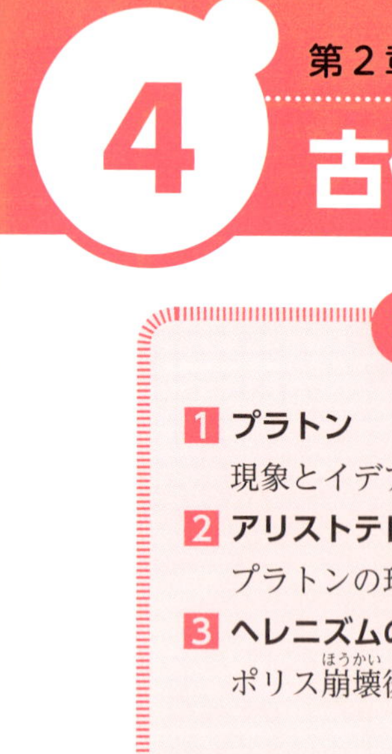

4 古代ギリシアの哲学(2)

この項目のテーマ

1 プラトン
現象とイデアとの関係をしっかりと理解しよう

2 アリストテレス
プラトンの理想主義に対してアリストテレスが説いたものは？

3 ヘレニズムの思想
ポリス崩壊後のギリシア哲学とは？

1 プラトン

プラトン（前427～前347）は西洋哲学史において決定的に重要な人物で、**観念論**（idealism）と呼ばれる哲学の原型を構築した大哲学者だ。

プラトンの著作の多くはソクラテスが語る形をとっているのだけど、中期以降の著作では「**善とは何か**」「**美とは何か**」というように、物事の本質について踏み込んだ議論が展開されていて、これがプラトン自身の思想だと考えられている。

プラトン

へぇ。プラトンにとって善や美って何なんですか？

「美」で考えてみようか。**個々の美しいもの**と**美そのもの**はちがう。たとえばモーツァルトの楽曲や谷崎潤一郎の小説などはたしかに美しいが、それは美しいものの「具体例」にすぎず、「美そのもの」ではない。「美とは何か」を説明するためには、**個物を超えた美そのもの**を示す必要があるんだ。

「美そのもの」って言われても、そんなもの見えませんよ。

だよね。個々の美しいものは見えたりするけど、美そのものはけっして見えない。また、個々の美しいものはいずれ消え去ってしまうけれども、美そのものは永遠不滅だ。このように、視覚や聴覚といった**感覚**でとらえられない永遠不変の真の実在を**イデア**と言う（「美そのもの」は「美のイデア」と言い換えられる）。イデアは感覚ではなく、**知性**（**理性**）でとらえるんだ。

プラトンによると、僕らがじかに見たり聞いたりしているこの世界は現象の世界にすぎず、**イデアの影**にすぎない。そのような現象にとらわれるのではなく、知性を働かせて、事物の本質たるイデアを探求すべきなんだ。

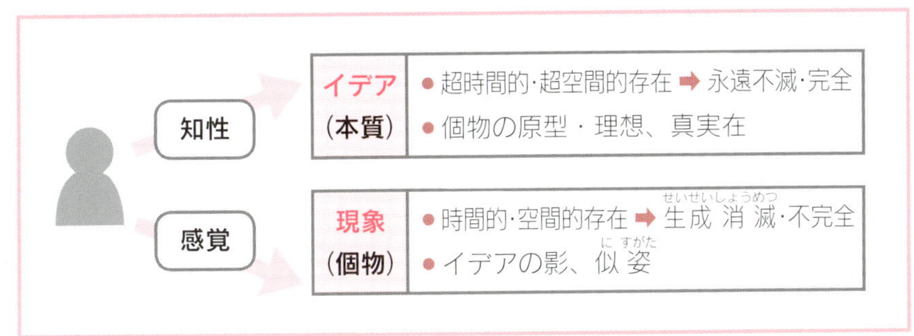

幾何学を例に考えてみよう。たとえば、黒板に描かれた三角形は、厳密には三角形ではない。本当の三角形には1ミリの歪みも許されないし、そもそも線分に太さがある時点で失格だ。だから、目で見える三角形は真の三角形（三角形のイデア）に似ているものでしかない。でも、僕らが真の三角形を見たことがないからといって、もちろん三角形を知らないわけではない。真の三角形は知性でとらえられるんだ。「3本の線分に囲まれた図形」というようにね。

しかし、僕らは**個物**（**現象**）を見たときに**本物**（**イデア**）と見間違ってしまうことがある（**洞窟の比喩**）。これを、プラトンは戒めているんだ。

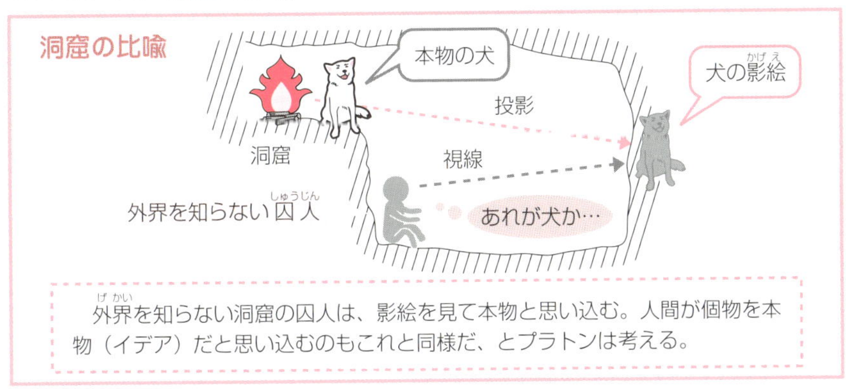

外界を知らない洞窟の囚人は、影絵を見て本物と思い込む。人間が個物を本物（イデア）だと思い込むのもこれと同様だ、とプラトンは考える。

第2章 源流思想

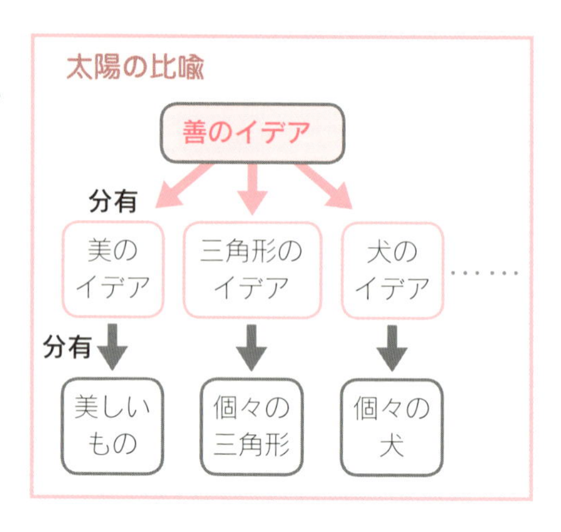

イデアにはさまざまなものがあるけど、**善のイデア**は特別だ。三角形のイデアは個々の三角形の根拠だ。言い換えると、個々の三角形が三角形であるのは、それが三角形のイデアを**分有**している（分かちもっている）からだ。同じように、個々のイデアをイデアたらしめているのが善のイデアだ。プラトンは善のイデアを、世界を照らす太陽にたとえているよ（**太陽の比喩**）。

プラトンによると、人間の魂はかつてイデア界に住んでいて、さまざまなイデアを直接に見知っていたが、魂が肉体をまとったときにそれらを忘却してしまった。これこそ現実の人間が真理（＝イデア）に盲目な理由だ。でも、人間は**真理や理想を追い求める本能的な欲求**をもっている（**理想主義**）。この欲求のことを**エロース**と言う。これはもともとギリシア神話における「愛の神」を表していたが、プラトンは、ソクラテスが言う「知への愛」とほぼ同じ意味で使っている。このエロースの力を借りて、人は個物に出会ったときにイデアを**想起**（**アナムネーシス**）するんだ。個物は本体であるイデアに似ているので、これを見ることで本体であるイデアを思い出すことができるんだ。

ポイント　現象とイデアの関係

- **個物**（**現象**）は**感覚**の対象だが、**イデア**（**本質**）は**知性**の対象
- 魂がイデアを**想起**することで真理の認識が成立する

ところでプラトンは、正義の本質を次のように分析している。まず、魂（心）は**理性**、**気概**（**意志**）、**欲望**という３つの部分からなる（**魂の三分説**）。そして、これらの三部分は、**知恵**、**勇気**、**節制**というそれぞれに対応する徳（アレテー）

をもっており、この3つの徳がバランスよく調和するときに、**正義**が実現する。知恵・勇気・節制・正義を合わせて**四元徳**とも言うよ。

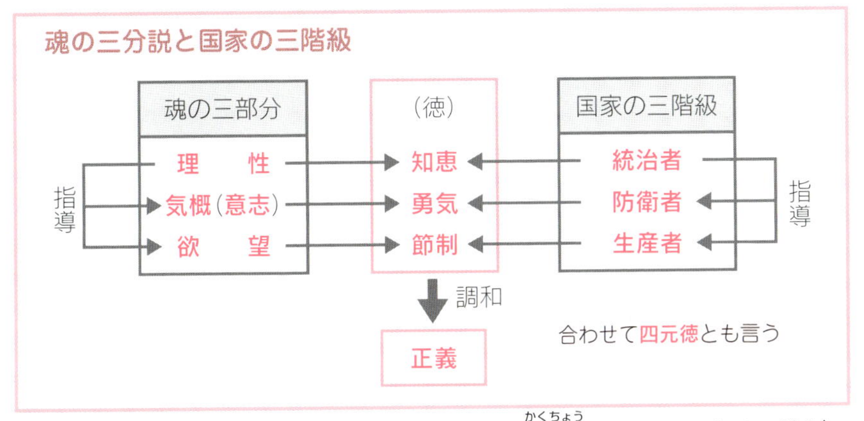

そして魂についての以上の議論は、国家にも拡張される。つまり、魂が3つの部分をもつのと同様に、国家（ポリス）も**統治者**、**防衛者**（軍人）、**生産者**（庶民）という3つの階級からなり、各階級の徳がそれぞれ知恵、勇気、節制だとされるんだ。

なお、魂の三部分も国家の三階級も対等な関係ではなく、それぞれ理性と統治者階級が指導的な地位を占める。理性より欲望の強い人が望ましくないのと同様に、国家ではエリートたる統治者がその他の階級を指導しなければ、けっして正義が実現しないんだ。

ずいぶんエリート主義者ですね。

まさにそのとおり！　プラトンは、師であるソクラテスを死刑に追いやったアテネ民主政を心から憎んでいた。知恵のない民衆が国家のあり方を決めるなどもってのほかだと考えていたんだ。だから、彼が理想とするのは、**知恵を有する哲学者が王として統治するか、王が哲学を学ぶ**ような**哲人政治**だ。哲学史上、彼ほど公然と民主主義に敵意を示した人はいないかもしれない。

そんなわけで、プラトンの政治哲学は、ファシズムや全体主義を擁護するものだとして批判されることも多い。でも、流されやすい大衆➡p.316の声が政治を誤った方向に導いてしまう衆愚政治の危険性というものがあることも事実だ。プラトンの議論から僕らが教訓として学ぶべきなのは、大衆自身が知恵を身につける必要がある、ということじゃないかな。

2 アリストテレス

アリストテレス

アリストテレス（前384〜前322）はギリシア辺境で生まれ、17歳のときにプラトンの学園**アカデメイア**に入門した。このときプラトンはすでに60歳で、80歳で師が没するまでつき従った。しかし、師の没後は学園を去り、独自の思索を深めていく。彼は天文学・生物学・詩学・政治学・論理学などあらゆる学問を体系化したことから「**万学の祖**」と呼ばれる。でも、それ以上に重要なのは、彼が師プラトンの**理想主義**と対比される典型的な**現実主義**の哲学を構築したことだ。

アリストテレスの哲学は、プラトンとどのへんがちがうの？

アリストテレスは、次のように**プラトンのイデア論を批判**している。

プラトンの立場では、事物の本質（イデア）は個物を**超越**しているが、アリストテレスによると、事物の本質は個物に**内在**している。

事物はすべて、「それが何であるか」を表す**形相**（**エイドス**）に、「それが何からできているか」を表す**質料**（**ヒュレー**）が結びつくことで成立する。プラトンの場合、机そのもの（机のイデア）と個々の机はまるで別のものとされるが、アリストテレスの場合、机の本質は個々の机のなかに実現しており、**現実の事物とその本質とを切り離すことはできない**んだ。

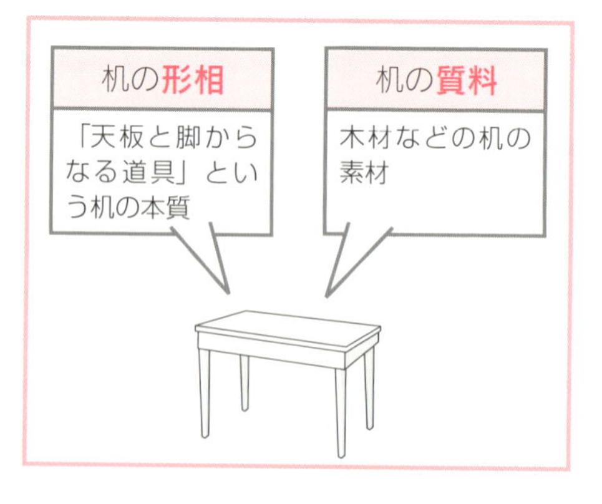

でも、形相と質料がつねに結びつくわけではありませんよね？

たしかに。ただの木材が現実の机になるわけではない。しかし、木材は潜在的には机になる可能性をもっている。このことをアリストテレス哲学では、「木材は机の**デュナミス**（**可能態**）である」と言い表す。また、現実の机は木材の可能性が顕在化したものとみなせるので、このことを「机は木材の**エネルゲイ**

ア（**現実態**）である」と言い表す。ほかに例を挙げると、子どもは大人のデュナミスだし（大人は子どものエネルゲイア）、種子は花のデュナミス（花は種子のエネルゲイア）ということになる。アリストテレスは、このように**動的**なものとして現実世界を運動・変化のうちに把握しているんだ。

じゃあ、なぜ現実世界は運動・変化するの？

ひとつには、**だれかが運動を引き起こしたから**だ。たとえば机の場合、なぜそれが存在するかといえば、職人が木材を加工したからだよね。このとき職人による加工作業は机の**始動因**であると言われる。

もうひとつは、**何かしらの目的を実現するため**だ。机が何のためにつくられたかというと、モノを載せたり書いたりするための道具が必要だったからだろう。このような事物の目的を**目的因**と言う。

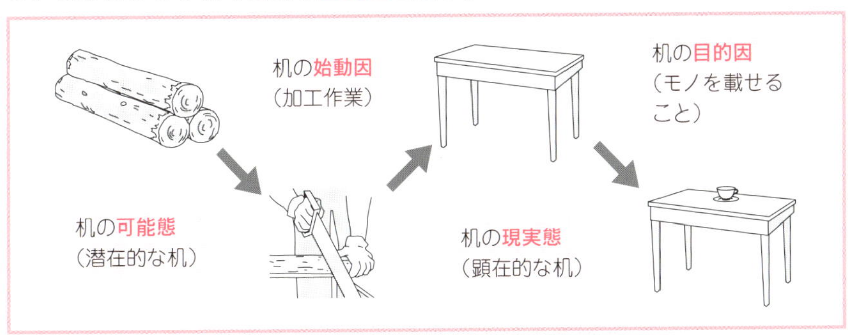

目的因という発想がわかりにくいのは、近代科学の成立後には事物のあるべき姿ないし方向性を「原因」とは呼ばなくなったからだ（「始動因」だけが「原因」と呼ばれる）。でも、中世以前には目的因こそが世界の主たる動因だという**目的論的自然観**が支配的だった ➡p.122 。アリストテレスこそがこの考え方を確立したんだ。

ポイント　アリストテレスの存在論

- 事物の本質（**エイドス**）は個物に内在している
- モノも人間も、すべてはその本性の実現へと向かっている（**目的論**）

アリストテレスは倫理学でも重要なんですよね。

そうだね。彼は『**ニコマコス倫理学**』のなかで、アレテー（徳）を分類し、独自の道徳論を提唱している。

アリストテレスによるアレテー（徳）の分類

- **知性的徳**（＝判断力）：学習によって習得できる
  例 知恵、思慮、技術
- **習性的徳**（＝人柄）：善行の実践・習慣化によって体得できる
  中庸（メソテース）に合致した行為

プラトンが重視した知恵は、アリストテレスによっても重視される。でも、賢い人（**知性的徳**をもつ人）の人柄がいいとは限らない。だから、人間には人柄の善さとしての**習性的徳**（倫理的徳）も求められる。そして、アリストテレスによると、人柄においてすぐれている人とは、しかるべきときに、つねに善を実践できる人、つまり**善を習慣化**している人だ。

アリストテレスの場合、善行とはどんな行為なんですか？

過少と過剰を避けた**中庸（メソテース）**にかなった行為が善い行為だ。なお、この中庸とは妥協を意味するわけではなく、あくまで事柄の本質において最適な行為を指す。たとえば、戦場でこっそり逃げ出すのは**臆病**だが、大軍に向かって一人で突撃するのは**無謀**だ。これらのあいだに最適の**勇気**というものが見出されるはずなんだ。

もちろん、何が最適であるのかを判断するのは容易でない。だから、最適な行為を判断するためには知性的徳のひとつである**思慮**（フロネーシス）の働きを借りる必要がある。**知恵**（ソフィア）が客観的事柄を判断する理論知であるのに対し、思慮は何をなすべきかを判断する実践知なんだ。

アリストテレスにとって、**人生の目的**とは何だったんですか？

目的論の立場を取るアリストテレスにとって、あらゆるものには目的がある。では、人間にとっての目的はというと、**幸福**（**エウダイモニア**）がこれにあたる。なぜかというと、幸福はけっしてほかの目的の手段となることはなく、それ自体で善いもの（**最高善**）だからだ。

では、どうすれば人は幸福になれるのか？それは**観想的生活**によって、だ。なぜかというと、アリストテレスによると、「**人間は生まれつき知ることを欲する**」動物であるからだ。たしかにだれしも知的好奇心ってものをもっているよね。アリストテレスによれば、知を探求することによって幸せになれるんだ。

- 享楽的生活 ➡ 快楽
- 政治的生活 ➡ 名誉
- 観想的生活 ➡ 幸福

ところで、アリストテレスは「**人間はポリス的動物だ**」と言ってましたよね ➡p.12。

そう。アリストテレスは人間がポリスという共同社会に生きる存在だということを強調している。けれどもポリスを成立させるためには人々を共同体に結合させるための原理が必要であって、これが**友愛**（**フィリア**）と**正義**（ディケー）だ。友愛とは、**相互に相手の徳を尊敬し、相手の向上を願うような関係において成立する愛**のことだ。

正義のほうは少し込み入っているので、次のまとめを見てほしい。

アリストテレスの正義論

- **全体的正義**：すべての市民がポリスの法を守ること
- **部分的正義**：状況に応じた正義〜いかに公正を保つか
  - **配分的正義**：個人の地位・能力・功績に応じて**報酬**や**名誉**を配分
  - **調整的**（**矯正的**）**正義**：利害得失の不均衡を調整

社会の秩序を保つためには、だれもが共通のルール（法）を守ることが必要だよね。一部の人がズルをしているようなことがあってはならない。これが**全体的正義**だ。

でも、みんながルールを守るようにするためには、ルール自体が公正なものである必要がある。これが**部分的正義**で、これ自体がさらに２つに分かれる。

配分的正義とは、**報酬**や**名誉**などを各人にふさわしく分配することだ。たとえば、社長とヒラ社員、営業成績のよい社員とそうでない社員では給料がちがっているが、これは配分的正義にかなっている。これに対して**調整的正義**とは、各人がふさわしくないものをもっていたり、ふさわしいものを失ったときに正義を回復するための原理だ。盗人には罰を与え、被害者には補償を与えるべきだという具合だね。

なるほど。そうやって正義が実現すれば理想国家ができるんですね。

まあね。ただ、アリストテレスはプラトンとはちがって現実主義者だから、**理想の国家**を思い描くだけでなく、**現実に可能な国家**についても考察を深めている。

支配体制	正しい国制	堕落した国制
一人による支配	王制	僭主制（独裁制）
少数者による支配	貴族制	寡頭制
多数者による支配	**共和制**	民主制（衆愚制）

上の政体のなかで理想的なのは、１人のすぐれた君主が統治する君主制だ。しかし、これが堕落して独裁制となると、一転して最悪の統治形態となってしまう（名君のドラ息子が暴君となってしまう事例などは枚挙にいとまがない）。だから、各政体の堕落形態まで考慮するならば、最もリスクが小さく安定的なのは**共和制**ということになる。

昔も今も、政情不安や社会への不満が募ると英雄待望論が高まるものだ。でも、すべてを解決してくれる英雄は、きわめて危険なものである。みんなで統治をする共和制（≒民主主義）は手間もかかるしパッとしないシステムだけれども、それでもこれは中庸にかなった穏当なしくみであり、このしくみのもとで人々はよりよき社会をつくるよう努力すべきだ。僕は、アリストテレスのこのメッセージを真剣に受け止めるべきだと思うよ。

ポイント アリストテレスの倫理学

- アリストテレスによると、人柄の善さは善行が**習慣化**されることによって実現し、そのさいの善行とは**中庸**にかなった行為である
- 人々が生きる場であるポリスが維持されるためには、**正義**と**友愛**が必要

チェック問題 1

難 

古代ギリシアの思想家アリストテレスの主張の記述として最も適当なものを、次の①～④のうちから１つ選べ。

① 人間にとって最高に幸福な生活とは、観想によって把握された真理にもとづいて政治的実践を営む生活である。

② 真の友愛は、自分にとっての快楽や有用性のみにもとづくものではなく、善き人々のあいだで相手のために善を願うものである。

③ 個物から離れて実在する超越的な形相が、感覚的な質料と結びつくことによって、この世界のさまざまな事物が生成する。

④ 各人の判断こそが善や正義などの基準であり、みずからの経験と観察を重んじることによって知識が得られる。

(2008年・センター試験追試)

解答・解説

②

アリストテレスによると、快楽や有用性にもとづく人間関係ではなく、相手の善を願う**友愛**（**フィリア**）が満ちることによってのみ、ポリスは維持されるので、②が正しい。

①：アリストテレスは人間が生まれつき知を欲する動物であると考えるので、彼にとって最高善である幸福は、政治的実践によってではなく、**観想**によって可能になる➡p.47。

③：**形相**（**エイドス**）の説明が正しくない。「個物から離れて実在する超越的な」ものは、プラトンが想定した事物の本質としての**イデア**である。

④：「各人の判断こそが善や正義などの基準」であるという相対主義的な発想は、ソフィストのプロタゴラスなどに見られるものである。

3 ヘレニズムの思想

絢爛たる哲学を生み出したポリス社会の文化は、**マケドニア**によるギリシア統一によって終焉した。かつてアリストテレスが家庭教師を務めたこともある**アレクサンドロス王**は、さらにペルシアやインドへと遠征し、空前の巨大帝国をつくりあげる。こうした政治社会状況が思想にも影響を与えたんだ。

その影響のひとつは、**普遍的な人間概念**が成立し、**世界市民主義（コスモポリタニズム）**の発想が生まれたということだ。それまでのギリシア人にとって、ギリシア語を話さない者はすべて野蛮人とされた。ところが、世界帝国の成立で事情が大きく変わったんだ。

もうひとつの影響は、**個人主義的な倫理**が広まったということだ。それまで、ギリシア人たちはポリスという顔の見える社会で隣人たちと自分たちの精神的共同体をつくって生きてきた。ところが、ポリスが崩壊し、彼らは自分たちの精神的拠りどころを喪失してしまったんだ。ちょうど、現代の都市で人間関係が希薄 ➡p.321 であるのとよく似ている。だから、彼らは、ソクラテスたちが公共の善を探求したような熱意を失い、個人的な**心の安らぎ**を求めるようになっていった。

ヘレニズムってのはどういう意味？

ヘレネス（ギリシア人）が語源だから、広い意味では「ギリシアの考え方」くらいの意味だけど、せまい意味では、アレクサンドロスの東方遠征（前334～）以降に東方の文明と融合して普遍的性格を帯びたギリシア文明を指す。**エピクロス派**と**ストア派**の２つがこのヘレニズムを代表する哲学だ。

エピクロス派の思想

- **エピクロス**（前341ごろ～前270ごろ）が創始
- **快楽主義**：肉体的な快楽ではなく**心の平静**（**アタラクシア**）を追求
  ➡ 政治・社会から距離を置く（「**隠れて生きよ**」）
- **原子論的唯物論**：**死**はアトムの離散にすぎない

英語で「快楽主義者」のことを「エピキュリアン」と言うけど、その語源が**エピクロス**だ。もっとも、今日の「エピュキュリアン」はワインをたしなむ美食家などを指すことが多いが、本家のエピクロスはこれとまったく異なるタイプの哲学者だった。彼が求めたのはあくまで**心の平静**（**アタラクシア**）であって、刹那的な肉体的快楽などは長期的には苦痛をもたらすとしてしりぞけられた（たしかに、飲みすぎたりするとしっぺ返しを食らう）。

心を煩わせるものがすべて否定されるのだから、ソクラテスみたいに街で論争をふっかけるなどもってのほかで、ひっそりと隠棲するのが正しいあり方だとされる。これが「**隠れて生きよ**」という標語だ。もっとも、彼はひとり孤独に暮らせと言ったわけではなく、「エピクロスの園」と呼ばれる学園をつくり、仲間たちと静かに共同生活を営んだ。

なんか陰気ですねぇ……

でも、煩いの克服を目指す姿勢は仏教とも通じるものがある ➡p.83 し、たしかに、ここには思想の１つの典型の姿を見ることができる。

なお、エピクロスに関しては、デモクリトスと同様に**原子論**を信じていたこともおさえよう。ここから彼は「**死を恐れるな**」と説いている。死を経験したことのある人はだれもいないのだから、死がどのようなものであるのかは知るすべもなく、そんなものについて心配しても仕方ない。そして、いざ死んだら原子の集まりにすぎない人間はチリのように離散してしまうのだから、もはや死を考えることもできない。だから、どのみち死に煩わされる必要はない、と。

それって詭弁じゃないですか？　怖いもんは怖いですよ。

……まあね。エピクロスは、死が人間の心の平静にとって最大の脅威だということをよく認識していたからこそ、やや詭弁めいた議論までしたのかもね。なんせ、彼はとても痛い病気に絶えず苦しめられていたらしいから。

> **ストア派の思想**
> - **ゼノン**（前336ごろ～前264ごろ）が創始
> - **禁欲主義**：欲望に惑わされない**不動心**（**アパテイア**）を追求
> - 宇宙に対する**ロゴス**の支配 ➡「**自然に従って生きよ**」

エピクロス派に対比されるのが**ストア派**で、開祖は**ゼノン**だ。「禁欲的」を意味する「ストイック」という英語の起源にあたるグループだ。彼らは、欲望に惑わされない**不動心**（**アパテイア**）を理想とした。これは、「**パトス**（情念）がない」という意味だ。

なお、「快楽主義」と「禁欲主義」と言えばまるで正反対のようだけど、エピクロス派とストア派がそれぞれ目指す「アタラクシア」と「アパテイア」は、ほとんど同じ境地と言える。

どうすれば欲望に勝てるのでしょう？　僕は連戦連敗です。

多くのギリシア人と同様、ゼノンも宇宙は**ロゴス**が支配していると考える。だとすると、僕ら人間もロゴスの支配下にあるはずだよね。この、人間におけるロゴスの部分こそ、いわゆる「**理性**（りせい）」にほかならない。だから、内なるロゴス（理性）の力でパトス（情念）を制御すればいいんだ。もちろん、言うほど簡単じゃないことだけど、理性を信頼すること、これが「**自然に従って生きよ**」というスローガンとなっている。ゼノンの言う「自然」が「自然環境」や「大自然」などではなく、人間の理性であることをしっかりおさえておいてね！

ストア派は、のちにローマ帝国（ていこく）でも継承（けいしょう）され、奴隷（どれい）出身のエピクテトスから、『自省録』を書いた皇帝（こうてい）**マルクス＝アウレリウス**（121～180）まで、じつに多彩（たさい）な人々が独自の思索（しさく）を展開していった。

また、ロゴスが全宇宙を普遍的（ふへんてき）に支配するという発想から、**世界市民主義**（せかいしみんしゅぎ）の考え方が展開され、時空（じくう）を超（こ）えた普遍的な法としての**自然法**（しぜんほう）の思想も育（はぐく）まれた。

ポイント　ヘレニズムの哲学

- **エピクロス派**は快楽主義から心の平静（**アタラクシア**）を理想とし、公共の事柄に煩（わずら）わされないよう「**隠（かく）れて生きよ**」と説いた
- **ストア派**は、禁欲主義から欲望に惑（まど）わされない不動心（**アパテイア**）を理想とし、また宇宙を貫く**ロゴス**と一体化するよう説いた

ギリシア哲学は盛りだくさんだったね。よく復習しよう！

チェック問題 2

ストア派の人々が説いた「自然に従(したが)って生きよ」とは何を意味するのか。最も適当なものを、次の①～④のうちから1つ選べ。

① 文明化(ぶんめいか)された都市においては理性的(りせいてき)な判断を惑(まど)わすものが多いため、自然の中で魂(たましい)の平静(へいせい)を求めて生きよ、という意味。

② 感情に左右されやすい人間の理性を離れ、自然を貫(つらぬ)く理法(りほう)に従うことにより、心の平安(へいあん)を得て生きよ、という意味。

③ 人間の理性を正しく働かせ、自然を貫く理法と一致することで、心を乱されることなく生きよ、という意味。

④ 人間の理性を頼(たの)みとして努力をするのではなく、自然が与えるもので満足することを覚えよ、という意味。

（2010年・センター試験本試）

解答・解説

③

「自然を貫く理法」は、客観的(きゃっかんてき)な世界を支配する**ロゴス**を意味し、「人間の理性」がこれをとらえることができれば**アパテイア**に至れるとされる。

①：ここでは、「自然」が「都市」や「文明」と対比されているので、人間の理性（ロゴス）ではなく、山や川といった自然（ピュシス）を意味する。

②・④：それぞれ、「理性を離れ」「理性を頼みとして努力するのではなく」の部分が誤り。ストア派は理性によって欲望に打ち克(か)つことを目指す。

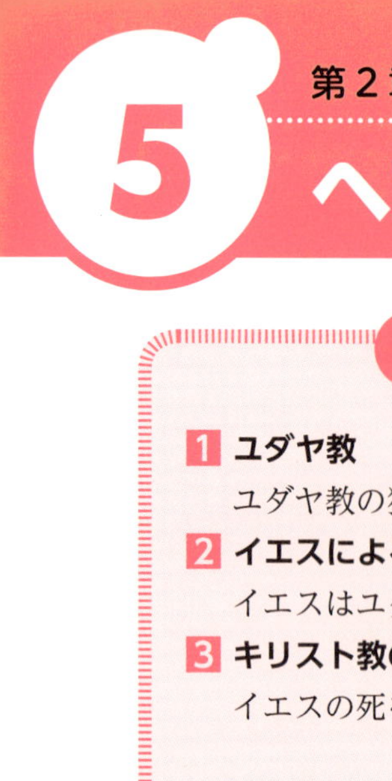

第２章　源流思想

5 ヘブライズムの形成

この項目のテーマ

1 ユダヤ教
ユダヤ教の独自性と根本的な性格をよく理解しよう

2 イエスによる律法主義批判
イエスはユダヤ教から何を継承し、何を否定したのか？

3 キリスト教の成立と使徒パウロによる伝道
イエスの死を使徒たちはどう受け止めたのか？

1 ユダヤ教

前回まで古代ギリシアの哲学（**ヘレニズム**）を学んできたが、西洋思想にはもうひとつの母体がある。それが**ヘブライズム**と呼ばれるもので、**ユダヤ教**に始まり、**キリスト教**へと受け継がれてきた思想的伝統だ。この２つの伝統をざっと対比してみると、次のようになる。

西洋思想の源流

- ヘレニズム　（古代ギリシア哲学）
  …**ロゴス**（理性）への信頼、**合理主義**的人間観
- ヘブライズム　（ユダヤ教 ➡ キリスト教）
  …**人間の無力さ**の自覚、絶対的な神の前での**平等**

ギリシアの哲学者たちは、みな多かれ少なかれ人間の能力に強い自信と信頼を抱いていた。ところがヘブライズムの教えは、**人間の無力さ**を強調する。つまり、欲望や情念に流されてしまう人間の悲しい性を直視するんだ。

自分のことを言われているようで、耳が痛いです。

でも人間の無力さが強調されるほど、その人間と対比される**神の偉大さ**が強調されることにもなるよね。

古代ギリシアを含めて世界中の多くの地域では**多神教**が信仰されていた。これに対してヘブライズムは**一神教**であるから、その神は**唯一神**であり、またすべてをつくりあげた**創造神**でもあり、ほかに比肩するもののない**絶対神**だ。もし神がこれほど偉いのだとすれば、人間の能力のちがいなんて無に等しいことになる。だから結果として、ヘブライズムからは**人間の平等**という発想が生まれた。これは英雄的な人間を理想視した古代ギリシアではほとんど見られなかった発想だ。

ではユダヤ教の内容を具体的に見ていこう。

ユダヤ教とは

- 『**旧約聖書**』を聖典とする**ユダヤ人**の**民族宗教**
  ≒**イスラエル人、ヘブライ人**　→ **世界宗教**
- 唯一神**ヤハウェ**との**契約**にもとづく救済への信仰
  創造神、絶対神、人格神
- 預言者**モーセ**の活動などをもとに成立（BC. 6 C）

ユダヤ教はユダヤ人だけが信仰でき、またユダヤ人だけを救済の対象とする**民族宗教**だ。民族宗教というのは特定の民族だけが信仰するもので、民族の枠を超える**世界宗教**と対をなしている。

ずいぶんとまた独善的な教えですね。

たしかにそんなふうに見えるし、のちにキリスト教が成立するのも、この点とかかわっている。とはいえ、そんなユダヤ教が成立したことには、それなりの歴史的背景がある。ユダヤ教は、わずかな植物しか育たない過酷な砂漠地帯に生まれた。周辺の諸民族との争いも熾烈だった。こうした厳しい環境で生き残るためには、**厳格な掟**を基礎とし、自民族の救済を強く信じる教えがぜひとも必要だったのだろう。

『**旧約聖書**』の記述によると、イスラエル民族の父**アブラハム**は、あるとき**神**の声を聞き、その命令に従って約束の地**カナン**に向かう。彼の子孫たちは飢えから逃れるため**エジプト**に移住するが、のちに奴隷とされてしまった。そこで神に与えられたカナンに戻ろうと、人々を導いたのがユダヤ教における最大の預言者**モーセ**だ（**出エジプト**）。

その後、彼らはカナンの地で**イスラエル王国**を建国し、栄華を誇ったが、王国はほどなくして分裂し、新バビロニア王国によって集団的に強制移住させられるという試練をも味わう（**バビロン捕囚**）。

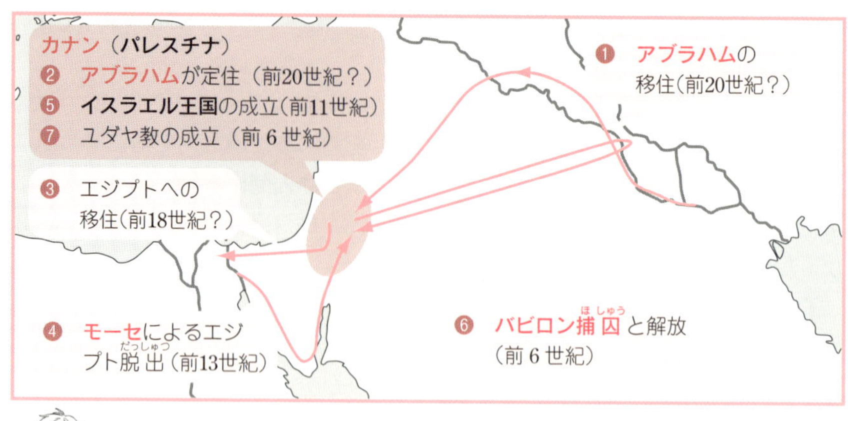

なるほど、ユダヤ人ってずいぶん苦労したんですね。

そう。でも、だからこそ、彼らは苦難（＝試練）のなかで信仰を深めていった。ユダヤ教は、民族的な苦難の意味を説明し、あくまで救済を信じる人々の拠りどころだったんだ。

ユダヤ教の信仰上の特徴は？

ユダヤ教の大きな特徴は、それが神とイスラエル民族との**契約**を核心に据えているということにある。

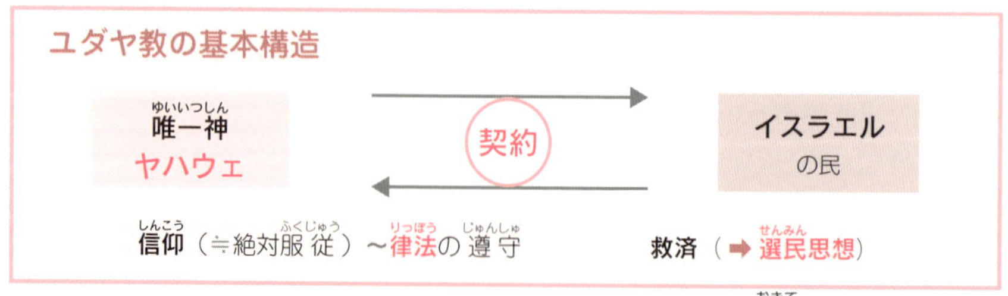

ユダヤ教によれば、**神への信仰**を守り、神に与えられた掟である**律法**を守り通せば、万能の神が**救済**してくれる。そして神がこうした約束を与えてくれたイスラエル民族は**選ばれし民**なのである（**選民思想**）から、どんな苦難も神がわれわれの信仰を試す**試練**として引き受けるべきだとされたんだ。

なるほどね。で、彼らが守るべき**律法**ってのは？

その核心は預言者**モーセ**がエジプトを脱出する途中にシナイ山で神から授かったとされる**十戒**に示されている。

モーセの十戒

唯一神信仰の強制

❶ わたしをおいてほかに神があってはならない
❷ いかなる像も造ってはならない
❸ 主の名をみだりに唱えてはならない
❹ 安息日を覚えて、これを聖とせよ

偶像崇拝の禁止

❶～❹は宗教的戒め

❺～❿は道徳的戒め

❺ 父母を敬え
❻ 殺してはならない
❼ 姦淫してはならない
❽ 盗んではならない
❾ 隣人について偽証してはならない
❿ 隣人の家をむさぼってはならない

十戒は、神と人間との関係を規律する**宗教的な戒め**（❶～❹）と、人間と人間の社会関係で守られるべき**道徳的な戒め**（❺～❿）からなる。なお**安息日**とは、神が6日間で世界を創造して7日目に休息をとったことを記念するもので、いっさいの労働が禁じられている。十戒は必ずすべて目を通しておいてね。

律法（トーラー）とは

数十の文書からなる『旧約聖書』は、**律法（トーラー）**、預言者（預言書）、諸書と大きく3つのパートに分けられる。このうち、冒頭にある「**創世記**」「**出エジプト記**」など5つの文書をまとめて**律法**または**モーセ五書**と言う。ここに描かれているのは天地創造からモーセの死までの物語で、それ自体が神による命令・掟としての性格をもつ。

イスラエルの人たちはその掟をちゃんと守ったわけ？

そうでもなかった。僕らもたとえば成績が伸び悩んだりすると、参考書や予備校のせいにして、乗り換えたりするでしょ。同じように、イスラエル民族にも、苦難の連続に耐えかねて、ヤハウェ以外の神を信仰するような人がたびたび出てきたんだ。これは十戒❶の違反だね。

するとすかさず神様が出現して、厳かに「おまえたちは私を裏切った」などと宣告し、彼らは一族皆殺しの刑に遭う。『旧約聖書』にはこうした記述が何度も出てくる。**ノアの方舟**で有名な大洪水の物語も同様の事例だよ。

げっ、おっかない神様ですね。何もそこまでしなくても……。

日本のおおらかな感覚 ➡p.226 からすれば、やりすぎに思うよね。でもユダヤ人は神に対する畏怖が人々を正しく導くと考えたらしく、旧約聖書の神は**「怒りの神」「裁きの神」**としての性格が強い。

また、神による「制裁」がない場合には、**預言者**たちが人々に警告を発した。「預言者」というのは未来の出来事を予知する者（予言者）ではなく、「神の言葉を預かる者」という意味だよ。ユダヤ教ではモーセだけではなく、イスラエル王国の滅亡後に人々の堕落に警鐘を鳴らした**イザヤ**や**エレミア**らも預言者として重要だ。

また預言者たちは警告するだけでなく希望をも語り、人々を励ました。それが**終末**思想と**メシア**信仰だ。それによると、神が正しき者とそうでない者を選別する**最後の審判**がいずれ訪れ、その終末の日にはメシア（救世主）が現れる、とされる。人々は、このメシア降臨の日を待望することで苦難を耐え続けた。そしてついに、**「神の国は近づいた。悔い改めよ」**と説き、自分がメシアであることを匂わせる人物が登場した。それが**イエス**だ。

ポイント　ユダヤ教の特徴

『旧約聖書』を聖典とするユダヤ人の民族宗教であり、唯一神**ヤハウェ**との契約を核とする宗教。**律法**の遵守による民族的救済を主張。

ユダヤ人たちは、過酷な歴史的経験から、厳格な信仰体系をつくったんだね。

チェック問題 1

ユダヤ教の特徴として最も適当なものを、次の①～④のうちから１つ選べ。

① 律法と預言者の言葉を通じて、超越的神が歴史において自民族にかかわり続けていることを確信し、メシアによる救済を待望する。
② 全知・全能で唯一絶対である神の子の意志や命令に服従することを教えの中心とし、民族や国家を超えた信仰共同体を形成する。
③ 狭い意味での宗教というよりも、ユダヤ共同体の生活様式全般であり、父・子・聖霊の一体性を奥義として、人格神を礼拝する。
④ 律法よりも、人間社会の矛盾に対して神から与えられた預言者の言葉を遵守する生活のほうが、救済のためには不可欠であるとする。

（2006年・センター試験追試）

解答・解説

①

「超越的神」とはもちろん**ヤハウェ**のこと。ヤハウェの教えはモーセに与えられた十戒などの**律法**やその他の**預言者**を介して人々に示されているので、①が正しい。

②：「神の子」を「神」にする必要がある。「**神の子**」とはキリスト教でイエスを指す概念であり、ユダヤ教における信仰対象は神のみ。また「信仰共同体」の修飾語「民族や国家を超えた」も正しくない。ユダヤ教の共同体はあくまでユダヤ人だけのものである。

③：「父・子・聖霊の一体性を奥義として」が正しくない。この**三位一体**の考え方はやはりキリスト教に固有のもの ➡p.69 。それ以外の記述は正しい。

④：律法と預言者の言葉を対比している点が誤り。ユダヤ教では、これらはいずれも神の意志を示すものとして尊重される。

2 イエスによる律法主義批判

イエス

イエスは紀元前 4 年ごろに大工ヨセフと**マリア**の息子として生まれ、30歳のころに「バプテスマの**ヨハネ**」の手により**洗礼**を受けた（「バプテスマ」とは「洗礼」のこと）。この時代のユダヤ教は、形式的な信仰に傾き、魂の救いを求める民衆からは遠ざかっていた。そうしたなかでイエスは登場し、信仰のあり方を刷新したんだ。

ユダヤ教やその律法を**否定**したってこと？

いや、イエスは次のように言っている。「**わたしが律法を廃止するために来たと思ってはならない。わたしはそれを完成するために来たのである**」と。また彼は「『（旧約）聖書』の言葉は一字一句正しい」とも言っている。つまりイエスは、ヤハウェに与えられた律法を肯定しつつ、それについての**解釈**を改め、正しい信仰を人々に示しに来たというわけだ。このイエスによって示された教えは神と人間との**新しい契約**として、のちに『**新約聖書**』としてまとめられていく（『新訳聖書』じゃないよ！）。

『旧約聖書』と『新約聖書』

キリスト教では、神がモーセに与えた律法を中心とする文書群を『**旧約聖書**』と呼び、イエスによって示された新しい契約とそれを前提にした文書群を『**新約聖書**』としたうえで、旧約と新約を合わせて「**聖書**」と呼んでいる。この表現は、イエスを神の子とするキリスト教の立場によるものであり、ユダヤ教の立場では、いわゆる『旧約聖書』のみが聖書とされる。

じゃ、イエスはユダヤ教のどんなところを改めたわけ？

イエスはユダヤ教における**律法主義**を厳しく批判した。律法主義とは**律法を形式的・表面的に守ろうとする態度**のことで、律法の遵守を至上とする**パリサイ派**に典型的に見られる。彼らは自分たちの正しさを誇り、律法を守れない心の弱い者たちや異民族を蔑んでいた。しかしイエスによると、律法というのは人々（の心）を正しき方向に導くためのものであり、こうした態度は本末転倒と言わざるをえない。イエスは、「**律法の内面化**」を目指したんだ。

たとえば、十戒のひとつである**姦淫**禁止令を素直に解釈すれば、売春婦はたいへんな罪人ということになる。でも心のあり方を重視するイエスからすれば、姦淫の欲望を抱く者も同罪だ。また、**安息日**に病人を癒すのは戒律違反だとパリサイ派から咎められたさいにも、イエスは「**安息日は人のためにあるもので、人が安息日のためにあるのではない**」と静かに答えている。つまり、律法を形のうえでただ守ることよりも、**律法の精神**こそが大切にされなくてはならないというわけだ。

イエスによると、律法とは神の教えであり、その最も核心にあるのは、**無差別で平等な絶対的な愛**にほかならない。これは、ギリシア語で**アガペー**と言われる。「**天の父は悪人にも善人にも太陽を昇らせ、正しい者にも正しくない者にも雨を降らせてくださる**」というわけだ。

そもそもイエスによると、人はすべて罪人であり、だれひとりとして悔い改めの不要な人などいない。姦淫を犯した女に石打ちの刑を加えようとした人々に対して、彼は次のように言う。「**あなたがたのなかで罪を犯したことのない者が、まずこの女に石を投げなさい**」と。もちろん人々は無言で立ち去るほかなかった。イエスはまた、「**わたしが来たのは、正しい人を招くためではなく、罪人を招いて悔い改めさせるためである**」とも言っている。人間は本質的に弱い存在だから、どうしても罪を犯してしまうこともある。でも、その点を自覚して心から神に祈りを捧げるならば、慈悲深い神は赦してくださると言うんだ。

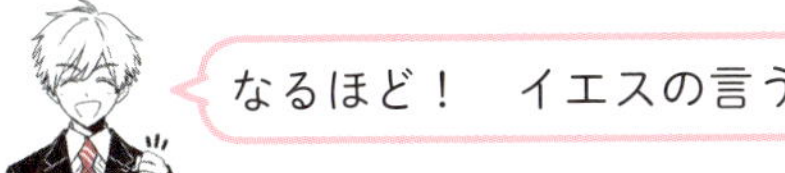

うん、新約の神はしばしば「**愛の神**」「**赦しの神**」と言われる。だから人々に求められるのは、こうした神の愛（**アガペー**）に対する応答、すなわち**神への愛**と**隣人愛**だ（**2つの戒め**）。

神は、罪深く無価値な存在である私たち人間に対して無限の愛を注いでくださる。だから、僕らはその神を心から愛さなくてはならない（**神への愛**）。同時に僕らは地上の務めとして、神によるアガペーと同様の愛を同胞たちに差し向ける必要がある、これが**隣人愛**だ。

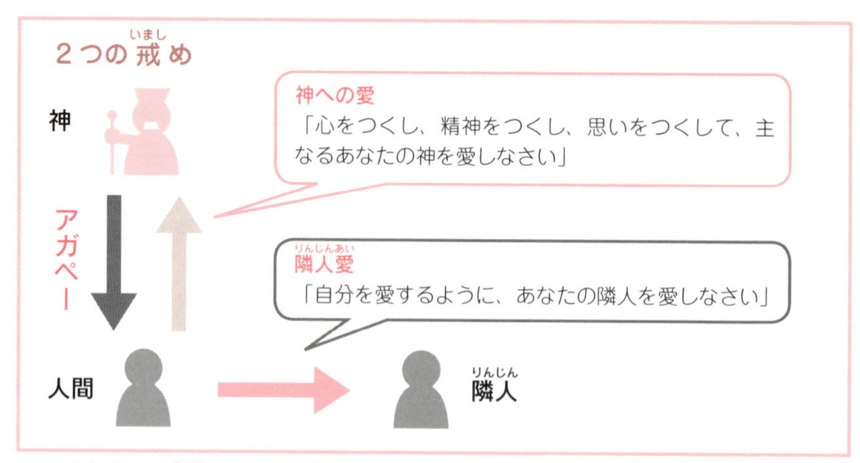

この場合の「隣人」というのは文字どおり隣にいる人だけを指すわけではなく、イスラエル民族限定でもない。だからイエスの教えは明確に**選民思想**を否定するものだ。それどころか、イエスの言う「隣人」には自分の**敵**さえ含まれている。

- 「自分を愛してくれる人を愛したところで、あなたがたにどんな報いがあろうか」
- 「悪人に手向かってはならない。だれかがあなたの右の頬を打つなら、左の頬をも向けなさい」
- **「敵を愛し、自分を迫害する者のために祈りなさい」**

これはすごい教えですね！　イエスの同時代の人もさぞや感銘を受けたでしょう。

最初はね。とくに貧しい者、病人、女性らのあいだではイエスへの熱烈な支持が広がった。でも、彼こそがユダヤ人の王国を再建する**メシア**だという期待は、ほどなくして失望に変わった。次の言葉を見てほしい。

神の国

「神の国は見える形ではなく、また『見よここに』とか『あそこに』というようなものではない。神の国はあなたたちのあいだにある」

これは、**神の国**がかつてのイスラエル王国のような現実の国家ではなく、人々の**心の内面**に成立するものだという指摘だ。つまり、アガペーの心をもって隣人愛を実践する者は、すでに神の国を実現しているというわけだ。これはたいへん革命的な教えだけど、ローマ帝国からの支配という現実の苦しみから脱することを切望していた民衆にとっては、あまりに物足りないものだった。

そしてこの失望を利用したのがユダヤ教の指導者たちで、彼らは神の子を僭称する者としてイエスを訴え、イエスはローマ帝国の官憲の手により**十字架**にかけられて死んだ。

ポイント **イエスの教え**

- イエスは律法そのものを否定していない（**律法の内面化**を主張）
- 信仰の核心は無差別・平等の絶対的な**愛**
- **神の国**は、地上に実現するものではなく、個人の内面に実現

ユダヤ人の王国をリアルの世界に実現したいと願う人々と、個人の内面に実現しようと説いたイエスとのあいだに溝ができて、イエスは処刑されてしまったんだね！

3 キリスト教の成立と使徒パウロによる伝道

さて、イエスの活動はわずか2年間ほどで終わってしまったわけだけど、キリスト教はこのイエスの死後に成立する。でも、このあと意外な展開が待っていたんだ。

たしか、イエスが3日後に**復活**するんですよね。

聖書の記述ではね。ただ、信仰をもたない人には死者の復活などという物語はとうてい受け入れられないことだろう。でも、これを合理的に解釈することも可能だ。

イエスの弟子のことを**使徒**というが、ひいき目に見ても、イエス生前の使徒たちはぱっとしなかった。使徒の一人である**ユダ**はイエスを密告して逮捕のきっかけをつくってしまうし、一番弟子の**ペテロ**（？～67ごろ）でさえ、イエスが逮捕されると、自分が関係者であることを3度までも否定する始末だった。とはいえ彼らは師を裏切って死なせてしまったことで激しく後悔したことだろう（ペテロは号泣し、ユダは自殺した）。しかしペテロたちは思い出したんだ。**悔い改める心**こそが重要だというイエスの教えを。こうして彼らは間違いなく生まれ変わり、その悔恨の気持ちが**イエスの復活**という心理的体験（夢？）を引き起こしたのだろう。だから、残された使徒たちは**原始キリスト教会**をつくり、イエスの教えを世に広めること（**伝道**）に文字どおり命をかけたんだ。

▶ペテロはのちにローマ伝道中に迫害に遭い、殉教した。ローマ・カトリック教会ではペテロを初代教皇と位置づけている。

感動的な話ですね。でもそもそもイエスは「神の子」だったんでしょ。なぜあっさりと死んじゃったのでしょうね？

それをみごとに説明してみせたのが**パウロ**（？～62/65ごろ）だ。この人物こそがキリスト教を本当の意味で築いたとも言われる。

じつはパウロはもともとパリサイ派の律法学者で、イエスの弟子たちを迫害する急先鋒だった。ところが彼は死んだはずのイエスの声を聞いて**回心**した。回心とは単純に心を入れ替える「改心」ではなく、考え方が根本的に転換することだよ。聖書の記述では、このとき彼は「目からウロコのようなものが落ちた」と

パウロ

のことだ。そして新たに使徒となった彼は、**イエスの死**について宗教的な解明を行った。これが**贖罪**の思想だ。

贖罪の思想　～なぜイエスは死なねばならなかったのか

人はすべて罪深い（∵**原罪**）

➡イエスが人間の罪を一身に引き受けた（**十字架**での死）

➡イエスを神の子として信仰すべき

～「**イエス＝キリスト**」という信仰（＝**キリスト教**）の成立

原罪というのはすべての人間が宿命的に背負う罪のことだ。これは、神が最初につくった人間である**アダム**と**イブ**に由来する。彼らは楽園で自然との完全な調和のもとに生きていたが、これだけは食べるなと神に言いつけられていた知恵の木の実（**禁断の果実**）を食べてしまう。彼らが命に背いたことを知った神は激怒し、楽園から追放する。この結果、彼らの子孫である全人類にもその罪が継承されたというわけだ。およそ人間の行う悪はすべてこれに由来する。

ところで一般に、罪を犯した者は何らかの形で罪を贖うこと（＝**贖罪**、罪ほろぼし、罪を償うこと）が必要になる。しかしこの原罪は人類の始祖にまで遡る罪なので、ちょっとやそっとの反省では償えない。そこで、イエスがわれわれ人間のすべての罪を文字どおり十字架として一身に背負ってくれたというのだ。だから、イエスの死は原罪に対する神の赦しを意味しているのであって、このイエスを与えてくれた**神の愛**を信仰し、神の子イエスを救い主（**キリスト**）として信仰するべきだとされる。ここにイエスをキリストとして信仰する**キリスト教**が誕生したと言うことができるんだ。

メシアとキリスト

ヘブライ語で**メシア**は「油を注がれた者」を意味する。イスラエル民族の指導者（国王）が就任のさいに油を塗られたことから国王を指す表現となり、のちには来たるべき「**救い主**」を意味するようになった。このギリシア語訳が「クリストス」（『新約聖書』はギリシア語で書かれている）で、日本語では**キリスト**と言われるようになった。したがって「**イエス＝キリスト**」とは「救い主であるキリスト」という一種の信仰告白である。

パウロってすごいんだね。ほかに大事な教えは？

> 「わたしは肉の人であり、罪に売り渡されています。……わたしは、自分の望む善は行わず、望まない悪を行っている。……わたしはなんと惨めな人間なのでしょう。死に定められたこの体から、だれがわたしを救ってくれるのでしょうか。わたしたちの主イエス＝キリストを通して神に感謝いたします」
>
> （パウロ『ローマ人への手紙』）

信仰義認説の考え方を最初に示した点が重要だね。ユダヤ教では律法の遵守が救済の条件と考えられていた。しかしパウロによると、人間は自分の意志で善をなすことなどできないとされる。だから、律法などを行為において守ることではなく、ただひたすら神とイエスを**信仰**することによってのみ、人は神によって義と認められる（救いの資格が得られる）、とされるんだ ➡p.117 。

それからパウロは、キリスト者にとって最も大事なものとして**信仰**・**希望**・**愛**という3つを挙げている。これはのちにキリスト教の**三元徳**と言われるようになるもので、必ず覚えておこう。

あとは、パウロの教えというより行いに関する点だけど、彼が**異邦人**（＝非ユダヤ人）への伝道に励んだというのも重要だ。それまでイエスの教えはごく限られたユダヤ人に知られていたものにすぎなかったが、彼の活躍により、キリスト教は名実ともに**世界宗教**になっていったんだ。

ポイント　パウロの業績

- イエスの死を宗教的に説明（**贖罪**思想）
- キリスト教の土台を形成（**信仰義認説**、**三元徳**、**異邦人**への伝道）

パウロがいなかったら、キリスト教は存在しなかったかもしれないね。

チェック問題 2

『新約聖書』に描かれたイエスについての記述として最も適当なものを、次の①～④のうちから１つ選べ。

① 「天地が消え失せるまで、律法の文字から一点一画も消え去ることはない」とあるように、ユダヤ社会の刷新には律法の遵守が不可欠と考えた。
② 「私があなたがたを愛したように、あなたがたも互いに愛し合いなさい」とあるように、相互の愛を実践するよう説いた。
③ 人間はすべて、理性と道徳上の能力において本来同等であるから、隣人愛に満ちた関係を築くべきだと説いた。
④ 預言者の精神を受け継ぎ、当時のユダヤ社会に真の悔い改めを求め、ヨルダン川で、身分の差別なく人々に洗礼を授けた。

（2008年・センター試験追試）

解答・解説

②

正しい。神の教えにおいて最も重要な「２つの戒め」のうちのひとつ、隣人愛についての正しい記述が②である。

①：引用文はたしかにイエスによるもの（**新約聖書の**「マタイによる福音書」）だが、そのあとの記述が正しくない。「律法の遵守が不可欠」というのは、律法の内面化を説いたイエスの立場と矛盾する。

③：「隣人愛に満ちた関係を築くべき」という結論は正しいが、その根拠がおかしい。隣人愛が求められるのはそれが神の愛に応えるものであり、また神の意に沿うものだからである。人間が「理性と道徳上の能力において本来同等」とあるが、これは近代哲学の発想であって、イエスは人間の能力よりも罪深さを強調する。

④：やや細かい点だが、イエスではなく、**バプテスマのヨハネ**に関する記述である ➡p.60 。イエスもこのヨハネから洗礼を受けている。

6 キリスト教の発展とイスラーム

この項目のテーマ

1 キリスト教の発展
アウグスティヌスとトマス＝アクィナスの教えとは？

2 イスラームの教え
キリスト教との関係をおさえ、六信五行を覚えよう

1 キリスト教の発展

今回のテーマは、キリスト教の成立後の展開だ。

まず、紀元1世紀に『**新約聖書**』が成立し、キリスト教の信仰はローマ帝国の各地に急速に普及していく。しかし、この時代にはキリスト教の教義がまだ確立されていなかった。そのような状況にあって、異端信仰と闘い**正統教義**の確立に尽力した教会指導者を**教父**と言うんだ。その代表が**アウグスティヌス**だ。

アウグスティヌス（354〜430）
- 主著『**告白**』『**神の国**』『三位一体論』
- 教父哲学を大成し、カトリック教会の**正統教義**を確立

- **三元徳**：**信仰**・**希望**・**愛**をギリシア四元徳の上位に
- **三位一体説**：「神」と「イエス」と「聖霊」は本質的に同一
- **恩寵**による救い：人間は**原罪**ゆえに悪への自由しかもたず、人間の救済は神の**恩寵**（恵み）のみによる。
- キリスト教の歴史哲学：人間の歴史は善と悪、**神の国**と**地上の国**との闘いの歴史である。　▶**教会**は神の国の地上における代理

アウグスティヌスの著書『**告白**』によると、彼は最初からキリスト者だったわけではなく、性的な放蕩に溺れたり善悪二元論の**マニ教**を信じたりといった遍歴の末に、母が信じていたキリスト教にたどり着いた。キリスト教に敵対す

るほかの考え方を熟知しているという点が、彼の強みと言えるのかもしれない。

アウグスティヌスは何を主張したんですか？

まず彼は、前回にも出てきた**三元徳**（信仰・希望・愛）➡p.66 をプラトンの四元徳 ➡p.43 の上位に位置づけた（合わせて七元徳ということがある）。彼は、ギリシア哲学にも造詣が深く、とくに**新プラトン主義** ➡p.69 と言われる潮流の影響を強く受けていたんだ。つまり、アウグスティヌスはキリスト教の信仰をギリシア哲学によって補強したと言える。

それから、**三位一体説**を確立した。クリスチャンはお祈りのさいに「父と子と聖霊の御名によって、アーメン」と言うけど、この「**父と子と聖霊**」**が本質的に同一だという考え方**を三位一体説と言うんだ。

とくに問題だったのが、イエスは人間なのか、それとも神なのかというテーマなんだけど、イエスは肉体をもたぬ神が受肉したものである、つまり**イエスは神であると同時に人でもある**という立場が正統とされた。イエスは二重の性格をもっているんだ。

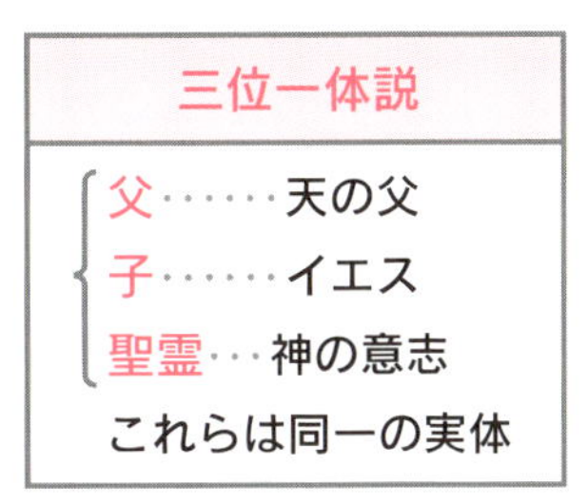

三位一体説	
父	天の父
子	イエス
聖霊	神の意志
これらは同一の実体	

恩寵ってのは？

前回に触れたように ➡p.65 、**原罪**ゆえに人間はどうしても悪へと流されてしまう。たしかに、人間は自分の行為を自分で決定できる**自由意志** ➡p.114 をもつが、それは**悪への自由**でしかない。つまり、人間に善をなす自由はない。だから、そんな人間が救われるためには、慈悲深い神による**恩寵**（恵み）に期待する以外にはないんだ。

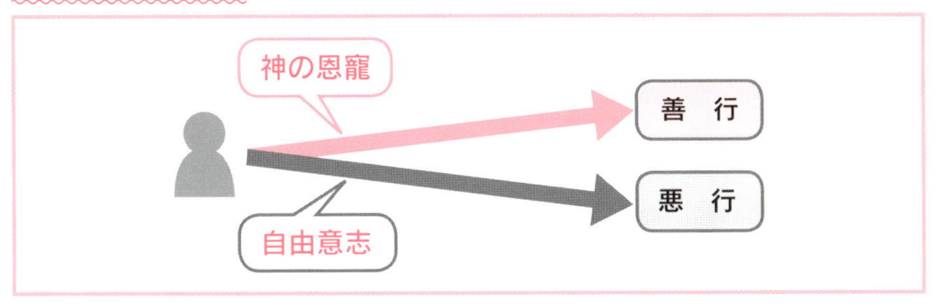

恩寵の予定

アウグスティヌスは、恩寵が与えられる人（救われる人）とそうでない人は神によって予（あらかじ）め決定されている（つまり、努力や信仰で救いを獲得することはできない）、と考えた。そもそも人間はだれひとり救われる価値がないため、そんな人間でも救われうることに感謝すべきだとされる。この**予定説**の考え方は、のちに宗教改革の指導者・カルヴァンに影響を与えた➡p.119。

「キリスト教の歴史哲学」ってのはなんですか？

アウグスティヌスが生きたのは、ゲルマン民族が侵入し、西ローマ帝国が滅亡しようとする**危機の時代**だった。そんな背景のもと、そもそも神が世界をつくったのに悪が存在するのはなぜなのか、といった疑念が強まっていた。

これに対してアウグスティヌスはこう答えた。**歴史**は神による世界創造から終末に向かって進んでおり、そこでは**善**と**悪**という２つの原理がせめぎ合っている。この２つは**神の国**と**地上の国**と言い換えることもでき、それぞれ「神への愛」と「自己愛」によって支配されている。つまり、永遠の善である神のもとへと人々が導かれるまでの過程、それが歴史なのだと。なお、教会は地上における神の代理者であるとして、彼の議論は**教会制度の確立**にもつながった。

> 「あなた（神）は私たちを、御自身に向けておつくりになったので、私たちの心はあなたのうちに憩うまで、安らぎを得ることができないのです」　（『告白』）

新プラトン主義

アウグスティヌスに影響を与えた**新プラトン主義**とは、３世紀に**プロティノス**が始めたもので、万物は究極の一者から流出したものであるとし、この一者との合一を目指す。一者をキリスト教の神と解釈し、キリスト教と結びつける動きも起こった。

ポイント　アウグスティヌスの教父哲学

最大の教父**アウグスティヌス**は、人間は**悪への自由**しかもたず、神の**恩寵**によってのみ救済されると説いた。

次に紹介するのは**トマス＝アクィナス**（1225ごろ～74）だ。生没年を見てもらえばわかるとおり、彼は古代の思想家ではなく、中世末期の思想家だ。この時期には、教会や修道院の付属の学校で神学などさまざまな学問が研究されていた。学校で研究された哲学であることから、これを**スコラ哲学**と言う（「スコラ」は school の語源だ）。

アウグスティヌスはプラトン哲学の影響を受けていたけど、この時期のスコラ哲学は**アリストテレス**の影響を強く受けている。じつは、アリストテレスの学派はバラバラになってしまい、文献も散逸してしまっていたため、本家ヨーロッパでは長く忘れ去られていた。ところが、**十字軍の遠征** ➡p.112 でヨーロッパのキリスト教徒たちがイスラームと戦ったさいに、意外なことにムスリム（イスラーム教徒）たちがアラビア語でアリストテレスを研究し続けていたことを知ったんだ。これをきっかけにアリストテレスの哲学はヨーロッパに逆輸入され、神学者たちもこれを導入していった。

なるほど。で、トマス＝アクィナスは何を主張したの？

トマス＝アクィナスは**スコラ哲学の大成者**で、当時の神学者たちを悩ませていた大問題にいちおうの決着をつけたんだ。当時の問題というのは、**理性**と**信仰**のいずれが優越するかというテーマだ。

かつては「聖書」の記述などの神学的知識で宇宙のあらゆる現象が説明できると考えられていた。ところが、アラビア世界から流入した高度な化学などの科学的知識を使えば、信仰なしにたいていの事柄が客観的に説明できるようになってきたんだ。こうなると、「理性だけで十分じゃないの？」「信仰いらなくね？」という疑問が出てもおかしくないよね。でも神学者にとって、これはまずい。理性の威力も否定できないが、信仰も捨てがたい……スコラ哲学は、こういうジレンマに直面していたんだ。

そこで、トマスはこの問題について、次のように考えた。

信仰と理性の調和（**トマス＝アクィナス**）

- **理性**（**自然の光**）：自然界を認識
  - ↑ 完成（信仰が上位）
- **信仰**（**恩寵の光**）：信仰上の真理を認識

認識の対象が異なる

第一に、理性と信仰は扱う世界が異なっている。だから、両者はけっして矛盾せず、むしろ**相互補完**の関係にある。3＋3がいくつになるのかといった問いに答えを与えてくれるのは理性（哲学）だが、イエスの復活が何を意味するのかといった問いに答えを与えてくれるのは信仰（神学）だ。つまり、理性と信仰のそれぞれに独自の意義がある。

第二に、理性と信仰は対等な関係にあるのではなく、**あくまで信仰上位**で統合される。トマスは「**恩寵は自然を破壊せず、かえってそれを完成させる**」と述べているが、これは信仰（啓示）によって明らかにされる真理が理性とは矛盾しないということとともに、信仰が理性より高みにあるということを意味している。スコラ哲学では「**哲学は神学の婢**［侍女］」と言われるが、トマスもこの観点を受け継いでいる。

普遍論争

スコラ哲学では、「普遍は存在するか」という問題が大きなテーマとなっていた。「普遍」とは、たとえば「ミケ」「タマ」といった指し示すことのできる個々のネコに対して、思考でしかとらえられない「ネコ」という概念である。「ネコ」などの概念は単なる名前にすぎず、本当に存在するのは個物だけだとするのが**唯名論**（名目論）であり、**ウィリアム＝オッカム**が代表的哲学者である。

しかし、唯名論の立場では、神の存在が単に名目上のものとされかねないため、**アンセルムス**ら**実在論**（実念論）の立場に立つ哲学者は、普遍概念こそが存在すると考えた。この普遍論争に対してトマス＝アクィナスは、アリストテレス主義の立場から、**普遍が個物に内在する**と論じて両者を調停した。

チェック問題 1

アウグスティヌスが説いた、神と人間とのかかわりについての記述として最も適当なものを、次の①～④のうちから１つ選べ。

① 我々はみずからの原罪（げんざい）を克服（こくふく）しようと努めるべきであり、その努力に応じた神の恩寵（おんちょう）によってのみ救済（きゅうさい）される。

② 我々は神の無償（むしょう）の愛によってのみ救済されるのであり、原罪のゆえにみずから善をなす自由を欠いている。

③ 我々は神のロゴスにより創造されているため、そのロゴスに従うよう努めることによってのみ救済される。

④ 我々は神の律法（りっぽう）を遵守（じゅんしゅ）することによってのみ救済されるが、その律法を破ったならば神の罰（ばつ）を受ける。

（2008年・センター試験本試）

解答・解説

②

アウグスティヌスによると、人間は神による無償の愛（＝**恩寵**）によってのみ救われるとされるので、②が正しい。

①：**原罪**は人間に課せられた宿命のようなものである。したがって、それを「克服」することはできず、神の恩寵をひたすら信じることが求められる。また、人間には善をなす自由がないので、努力に応じて恩寵が与（あた）えられることもない。

③：①と同様に、なんらかの努力によって見返りとして救済が得られることはない。なお、人間が神のロゴスによって創造されているというのは、「ヨハネによる福音書（ふくいんしょ）」冒頭の記述（「はじめに言葉（＝ロゴス）があった」）に対応している。

④：**ユダヤ教**、とくにパリサイ派 ➡p.60 の立場についての記述である。

「なんとなく」ではなく、正確な理解が重要だよ！

2 イスラームの教え

アウグスティヌスがキリスト教の正統教義を確立してから二百数十年後、アラビア半島では**ムハンマド**（570ごろ～632）の手により、ヘブライズムの伝統を受け継ぐもう1つの宗教である**イスラーム**が誕生していた。イスラームは、唯一神**アッラー**への**絶対服従**を説く**平等主義**的な**世界宗教**だ。

イスラームの特徴

- 開祖：**ムハンマド**（「**最後にして最大の預言者**」）　「神の子」ではない！
- 聖地：**メッカ**（ムハンマドの生誕地）、メディナ、エルサレム
- 聖典：『**クルアーン**』（ムハンマドを介した神の言葉）、「聖書」の一部

▶イスラームは単なる内面的信仰ではなく、宗教的共同体（**ウンマ**）をなしている（**聖俗一致**）。日常生活も**シャリーア**（イスラーム法）で規律。

ムハンマドって、キリスト教におけるイエスみたいな人？

まったくちがう。イエスは「神の子」でありいずれ地上に再臨することが予定される神的な存在だが、ムハンマドは預言者だ。つまり、ムハンマドはあくまで人間だから、再臨も復活もしない。イスラームは神の唯一絶対性をキリスト教以上に強調する（「イスラーム」とは「服従」の意）ので、アッラー以外に神的な性格をもつ存在はけっして現れない。だから**偶像崇拝**も厳しく戒められていて、イスラームでは神やムハンマドを絵画で描くことさえ禁じられているんだ。

その反面、イスラームは「神の前の平等」をとくに強調するので、信者はみな兄弟であって、民族の差別がないのはもちろん、**聖職者**すら存在しない。

さて、ムハンマドはもともと裕福な商人だったが、40歳のときに突如「起きて警告せよ」との啓示（神の声）を受け、預言者としての活動を始める。ムハンマドは「**最後にして最大の預言者**」と言われていることからわかるように、イスラームの開祖であるにもかかわらず、彼に先行する預言者が想定されている。

いったい、それはだれですか？

モーセやイエスたちだ。イスラーム世界では、ユダヤ教徒とキリスト教徒は唯一なる神によって導かれた**啓典の民**とみなされており、これらは**兄弟宗教**と

位置づけられている。そして、モーセやイエスはムハンマドに先行する神の代弁者（預言者）と考えられているんだ。

へえ！　ヤハウェとアッラーって同一人物なの？

「人物」かどうかはともかく、少なくともイスラームでは、世界を創造した唯一絶対なる神として同一の存在だと考えられている（そもそも「アッラー」とはアラビア語で「神（the God）」を意味する）。

ポイント　イスラームの特徴

- **ムハンマド**は最後にして最大の預言者
- ユダヤ教・キリスト教は**兄弟宗教**

さて少々細かい話になるけど、入試的には**ムスリム**（イスラームを信じる者）の6つの信仰対象（**六信**）と5つの宗教的義務（**五行**）を覚える必要がある。

六　信

- **神**　：唯一神アッラー　▶**偶像崇拝**は厳禁
- **天　使**：神と預言者の媒介者　例　ジブリール　アッラーの言葉をムハンマドに伝えた
- **聖　典**：『クルアーン』、および『新・旧約聖書』の一部
- **預言者**：神の言葉を伝える者　例　モーセ、イエス、ムハンマド
- **来　世**：**天国**と**地獄**　最後の審判のさいに、現世での行いにより神が振り分ける
- **天　命**：神の意志

まずは、六信を必ずすべて暗記してしまうこと。聖書が否定されていないというポイントは大事だよ。イスラームにおける聖典（啓典）とは、要するに神の言葉が正しく示されたものであって、『**旧約聖書**』の「モーセ五書」や『**新約聖書**』の「福音書」などもこの資格を満たしていると考えられている。『クルアーン』だけが聖典というわけではない。

なお『クルアーン』は「読まれるもの」を意味し、音読・暗唱が推奨される。これは、ムハンマドに伝えられた**神自身の言葉**だと位置づけられているからだ。けっしてムハンマドが執筆したものではない。

五行

- **信仰告白**：「**アッラーのほかに神はなく、ムハンマドはその使徒である**」と証言すること
- **礼拝**：毎日5回、定刻に**メッカ**に向かって祈りを捧げること
- **断食**：ラマダーン（断食月）の日中にいっさいの飲食を絶つこと
- **喜捨**：貧しい者に対して富の一部を分け与えること
- **巡礼**：一生に一度はメッカに巡礼すること（努力目標）

五行も、とにかくまず何度か唱えて暗記すること。これまでたびたび出題されたのは**断食**のやり方だね。断食が日の出から日没までの日中だけ（日暮れ以降には豪華ディナーが待っている）だということや、1か月間のイベントだということなどに注意してほしい。

喜捨は、イスラームが神の前の平等を強調することに由来するもので、同胞の助け合いが当然の義務とされている。

なんだか、ルールが細かいっすね！

イスラームはそもそも単なる内面的信仰ではなく、結婚・相続など生活の全般を規律する教えなんだ（その点はユダヤ教と似ている）。だから、『クルアーン』にはかなり細かいルールが書かれているし、そうでないルールは**シャリーア**（イスラーム法）で補われている。

この信仰共同体は**ウンマ**と呼ばれ、かつては**カリフ**（「ムハンマドの後継者」の意）が指導していた。のちに大きく**スンナ派**（多数派）と**シーア派**（少数派）に分裂してしまったけどね。

イスラームでは異教徒との闘い（**ジハード**）という教えがあり、これが一面的にとらえられて不幸な対立をも引き起こしてしまったけど、本来のジハードは悪に対する内面の戦いや、神に尽くすことを一般に指していた。ともあれ、結束と平等を説くイスラームの教えは多くの人の心をとらえ、現在ではアラビア語圏だけでなく全世界で信者を拡大している。

チェック問題 2

易 

アッラーの意志に関する記述として適当でないものを、次の①～④のうちから1つ選べ。

① アッラーの意志を示すものである『クルアーン（コーラン）』は、結婚や遺産相続などの生活上の規範も説いている。

② アッラーの意志はムハンマドを通じて人間に伝えられたが、ムハンマドにそれを仲介したのは天使だとされる。

③ ユダヤ教とキリスト教の聖典はアッラーの意志を示すものではないため、イスラームの聖典とは認められない。

④ ムスリムは、「アッラーの意志に従う者」を指し、民族のちがいにかかわらず平等に信徒として認められている。

（2008年・センター試験本試）

解答・解説

③

イスラームにおいては『クルアーン』だけでなく、「聖書」の一部も聖典として位置づけられているので、③が誤り。

①：正しい。『**クルアーン**』は内面の信仰だけを示しているわけではなく、日常生活におけるさまざまなルールも規律している。

②：正しい。ムハンマドはアッラーと民衆を媒介する預言者だが、このアッラーとムハンマドを媒介したのが**天使**だとされる。

④：正しい。**ムスリム**とは「神に服従する者」の意味で、信者はみな兄弟とされる。

第２章　源流思想

古代インドの思想

この項目のテーマ

1 ブッダ以前の古代インド思想
バラモン教とウパニシャッド哲学の基本性格が重要

2 ゴータマ＝ブッダの教え
多岐にわたる仏教思想のエッセンスをつかもう

3 ブッダ以後の仏教の展開
大乗仏教と上座部仏教のちがいが頻出！

1 ブッダ以前の古代インド思想

ここからは東洋の源流思想について見ていこう。東洋の源流思想は暗記しなければならないことが多いから、そのつもりでね。まずは古代インドだ。

インドは仏教発祥の地だけど、じつは現代のインドで仏教徒の割合は非常に小さい（人口の１％くらい）。13世紀にはインドの仏教はほぼ消滅したとされる。20世紀後半からは増えてきているとも伝えられるけどね。

じゃあ、多くのインド人は何を信じているの？

ヒンドゥー教だ。これはヨーロッパ人が「インド人の宗教」くらいの意味で呼称しているものにすぎないんだけど、ともかく古代の**バラモン教**にインド人の**土着信仰**が融合してしだいに形成された宗教、それがヒンドゥー教だ。

そしてヒンドゥー教の原型になった**バラモン教**（これまたヨーロッパ人が命名）とは、大昔のインドで成立したもので、次のような性格をもっている。

バラモン教とは

- **カースト制**を基盤とした**アーリア人**の民族宗教
  祭祀階級**バラモン**を頂点とする階級制度
- 神々への賛歌『**ヴェーダ**』を聖典とする自然神信仰

紀元前の15世紀ごろ、イラン北部地域に住んでいた**アーリア人**がインドに侵入し、先住民族を支配する過程で独自の信仰体系を形成していった。この信仰は祭祀階級である**バラモン**を頂点にした**カースト制**という階級制度を基盤とするものだ。

- **バラモン**：祭祀階級
- **クシャトリヤ**：貴族・戦士階級
- **ヴァイシャ**：農民・商工業者
- **シュードラ**：奴隷階級

神々への祈祷を司る**バラモン**はこの宗教で特権的な存在であり、聖典『**ヴェーダ**』（サンスクリット語で「知識」の意）に示される秘儀や神々の声を聴くことのできる存在とされた。

カースト制って今も残っているんですよね。

そうだね。異なるカーストでは結婚はおろか食事を同席することすら認められないなど、非常に厳しい身分制だ。このしくみは1950年に制定された憲法で明確に禁じられたが、残念ながら今日でもなお生きている。

なぜこんな悪習が残っているかというと、これはインド人のあいだで**輪廻思想**が強く息づいている点とおおいに関係があるんだ。**輪廻思想**とは、**永遠に生と死が繰り返される**、つまり肉体が滅んでも別の形で再生する、という考え方だ。でも、単に同じ人生を繰り返すわけではない。前世の行い（＝**業**、**カルマ**）によって来世の生まれが決定されるんだ。だから善い行いをしたものは高い身分に生まれることができるし（善因善果）、悪い行いをしたものは低い身分、場合によっては動物なんかに生まれ変わってしまうこともある（悪因悪果）。

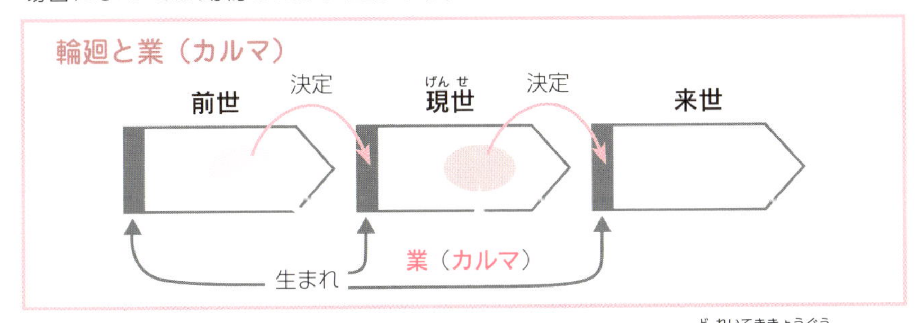

だから、逆に言うと、現世においてシュードラのような奴隷的境遇にある者は、前世で悪い行いをしたとみなされる。現実の世界では才能の差や運の善し悪しなど、たしかに運命みたいなものがあるよね。これを前世から説明するのが輪廻思想なんだ。そんなわけで、輪廻思想が息づいているインドでは、今でもカースト制が宿命的なものとして受け止められがちなんだ。

第2章 源流思想

なるほど、僕の物覚えが悪いのも前世に原因があるのかな……。でも、現世で頑張れば、来世に期待がもてるわけだよね。

可能性としてはね。でも、だれしも多かれ少なかれ、後ろめたい過去を抱えているでしょ（僕も山ほどあるよ）。だから、来世ではさらにひどい生まれになってしまうのではないかと恐れる。おまけに、インド人は人間と動物をきわめて連続的にとらえているから、階級の「降格」ならまだしも、サルやイヌのような動物に生まれ変わってしまう可能性さえある。そこで、人々が目標としたのは、こうした恐ろしい輪廻の悪循環を絶ち切って永遠の至福に至ること（＝**解脱**）だ。

どうすれば解脱できるんですか？

それについては、世界最古の哲学とも評される**ウパニシャッド哲学**で理論化されている。「ウパニシャッド」とは「奥義書」などと訳される文書群で、『ヴェーダ』の最後に位置づけられるものだ。

この哲学によると、解脱の方法は次のとおり。

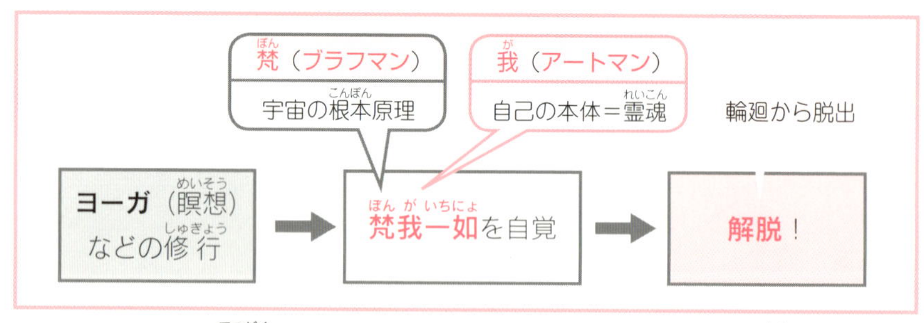

ウパニシャッド哲学では、瞑想などの修業によって**梵我一如**を悟れば解脱できるとされる。「**梵**（**ブラフマン**）」とは宇宙の根本原理のことで、ギリシア哲学で言う「ロゴス」ときわめて近いものだ。神々を含めた森羅万象はすべてこのブラフマンの現れだとされる。これに対して、「**我**（**アートマン**）」とは自我の本体のことで、要するに魂のことだ。つまり、梵我一如とは、自我というものが宇宙と究極的に同一であるということを意味する。

たとえば満天の星空などを見ると、吸い込まれてしまいそうになるよね。このときに人は、自分が大宇宙の一部にすぎないことを深く感じているんだ。この感覚を極限まで進めたのが梵我一如の境地だと思ってもらえればいい。

ヨーガ

ヨーガは、今日では健康法ともなっているが、もとは呼吸を整え、瞑想して精神を統一する宗教的な修行法。アーリア人の侵入以前からインドで行われていたと考えられ、バラモン教、ジャイナ教、仏教などでも取り入れられた。坐禅の原型でもあり、仏陀はこれによって悟りを開いたことから、とくに禅宗では重視される。

さて、バラモンたちはヴェーダ聖典の権威を絶対化し、いわば真理を独占していた。しかし、紀元前6世紀ごろから商工業が発達してクシャトリヤやヴァイシャたちの社会的地位が向上したことなどを背景に、**バラモンの宗教的権威はしだいに低下していったん**だ。そんななかで、バラモンおよびヴェーダの宗教的権威を公然と否定する修行者たちが出現したんだ。これを**自由思想家**と言う。その代表格が、**ヴァルダマーナ**と**ゴータマ＝ブッダ**だ。

ヴァルダマーナってのは、何者？

ヴァルダマーナ（前549ごろ～前477ごろ）は、ブッダとほぼ同時代に活躍したと考えられている、**ジャイナ教**の開祖だ。「偉大な勇者」を意味する「マハーヴィーラ」という尊称もある。彼はカースト制を批判し、徹底的な**不殺生**（**アヒンサー**）、**無所有**などを根本教義として**厳しい苦行**による解脱を説いた。あとで触れるけど、**苦行主義を認めるかどうか**がブッダとの大きなちがいだから覚えておいてね。

ブッダについては、83ページ以降でくわしく見ていくとしよう。

六師外道

仏教の世界では、自由思想家のうち、ブッダを除いた有力者6人を**六師外道**と総称する。ジャイナ教の祖ヴァルダマーナのほか、真理認識の不可能性を説いた懐疑論者の**サンジャヤ**、自由意志を否定した宿命論者の**ゴーサーラ**、道徳否定論者の**プーラナ・カッサパ**らが含まれる。彼らはいずれも、バラモンの権威を否定して独自の教えを展開した。

チェック問題 1

古代インドのウパニシャッド哲学で追究された、輪廻を脱した境地の説明として最も適当なものを、次の①～④のうちから１つ選べ。

① アートマンの中に変化しない要素はないことを認識し、執着を捨てて永遠性を獲得した境地。
② アートマンと宇宙的原理が同一であることを直観し、それによって永遠性を獲得した境地。
③ アートマンが存在のよりどころとしている身体を不滅なものにすることによって、永遠性を獲得した境地。
④ アートマンを創造した神の行為を認識し、神の慈愛による救済を通して、永遠性を獲得した境地。

（2006年・センター試験本試）

解答・解説

②

ウパニシャッド哲学では、自己の原理が宇宙の原理と同一であること（**梵我一如**）を認識すれば永遠の境地に至れると考えるので、②が正しい。

①：あらゆるものは変化するという前提に立って執着を捨てるべきことを説くのは**仏教**。
③：**アートマン**は、身体ではなく**霊魂**を意味する。身体は、生死が循環するごとに滅びる。
④：神の慈愛による救済は、**キリスト教**に特徴的な考え方。

2 ゴータマ=ブッダの教え

いよいよ仏教の説明に入っていくよ。なじみのない用語がたくさん出てくるから、確実に頭に入れるまで繰り返し学習すること！　ではさっそくだけど、ひとことで言って仏教ってどんな教えだと思う？

仏様の説いた教え、ですかね？

半分は当たっているかな。でも、その説明だと非常に大事な点が抜け落ちてしまう。仏教というのは仏になる（**成仏**する）ための教えなんだ。では、**仏**（**ブッダ**、**仏陀**、**釈迦**）とは何か。これは、「**悟りを得た者**」という意味だ。だから、**ゴータマ＝ブッダ**という表現は、シャカ族の王子**ゴータマ**が悟りを開いたという事態を言い表している。

そして、仏教が目指すのは、苦悩の根本原因を知り、それを解消すること（**解脱**、**悟り**）だ。だから、キリスト教などとちがい、仏教は、絶対的な神による救いを求めるのではなく、努力をして仏になる、すなわち真理を認識することが究極目標とされる。

なるほど。ゴータマさんってどんな方だったんですか？

ゴータマ＝シッダッタ（前463?～前383?）は、北インドの小国でシャカ族の王子として生まれた。物質的に何ひとつ不自由のない暮らしに虚しさを覚え、29歳のときに地位と妻子を捨てて出家したんだ。当時のインドでは、バラモン教とは異なる真の解脱を求める修行者（**沙門**）が多くいたようで、ゴータマもその道を選んだというわけだ。彼は6年間の修行の末に成道（解脱・成仏）し、これ以降、80歳で入滅（死去）するまで多くの人々に教えを説いた。

ゴータマ＝シッダッタ

で、ゴータマは何を悟ったの？

ゴータマ＝ブッダの教えの核心は、**あらゆるものごとが相互に依存する**、ということだ。これを**縁起の法**（**縁起説**）と言う。縁起というのは「縁りて起こる」と読み、何ごとも原因があって引き起こされたものだとする考え方だ。具体的には、頑張って勉強したので（原因）大学に受かった（結果）、という具合だね。このように、僕らは物事を因果関係でとらえるのに慣れているはずだけど、これをきちんと貫けないこともある。たとえば、大学に落ちた（結果）ときには、自分の不勉強（原因）を反省するのではなく、よそに原因を求めて八つ当たりをしてしまったりするよね ➡p.17 。つまり、ブッダは、人間の苦悩の根本原因を、縁起についての無知（＝**無明**）に見出したんだ。

「これあるとき、かれあり、これの生じることによって、かれが生じる。これなきとき、かれなく、これの滅することによって、かれが滅する。」
（『相応部経典』）

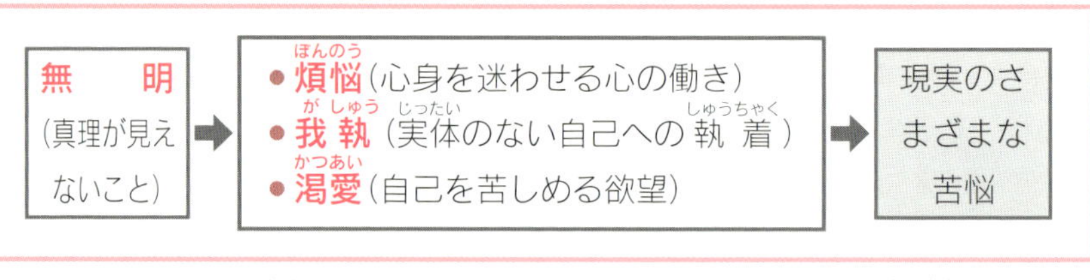

生あるものは必ず滅びる。ところがこうした根本的な真実を直視できなくなるときに、人は不老不死のような無理な欲望を抱いてしまう。こうした欲望こそがあらゆる苦悩の原因なんだ。

煩悩、**我執**、**渇愛**の3つはいずれもこうした欲望を表す概念だ。ちなみに、「愛」という概念は仏教の世界では否定的にとらえられている（愛とは、何かに強くこだわることだからね）。また、煩悩はさらに細かく分けて**三毒**と言われることもあるよ。

三　毒

- **貪**：貪欲に貪る心（＝欲望）
- **瞋**：怒りの心
- **癡**：真理に対する無知の心

では、どうすれば悟りに至れるんですか？

悟りに至るための道は**四諦**（四聖諦）と**八正道**という考え方でまとめられている。

四諦（ブッダの説いた４つの真理）

❶ 苦諦：人生は苦しみである
❷ 集諦：苦の原因は煩悩にある
❸ 滅諦：苦の原因を滅ぼせば涅槃に至れる
❹ 道諦：八正道によって苦の原因を滅ぼせる

煩悩を吹き消した安らぎ（悟り）の境地（＝ニルヴァーナ）

- 正見（正しいものの見方）
- 正思（正しいものの考え方）
- 正語（正しい言葉づかい）
- 正業（正しい行い）
- 正命（正しい生活）
- 正精進（正しい努力）
- 正念（正しい心を保つこと）
- 正定（正しい瞑想）

四諦の「諦」とは「諦める」という意味ではなく、「明らかにされたもの」、つまり「真理」ということだ。ブッダが悟りを開いたのちに修行仲間に行った最初の説法（**初転法輪**）で説いたのが、この４つの真理だとされる。

四苦八苦

- 四苦（生、老、病、死）
- 愛別離苦：愛しい者と別れる
- 怨憎会苦：憎い者と会う
- 求不得苦：求めるものが得られない
- 五蘊盛苦：心身の苦しみ

（以上、八苦）

まず、**苦諦**。これは、人生が苦しみだという真理だ。もちろん、ブッダは絶望しなさいと説いているわけではなく、どう頑張っても人生の苦しみは避けることができないということを諭しているわけだ。

では、なぜ人生が苦なのか？　それは、人が多くの煩悩を抱え込んでいるからだ（**集諦**）。苦の原因が煩悩だとわかれば、解決法は煩悩を滅却することに決まっている（**滅諦**）。しかも、それは適当なやり方ではダメで、煩悩を滅却するためには正しい修行法がある（**道諦**）、というわけだ。

その修行法というのが**八正道**というわけなんですね。

そう。それから、正しい修行は**中道**の性質をもつということも大事だよ。中道とは、**快楽**と**苦行**の両極端を避けるということだ。もともとブッダは王子としての安逸な生活に満足できなかった。しかし、厳しい苦行に励んでも悟りは得られなかった。当時のインドでは身体を傷めつけることで悟りに近づけるという考え方が少なくなかったが、無益な苦行をブッダは明確に批判している。ここはジャイナ教と対立するポイントとしてよく出題されるよ。

なるほど。でも、八正道を実践するのは大変そうですね。

じつは、八正道は**出家者**（仕事や家庭などのすべてを捨てて仏門に入った修行者）向けの教えなんだ。ブッダは、これとは別に**在家信者**（社会生活を営みつつ仏教に帰依する者）向けの教えも示している。出家をしない在家の者が信者になるには、**仏**・**法**（仏の教え）・**僧**の**三宝**へ帰依することに加え、右の**五戒**を守ることを宣言すればいい（**三帰五戒**）。

五　戒	
● **不殺生戒**	：殺すな
● **不偸盗戒**	：盗むな
● **不邪淫戒**	：みだらな行いをするな
● **不妄語戒**	：うそをつくな
● **不飲酒戒**	：酒を飲むな

ふえ～、盛りだくさんですね！　ブッダの教えのエッセンスを簡単に示したものとかはないんですか？

そんなキミたちにぴったりのものがあるよ。次の**四法印**だ。

四法印　～ブッダの教えのまとめ

❶	**一切皆苦**	：人生のすべては苦しみである	
❷	**諸行無常**	：あらゆるものは変化・消滅する	アートマン（我）の否定
❸	**諸法無我**	：永遠不変の実体は存在しない	
❹	**涅槃寂静**	：煩悩を克服した悟りの世界は安らかである	

四諦と同じく4つの真理ということだ。ブッダの教えは膨大な経典に示されている ➡p.85 ので、経典によって少しずつ教えの力点やニュアンスがちがうんだ。四法印の「**法**（**ダルマ**）」というのはブッダの説いた教え（＝真理）という意味で、四法印とはこのブッダの根本経説を4つに整理したものだ。

一切皆苦は四諦の「苦諦」とほぼ同じと言っていい。**諸行無常**は『平家物語』の冒頭句で有名だよね。だれも死を避けられないように、この世にあるすべては変化し消えてしまう、ということだ。**諸法無我**は永遠不変の実体といったものは何もない、ということ。ウパニシャッド哲学では我という実体が前提されていた ➡p.80 けど、ブッダはこれも否定してしまうんだ。

えっ！　じゃあ「私」の存在を否定しちゃうんですか？

そうじゃない。自我が実体であることを否定するんだ。ブッダによると、あらゆる存在者と同じく、人間は**五蘊**と呼ばれるものがたまたま寄せ集まったものにすぎない。言ってみればタマネギの皮のようなもので、どこまでむいても実体は現れない。はかない自我へのこだわりを捨てよというわけだ。

五　蘊
● 色：物質（身体）
● 受：感受（感覚）作用
● 想：表象作用
● 行：意志作用
● 識：認識作用

無常と無我は、縁起を別の形で言い表したものだ。だから、**無常無我**こそが仏教の核心的思想だと言ってもいい。

最後の**涅槃寂静**は、無常無我（縁起）を悟って煩悩を克服した境地（**涅槃**）が安らかで静穏なものであるということを言い表している。

なるほど～。ところでそもそもブッダはなぜこれらの教えを説いたんでしょう？

最初にも言ったけど、ブッダにとっては現に人々が苦しみ悩んでいるということが問題だった。だから、ブッダの教えのすべてを貫く根本精神は、**苦悩する一切衆生を分けへだてなく救おうとする慈悲の心**であると言える。ちなみに、ブッダの慈悲は人間ばかりでなく、動物などにも差し向けられるよ。

無記説

ウパニシャッド哲学などでは、宇宙の存在構造といった高度に形而上学的な事柄が論じられたが、ブッダにとっては、苦しむ衆生の救済こそが肝心の課題であったので、それとかかわりのない形而上学的な事柄（世界の永遠性や死後の世界など）については肯定・否定いずれの判断も下さなかった。これを無記説と言う。

ポイント　ブッダの思想

- ブッダは**縁起**の法にもとづき、苦悩の原因を知り、その克服を目指す教えを説いた
- ブッダの根本精神は、一切衆生への**慈悲**の心である

3 ブッダ以後の仏教の展開

ブッダが亡くなった（入滅）後、ブッダの弟子たちのあいだでは、師の教えの解釈をめぐって混乱が起こる。ブッダは生前に何も書き残さなかったため、弟子のリーダーたちは、師の教えを**経典**にまとめるための会議（**結集**）を繰り返し開催した。この結果、**経**・**律**・**論**の**三蔵**と呼ばれる仏典がまとめられていったが、その過程で立場のちがいが表面してしまったんだ。

三　蔵
●**経**：ブッダの教え
●**律**：僧団（サンガ）の戒律
●**論**：経・律についての注釈

まず、ブッダが説いた戒律をあくまで固持しようとする保守的な**上座部**と、これを柔軟に解釈しようとした**大衆部**とに教団が二分される。そして、これらはさらに四分五裂していった。このように、教団分裂以後の仏教を**部派仏教**と言う。そして前者の流れからは**上座部仏教**が、後者の流れからは**大乗仏教**が形成された。

● **上座部仏教**
- 自己の悟り（**自利行**）を重視、**戒律**遵守、出家主義
- **阿羅漢**（修行の完成者）を理想視
- スリランカやビルマなど南方に伝播 ➡ **南伝仏教**

● **大乗仏教**
- 衆生救済（**利他行**）を重視、ブッダの精神（＝**慈悲**）を尊重
- **菩薩**（衆生済度を目指す修行者）を理想視
- **一切衆生悉有仏性**を根本思想とし、**六波羅蜜**の実践を説く
- 中国、朝鮮、日本へと伝播 ➡ **北伝仏教**

上座部仏教って、もしかして**小乗仏教**のこと？

そうだね。ただ、「小乗」という表現は大乗仏教の側からの蔑称なので、第三者はあまり使うべきでないだろう。そもそも、大乗や小乗の「乗」とは悟りの道に至るための「乗り物」という意味だ。大乗仏教ではすべての生きとし生けるものが**仏性**（成仏の才能）をもつ（**一切衆生悉有仏性**）と考えるので、みんなで一緒に（大きな乗り物で）悟りの世界に行きましょうという平等主義的な教えが説かれる。

ところが、上座部仏教は自分の悟りをひたすら目指すので、大乗仏教からは独善的な教え（一人乗りの乗り物）と映った。大乗仏教も仏教である以上は自分の悟りを目指して修行する（**自利行**）けれども、それ以上に苦しむ人々を救うための修行（**利他行**）を重視するんだ。

菩薩ってのは仏の一種？

もともと**菩薩**は成仏を目指す修行者を意味していたが、のちに大乗仏教では苦悩する**衆生を救済する修行者**を指すようになった。仏というのは「悟りを得た者」➡p.83 なのだから、その手前にある菩薩は仏そのものではない（この点は、上座部仏教における**阿羅漢**も同様）。でも、大乗仏教の世界では有力な菩薩はそれ自体が信仰対象となっていき、いわゆる「仏像」などにもなっていった。

なお、菩薩を目指す者がなすべきことは右のとおり（**六波羅蜜**）。

六波羅蜜

- **布施**：施しをする
- **持戒**：戒律を守る
- **忍辱**：恥辱・迫害に耐える
- **精進**：修行に励む
- **禅定**：精神を統一する
- **般若**：真実をきわめる

代表的な菩薩

大乗仏教の世界でゴータマ＝ブッダの次に成仏したと考えられているのが**弥勒菩薩**であり、日本でも国宝に指定されている広隆寺の半跏思惟像として有名である。弥勒菩薩は現在兜率天で待機中であるとされ、56億7000万年後に現れて人々を救済すると信じられている。

そのほか、衆生救済の求めに応じてさまざまな姿で現れる**観音菩薩**（観世音菩薩、観自在菩薩）、のちに成仏して**阿弥陀如来** ➡p.240 となる**法蔵菩薩**などがよく知られている。

第2章 源流思想

大乗仏教の展開

- **空の思想**
  - **龍樹**［**竜樹**］（**ナーガールジュナ**、150ごろ〜250ごろ）が大成（➡中観派）
  - 永遠不変の実体はいっさい存在しない（**無自性**）
- **唯識思想**
  - **世親**（**ヴァスバンドゥ**、320ごろ〜400ごろ）が確立
  - 万物を心の現れにすぎないと主張

釈迦入滅（ブッダの死）後、数百年をかけて『**般若経**』や『**法華経**』などの大乗仏教経典が形成されたんだけど、大乗仏教の理論化に最も貢献したのは、**空の思想**を大成した**ナーガールジュナ**（**龍樹**［**竜樹**］）だ。彼の思想は『**般若心経**』を理論化したものだと言われる。このお経の「**色即是空**、**空即是色**」という表現を聞いたことがないかな？　これは、物質は有でも無でもない、空なのだ、という教えだ。

西洋人は物質が原子からなると考えてきたけど、現代物理学では物質が粒子であると同時に波動でもあると説明する。つまり、物質がいわゆるモノと言えるか、怪しくなっているんだ。空の思想はこれと近いことを言っていて、存在しているとも存在していないとも言えないようなものとして、万物を相対性のうちに把握する。それが『般若心経』であり、龍樹の思想だ。

最後に、**ヴァスバンドゥ**（**世親**）が確立した**唯識思想**について。これは、人間が世界で出会うあらゆるモノや現象を**心の現れ**にすぎないとする立場だ。つまり、心の外の世界などというものはいっさい存在せず、すべては心の奥底にある**アーラヤ識**（**阿頼耶識**）の作用で生み出された迷妄にすぎないとされる。だとすれば、瞑想（ヨーガ）によって心のあり方を改めれば迷妄もまた消え去る、というわけだ。

難解な教えだけど、そもそも仏教が自分の心を内省することで苦悩からの解脱を目指すものだったことを思い出せば、仏教の本流を徹底したものと見ることもできるだろう。

チェック問題 2

易 

中国や日本に伝えられた大乗仏教の教えの記述として適当でないものを、次の①～④のうちから１つ選べ。

① すべての衆生は仏となる本性を備えているという、「一切衆生悉有仏性」の教義をもつ。

② 竜樹によって理論化された、すべて存在するものは固定的な実体ではないという「空」の思想をもつ。

③ 自己の解脱とともに利他の慈悲の行いを重んじ、広くいっさいの衆生の救済を目指して貢献する「菩薩」を理想とする。

④ 最高の悟りを得た者としての「阿羅漢」を理想とし、自己一身の解脱に努力することを重視する。

（1996年・センター試験本試）

解答・解説

④

大乗仏教と対立する**上座部仏教**（小乗仏教）の立場である。上座部仏教では自己の悟り（解脱）を目指し、すべての修行を完成させて成仏の一歩手前の段階まで来ている**阿羅漢**を理想とする。

①：正しい。**大乗仏教**ではすべてのものが仏となる本性（＝**仏性**）をもつという**一切衆生悉有仏性**を根本教義とし、すべての迷える者の救済に励む利他行が重んじられている。なお、「一切衆生悉有仏性」とは、大乗仏教経典の１つ『大般涅槃経』に出てくる言葉である。

②：正しい。**竜樹**（**龍樹**、**ナーガールジュナ**）は、あらゆる実体を否定する**無自性**（「自性＝実体」がない）という思想（**空の思想**）を体系化した。

③：正しい。大乗仏教でも自己の解脱が目指されるが、同時に**慈悲**にもとづいて衆生を救済するための**利他**の修行が重んじられる。利他行の行者は**菩薩**と呼ばれる。

8 古代中国の思想(1)

この項目のテーマ

1 孔子の思想
仁の基本的性格をしっかりとおさえよう

2 儒学の展開――孟子と荀子の思想
孟子と荀子はそれぞれ孔子の何を受け継いだのか？

1 孔子の思想

ここからは古代中国思想だ。

中国では紀元前12世紀に成立した周王朝が社会のしくみをつくりあげたと考えられている。ところが、この王朝がすっかり衰退し、混乱の時代が始まった。これを**春秋・戦国時代**と言う。

こうした乱世にあって、人間の生き方や社会のあり方についての指針を示すべく登場したのが**諸子百家**と言われる思想家群だ。くしくもこの時代は、ギリシアで自然哲学者たちが、そしてインドで自由思想家たちが活躍したのとほぼ同時期なんだよ。

なるほど。そして諸子百家の代表が儒家というわけね。

そのとおり。**孔子**（前551〜前479）を始祖とする思想家集団が**儒家**と呼ばれ、『**論語**』（孔子の言行録）や、後継者の思想書である『孟子』などに体系化された学問を**儒学**と言う。

孔子

儒学と儒教

儒学と**儒教**はほぼ同じものを指しているが、前者が孔子によって始められた学問体系全般を指すのに対し、後者は孔子以前から中国で伝えられていた**敬天思想**（宇宙の主宰者である**天**を敬う）や葬祭などの礼法を重んじる倫理思想・

政治思想を指し、儒学よりもやや広い。儒教では**五経**（『**詩経**』『**書経**』『**易経**』『**春秋**』『**礼記**』）がとくに根本教典として重んじられる。孔子以後の儒学および儒教では、五経のほかに**四書**（『**論語**』『**孟子**』『**大学**』『**中庸**』）も根本教典とされた。なお、『論語』は孔子の弟子たちがまとめたもので、孔子の著作ではない。

ふむ。では、孔子先生ってどんな人だったんですか？

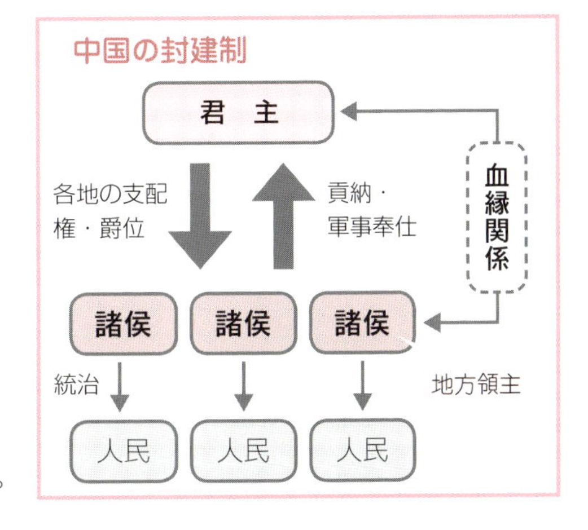

「子」は「先生」という意味だから、孔子というのは「孔先生」ということだね（本名は孔丘）。彼は周王朝の封建制を理想視し、世の乱れの原因を**礼法**が廃れたことに求め、その復興を目指した。

中国の封建制では、君主と諸侯が血縁関係で結ばれているのが大きな特徴で、これによって国全体が和合していたとされる。ところが混乱の時代となり、家族的な社会秩序も失われてしまった。孔子はこれを再興しようとしたんだ。つまり、「**温故知新**」（過去をよく学ぶことで新しい知が得られる）の言葉に見られるように、孔子は何かを革新しようとしたというよりは、古きよきものを復活させようとしたと言える。

今日の日本で「封建制」といえば、「古き悪しきもの」のイメージだけど、孔子にとっては、英君のもと人々が和合していた理想の体制だったんだ。

孔子はどんな教えを説いたんですか？

- 「子、**怪力乱神を語らず**」
  （先生は、人智を超えた神秘的な事柄については何も語らなかった）
- 「**未だ生を知らず、焉んぞ死を知らん**」
  （私はいまだに人生についてすらわからないのだから、死についてはなおさらだ）

孔子はさまざまな形で人の生きるべき**道**（**人倫**）を説いているが、その大きな特徴は、彼があくまで現世における**人間の生き方**や**社会のあり方**に関心を集中させているということだ。つまり、目に見えない「真理そのもの」とか「あの世」などには関心を向けなかった。これはギリシア哲学やキリスト教などと大きくちがう特徴だね。

道について、もっとくわしく教えてください。

孔子が説いた道とは、ひとことで言うと仁であるといえる。

そして仁とは**親愛の情**のことだ。つまり、孔子における愛とはまずもって**親しい者への愛**を重視した。「人類みな平等」などと言うけれど、現実には赤の他人よりは知人のほうが、そして知人よりは家族のほうが大事だよね。このように、人が人である以上、当然にもっている**自然な感情**を、孔子は重視する。こうした自然な感情すら失われてしまったことが世の乱れの原因だと考えたんだ。

親しい者への愛ね。でも、そもそも愛ってなんですか？

孔子によると、愛の基本は**忠恕**だとされる。**忠**とは自分を偽らないこと（＝まごころ）で、**恕**とは他者への思いやりのことだ。要するに、仁とは**まごころから他者を配慮すること**、とまとめられる。

また、「**孝悌**なるものは、それ仁の本なるか（仁の基本は孝悌だ）」とも言われる。**孝**とは父母によく仕えることで、**悌**とは兄によく仕えることだ。つまり、**家族を何より大事にすべし**ということだね。

> **「おのれの欲せざるところは人にほどこすことなかれ」**
> （自分がしてほしくないことを人にしてはならない）

ここで大事なことを確認すると、儒家が説く愛は**身近な者**への愛だったよね。そして同時に、彼らは**目上の人**への敬意を重んじる。だから、家族愛にしても上下関係のない「親子愛」「兄弟愛」ではないわけだ。もちろん、目上の人が威張り散らすことを正当化する教えではないけど、社会の秩序を整えるためには**上下関係**が大切だと儒家たちは考えたんだ。

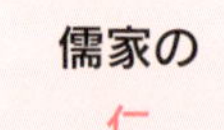

- 身近な者への愛
- 目上の人への敬意

ところで、仁って心のあり方ですよね。行動はいらないんですか？

仁は単なる心がけではない。内面的なよい心（＝仁）は、目に見える形で現れなくてはならない。それが**礼**だ。たとえば、だれかに感謝するときには頭を下げる（お礼）でしょ（これができない人は「無礼者」と言われる）。こうした礼儀作法をありとあらゆる場面で事細かく定めた社会規範が、儒家の「礼」だ。孔子は「**己に克ちて礼に復るを仁と為す**（欲望を抑えて礼を実践することが、すなわち仁である）」（**克己復礼**）と述べている。つまり、内面的な仁と外に現れる礼の実践は表裏一体だとされるんだ。

なるほど。でも、その「礼」ってだれが決めたものなんですか？

孔子が理想とした聖人である**周公旦**だ。この人は、周王朝の創始者の弟で、兄を補佐しつつ礼法の基礎を築いたとされる。

なお、徳（仁＋礼）を修得した人物のことを**君子**と言い、その究極至高の存在を**聖人**と言う。儒学というのは君子を目指す学だと言ってもいい（聖人は別格）。ちなみに、君子の反対は**小人**と言うよ。

ポイント　孔子が説く道の２つの側面

- **仁**：心の内面における**親愛の情**のこと
- **礼**：**社会規範**のこと。振る舞いにおいて**客観化された仁**

ところで、道とは「社会のあり方」でもある、とのことでしたが。

すべての人が徳を身につけたら完璧な社会が実現するよね。でもそんなことは現実には不可能だ。そこで孔子が提案するのが**徳治主義**だ。これは、徳ある**君主**が政治を行うならば、その徳が**人民**に波及する、という考え方だ。

儒家は上下関係を重視するけれども、これは上に立つ者が人々を抑圧することを是認しているわけではない。上に立つ者こそが率先して道徳を身につけていなければならない、という考え方なんだ。逆に言うと、もし世が乱れて人心がすさんでいるとするならば、それはまずもって為政者の不徳が責められなければならない（不徳の致すところ）ということになる。

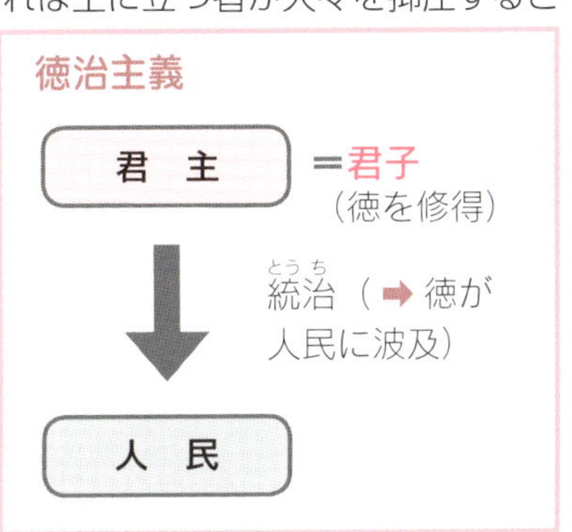

チェック問題 1

標準 2分

孔子(こうし)が考えた「よい生き方」の記述として最も適当なものを、次の①～④のうちから一つ選べ。

① 平等の原則にもとづいた秩序を尊重するとともに、己の欲望を制限し他者との関係を重視する生き方。
② つねに正義の実現を考え、不正の世にあっても、身の危険をかえりみず敢然(かんぜん)として自己を主張する生き方。
③ みずからの利益よりも、つねに他者のことを考え、差別なき愛にもとづいた社会奉仕を第一とする生き方。
④ 上下の序列にもとづいた秩序を尊重するとともに、己の欲望を制限し身を修めようとする生き方。

（1999年・センター試験本試）

解答・解説

④

「上下の序列にもとづいた秩序」とは**封建制**(ほうけんせい)のことであり、「己の欲望を制限し身を修めよう……」とは**克己復礼**(こっきふくれい)のことなので、④が正しい。

①：孔子は「平等の原則にもとづいた秩序」ではなく、近親者を大事にし、目上の者に敬意を払う社会を理想とした。

②：孔子が目指したのは社会の和合であって、絶対的な正義や自己の信念を貫くことではない。

③：孔子が説いた仁は「差別なき愛」ではなく家族など近親者を大切にするもの。

2 儒学の展開——孟子と荀子の思想

孔子には3000人もの弟子がいたと伝えられるが、孔子没後の儒家は、しだいにさまざまな立場に分かれていく。そのさいにポイントになったのは、仁と礼のいずれを重視するかという点だ。**仁**を重視する立場から出てきた最大の思想家が**孟子**（前372ごろ～前289ごろ）であり、**礼**を重視する立場から出てきた最大の思想家が**荀子**（前298ごろ～前235ごろ）ということになる。

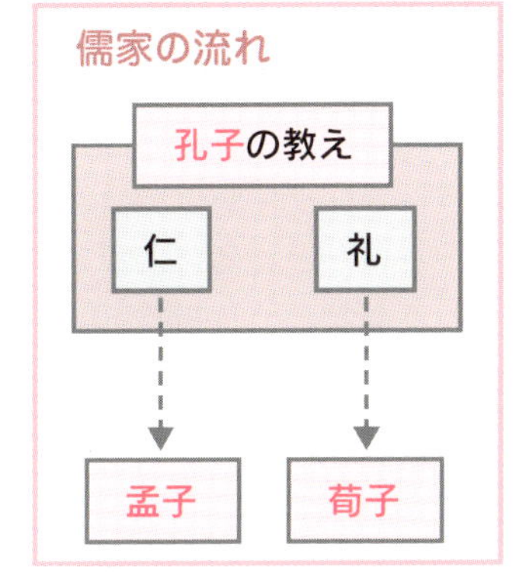

孟子といえば**性善説**ですよね。人間はみな善人だとか言う。

ちょっと不正確だね。孔子が亡くなって100年ほどのちに生まれた**孟子**が生きた時代は、孔子の時代よりさらに乱れていた。だから人の世に悪や不正が満ちていることは、彼にとって自明だったにちがいない。それでも孟子は、人間はみな生まれつき善の素質をもっていると考えた。これはあくまで「素質」だから、だれもが実際に善を実現できるわけではない。だれもが志望校に受かる素質をもっているからといって、勉強せずにだれもが志望校に入れるわけじゃないよね。

孟子は、だれもが備える善の素質を**四端の心**と呼ぶ。これらは善の端緒であって、これら四端の心を修養によって伸ばしていけば**仁**・**義**・**礼**・**智**という**四徳**が身につけられるとされるんだ。

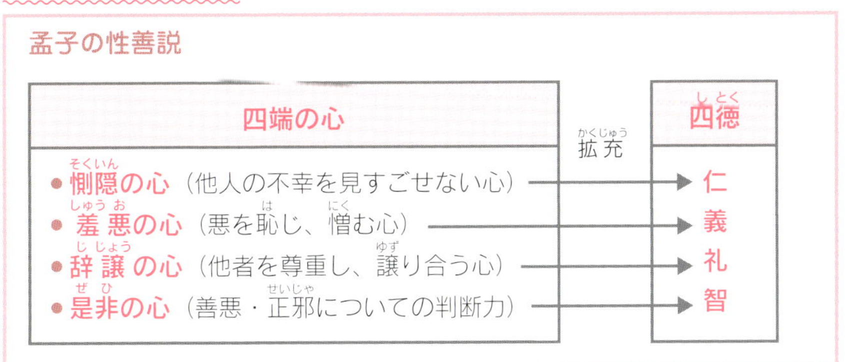

ちょっとお人好しな発想にも思われますが。

でもさ、たとえば震災で辛い目に遭っている人についての報道などを見ると、自分も何かできないだろうかと考えたりしないかな。実際に義援金を送ったりボランティアに駆けつける人も大勢いる。これは、僕らのなかの**惻隠の心**が動かされたと見ることができる。また、人を殺したら刑法第199条により罰せられるなどという知識がなくても、僕らは殺人が悪だと信じているよね。これは**是非の心**にもとづくと説明することができそうだ。

もちろん、こうした道徳をつねに完璧に実践するのは難しい。だからこそ、僕らは修養（道徳的なトレーニング）を重ね、道徳の種子たる四端の心を育て、四徳を身につけるよう努めるべきなんだ。

四徳が身についたらどうなるの？

大丈夫になれる。これは道徳を身につけた人物という意味で、孔子の言う「君子」とほぼ同じだ。大丈夫は**浩然の気**に満ちているとされる。浩然の気というのは、体の中からわいてくる道徳的活力といった意味だよ。

孟子も、やはり上下関係を重視するの？

そりゃ、儒家だからね。孟子は孔子の教えをいっそう細かく展開していて、人間関係に応じて求められる徳を５つに整理している（**五倫**）。**父子**の**親**、**君臣**の**義**、**夫婦**の**別**、**長幼**の**序**、**朋友**の**信**だ。まずはこの５つ（親・義・別・序・信）を何度か唱えて丸暗記してしまおう。とにかく覚えたもん勝ちだ。最後の朋友（友人関係）の**信**（信頼）だけが対等な人間関係だというのもおさえておこうね。

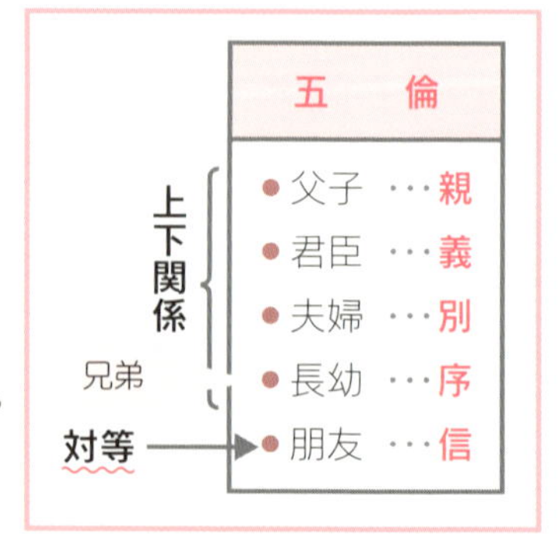

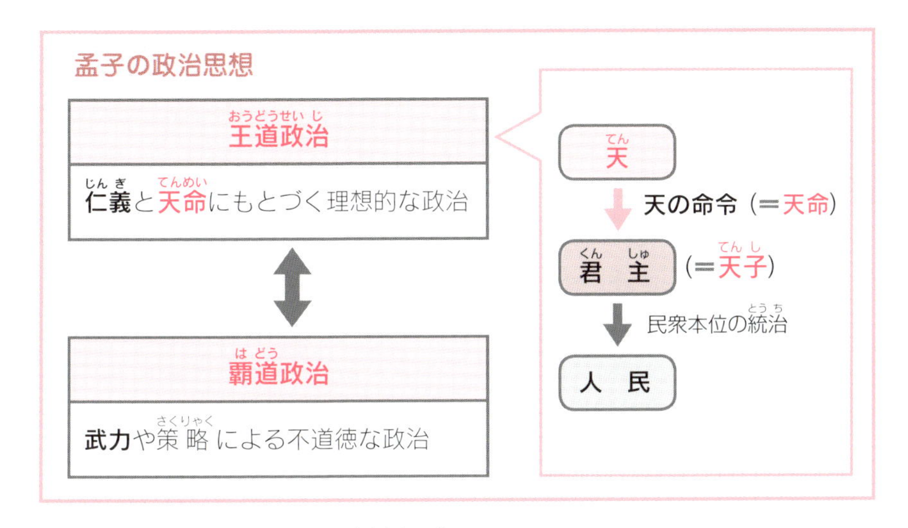

孟子の政治思想は、孔子の徳治主義をより具体的に展開したものと言える。まず、為政者は**武力**でもって天下統一を目指す**覇者**であるべきではなく、民衆を大切にして**徳**でもって天下統一を目指す**王者**であるべきだとされる。前者を**覇道政治**、後者を**王道政治**というよ。

王道政治の条件としてもう１つ、**天命**にもとづくという点が挙げられる。天命とは**天による命令**ということだ。では、**天**とは何かというと、これはかなり抽象的な概念なんだけど、自然現象と社会現象のすべて、つまり全宇宙の出来事を司る存在、とでも言うしかない。たとえば、地上に雨を降らせるのも天の意志、戦争を引き起こすのも天の意志のなせるわざ、というわけだ（僕らも「運を天に任せる」などと言うよね）。孟子は、君主はこの天の意志（＝天命）にかなった人物（**天子**）でなければならないと言う。

でも、現実の政治が天命どおりに行われているかどうかは、どうすればわかるんですか？

孟子によると、天命は民意のうちに現れるとされる。つまり、民衆の支持がある君主は天命に忠実であり、民衆の支持を失った君主は天命からも見放されている、というわけだ。

もし君主が徳を失えば、天命にかなった人物へと君主を交替させる必要がある。これが**易姓革命**（天命が革まり、王朝の姓が易わる）だ。

革命には**禅譲**（みずから王位を譲ること）と**放伐**（武力による追放）の２種類があり、孟子はいずれをも是認している。力による政治（覇道）を否定した孟子が放伐を肯定しているのは注目に値する。孟子にとっては、何よりも正しい政治が行われることが大事だったのだろうね。

荀子の思想
- **性悪説**　：人間の本性は悪 ➡ 修養なしに善は実現しない
- **礼治主義**：社会秩序の維持には外的な規範（＝**礼**）が必要

参考　弟子の**韓非子**を通じて**法家**に影響

荀子は、孟子の性善説に反対して**性悪説**を唱えたことで知られるけど、これも人間はみな悪人だということを言いたかったわけではなく、人間の本性（本来の性質）が悪だということを指摘しているにすぎない。荀子は儒家だから、人間が正しい生き方をするということを否定するわけはなく、正しい生き方をするためには教育などの手段で矯正（曲がったものを真っすぐにすること）することが必要だと説いたんだ。彼は「**人の性は悪にして、其の善なる者は偽なり**」と述べている。善は人為的な手段によってのみ可能だということだ。

その手段というのが**礼**だというわけだね。

そう。考えてみれば、僕らもお母さんや学校の先生から、いろいろなしつけを受けてきたよね（寝る前には歯を磨きなさい、とか）。こういうのは放任ではなかなか身につかない。人間が欲望や安易な方向に流されやすいことを重く見ていた荀子は、人間がまっとうな道を進み、社会の秩序を維持するためには、聖人のつくってくれたルール（＝**礼**）を守るしかない、と考えたんだ。これが**礼治主義**だ。

彼の教えは、弟子である**韓非子**を通じて**法治主義**に影響を与えているよ ➡p.106 。

ポイント　孟子と荀子
- **孟子**は性善説の観点から、善の素質（**四端の心**）を現実化させるための修養が必要だと説いた
- **荀子**は性悪説の観点から、悪の本性を矯正するための**礼**が重要だと説いた

チェック問題 2

孟子の思想の記述として最も適当なものを、次の①～④のうちから一つ選べ。

① 王は民衆の仁義礼智を当てにせず、武力によって世の中を治めるべきだとする王道思想を説いた。
② 人間の本質は善であるので、王は徳によって民衆を平等に愛するべきだとする兼愛思想を説いた。
③ 王が徳に反する政治を行うなら、民衆の支持を失い、天命が別の者に移るという易姓革命を唱えた。
④ 浩然の気に満ちた大丈夫が王となって、民衆の幸福の実現を目指すという覇道政治を唱えた。

（2007年・センター試験本試）

解答・解説

③

孟子によると、王は徳にもとづいた政治（**王道政治**）を行うべきであり、それに反する政治を行うなら、民心が離れ、天命は別のものに移る（**易姓革命**）ので、③が正しい。

①：武力によって世の中を治めるのは**覇道政治**であり、これは厳しくしりぞけられる。

②：「人間の本質は善である」というのは正しい記述だが、「**兼愛思想**」とは儒家に対立した墨家の教え ➡p.106。

④：「覇道政治」を「王道政治」にすれば正しい記述になる。

次は、老荘思想を見ていくよ！

9 古代中国の思想(2)

この項目のテーマ

1. **道家の思想（老荘思想）**
   道家は儒家の道徳論をどのように批判したのか？
2. **その他の諸子百家**
   墨家による儒家批判も重要！
3. **新 儒 学――朱子学と陽明学**
   儒学を哲学体系にまで高めた２人の思想を理解しよう

1 道家の思想（老荘思想）

ここからは儒学以外の諸子百家について見ていこう。まずは、**道家**の思想から。これは**老子**（生没年不詳）と**荘子**（前４世紀ごろ）が大成した思想であることから、**老荘思想**とも言われる。

イメージしやすいよう最初に乱暴にまとめてしまうと、儒家が厳しい自己研鑽を説く教えだったのに対し、道家は慌てず騒がず悠然と生きることを目指す立場だ。中国では日夜勉学に明け暮れて立身出世することを尊ぶ考え方が一方にあるけど、他方では都市の喧騒から離れた山里で気の向くままに生きる仙人のような暮らしへの憧れというものもある。後者の気分が思想的に結実したものが老荘思想だと言えるだろう。

それは魅力的ですね。では、**老子**から説明をお願いします。

老子の基本的立場は、**儒家の人為的道徳**を批判し、**自然との一体化**を説く点にあるといえる。次の言葉を見てほしい。

> **「大道廃れて仁義あり。知恵出でて大偽あり。六親和せずして孝慈あり。国家昏乱して忠臣あり」**
> （おおいなる道が廃れてしまったから仁義が生まれた。知恵が生まれたから大きな虚偽が生まれた。家族が不和になったから孝慈が尊ばれるようになった。国家が乱れたからこそ忠臣が尊ばれているにすぎない）

「道家」というくらいだから老子はもちろん**道**について説くんだけど、老子の説く道は、儒家の説く道とはまるでちがう。ここで言われる「仁義」「知恵」「孝慈」「忠臣」は、いずれも儒家が大切にするものばかりだ。しかし、老子に言わせれば、これらは本当の道（＝大道）が失われてしまったからこそ生まれてきたものにすぎず、それ自体としてありがたがるべきものなどではない。言ってみれば、肥満が増えた不健全な社会でダイエット食品や健康法がもてはやされるようなもので、儒家の教えは本末転倒な教えだ、というわけ。

じゃあ、本当の道ってのは？

老子の説く「**道**」とは、儒家のように聖人のつくった人為的な規範ではなく、万物を育む根源的な**自然**そのものだ。自然の世界には善悪といったものはありえないよね（ヘビやゴキブリが悪者でパンダやカブトムシは善玉だといったことはありえない）。自然の世界には、すべて必然的な法則（＝道）があるだけだ。ところが、人間だけはこの道に従わず、小賢しい知恵を身につけようとしたり、人為的な価値基準に従って不自然な行為に努めたりしようとする。こういうのをやめよう、つまり**無為自然**に生きようと、老子は言うんだ。

何もせずダラダラ生きていいってことですか？

> **「道の道とすべきは常の道にあらず、名の名とすべきは常の名にあらず、無名は天地の始め、有名は万物の母」**
> （これこそが道だと言えるようなものは、真の道ではない。これこそがそのものの名だと言ってしまえるようなものは、真の名ではない。天地がつくられる前には名はなく、それらは万物が現れてから名づけられたのだ）

うーん、微妙にちがうかな。

自然には自然のリズムがあるよね。四季とか朝昼晩など。こうしたリズムに自己をシンクロ（同調）させるというイメージだね。「無為」とは「何もしない」ことではなく、無理して不自然なことをしないということだ。

また、人間の理解を超えているという意味で、道は**無**であるとも言われる。人間はしょせん自然に生かされている存在にすぎないから、それをくみ尽くすことなどできるはずはない。人間が「これこそ道なり」などと名づけてしまったものは、本当の道ではない、ということだ。

老子はどんな生き方をすすめるんですか？

老子にとって理想の生き方は、「**上善は水の如し**」の言葉によく示されている。水はつねに低いほうに流れながら、万人に恵みをもたらすよね。これと同じく、人間にとって最も望ましい生き方は、ひたすら謙虚で他人と争わないあり方だというんだ。これは**柔弱謙下**とも言い表される。つねに「おれがおれが」と目立ちたがるくせに他人に迷惑をかけてばかり、という困った人がけっこういるよね。老子は、欲が人を誤った道に追いやることをよく知っていたから、満足することを覚える**知足**を重視している。

そんな具合では、老子は政治にはまったく興味なさそうですね。

たしかに儒家ほど積極的に政治にかかわろうとはしないけれど、老子にも政治思想がある。それが**小国寡民**だ。老子によれば、天下を統一する大国などよりも、人口も少なく、**自給自足**できる程度のつつましい国が理想とされる。老子が単なる世捨て人ではなく、政治のあり方についても語っているという点は覚えておいてね（このあとの荘子とはちがう点だ）。

荘子（前4世紀ごろ）

- **万物斉同**　　荘子の世界観
  人間界における善悪・美醜などの価値判断を無意味なものとして否定。
  ▶**胡蝶の夢**、**無用の用**
- **真人**　　理想の人間像
  自然の理と一体化し、人間世界の区別や差別を超越した境地（**逍遙遊**）に達した人
- **心斎坐忘**　　真人となるための修養法
  心からいっさいの作為を排除し、自己の心身を忘れること

老子とともに道家の確立者とされる**荘子**は、**相対主義**の世界観を明瞭に打ち出した人物だ。人間が人を殺すのは間違いなく「悪い」行為だよね。でも、ライオンがウサギを食い殺すのはどうだろう？　これは善でも悪でもなく、単に自然な行為なんだ。荘子によると、人間がもっている善悪、是非、美醜、貴賤といった価値観はすべて人間が人為的にこしらえたものにすぎない（**万物斉同**）とされ、こうした差別を乗り越えた境地が目指される。

ソフィストのプロタゴラス ➡p.33 みたいですね。

人間のつくった基準を絶対視すべきではないという主張は、プロタゴラスと共通しているね。

でも、荘子はある意味でもっと徹底している。「マトリックス」という映画では、自分が生きるこの世界が現実なのか夢なのかわからなくなる、というテーマが出てくる。これは、じつは荘子が**胡蝶の夢**というたとえ話で示したものでもあるんだ。チョウになった夢から醒めた荘子が、ふと「自分はチョウになった夢を見たつもりでいるが、本当は荘子になった夢を見ているチョウなのではないか」と考える。結局、そもそも夢と現実の区別など無意味であって、あるがままの世界をあるがままに生きればよいとされる。

こうして荘子は、有限な人間の知恵で何ごとも決めつけるべきではない、と強調する。たとえば、僕らが戯れに行う雑談などは一見すると無駄なようだが、長い目で見れば、円滑なコミュニケーションに資するなど、十分に意味があるばかりでなく不可欠なものであることがわかる。こうしたことを、荘子は**無用の用**（一見すると無用なものが、じつは有用）と言い表している。自然には無駄なもの、無用なものはいっさい存在しないのだ。

万物斉同を認識した人が、**真人**というわけですか？

そうだね。**真人**は荘子にとっての理想の人間像で、あらゆる人間的な区別を超越した自由な存在だ。自然と戯れるこの**逍遙遊**の境地にたどり着くには、心を無にして（心斎）、自己を道にすっかりゆだねる（坐忘）修行（**心斎坐忘**）が必要だ。

説明を聞いてわかったかと思うけど、老荘思想は仏教と通じるところが多いんだよ。中国のほとんどの思想は現実の政治と格闘する教えだけど、老荘思想は自然のなかに身をゆだねることで心身の安らぎを確保しようという教えなんだ。

道　教

老荘思想をもとに、中国の伝統的な**民間信仰**（不老長寿を求める**神仙思想**など）が加わって形成された宗教を**道教**と言う。中国では、儒教、仏教とともに三大宗教に位置づけられている。

2 その他の諸子百家

- **墨家**
  - **墨子**（前470ごろ〜前390ごろ）が創始
  - **非攻**：侵略戦争の否定（自衛のための戦争は肯定）
  - **兼愛**：儒家の愛を「**別愛**」と呼んで批判、万民平等の愛を説く
- **法家**
  - **韓非子**（？〜前233）が大成
  - 法律と刑罰による**信賞必罰**の政治を主張

古代中国の思想家のうち、儒家と道家以外でとくに重要なのが**墨家**だ。**墨子**が創始したこのグループは強力な結束を誇り、戦国時代には儒家と勢力を二分するほどの影響力をもっていたと伝えられる。

墨子はもともと儒学を学んでいたが、彼らの仁が親疎の別（親しい者とそうでない者の区別）を設ける差別的な愛（＝**別愛**）であったことに満足できず、万人をへだたりなく愛する**兼愛**を提唱した。

平等な愛ですか。まるでアガペー ➡p.61 みたいですね。

たしかに共通点はある。でも、墨家の兼愛は必ずしも自己犠牲を説くものではなく、分けへだてなく愛することでお互いの利益が実現する（**交利**）という相互扶助の意味合いがあるんだ。それから、侵略戦争を断固として否定する議論（**非攻**）も重要だ。ただし、戦争一般を否定するわけではない。自衛のための戦争は肯定するんだ。それどころか、じつは墨家は軍事のプロ集団だった。あくまで専守防衛の立場だけど、兵術や最新兵器を駆使して弱小国の守備戦に命をかけた（頑固に守ることを意味する「墨守」という語は、彼らの立場に由来する）。墨子は、一人を殺すのは犯罪なのに、戦争で大量殺戮をすることが許されるはずはない、と述べている。

そのほか、彼らは天命思想を否定（非命）したり、豪華な葬儀を批判（節葬）したりと、儒家とはことごとく対立して非常に近代的な発想を説いた驚くべき思想家集団だったんだ。

韓非子については荀子のところでも出てきましたね。

そうだね。荀子は礼の作法によって人間の善を実現しようとしたけど、**韓非子**の大成した**法家**になると、もう人間の善を実現することには関心が向けられなくなる。この立場にとって大切なのは、**法律と刑罰**によって社会秩序を維持することだけだ。

身もフタもない教えだけど、乱世に終止符を打ち、中国に統一王朝を実現したのは、法家の教えを取り入れた秦王朝だった。

その他の諸子百家については、正面から問われることはないけど、ダミー選択肢では何度か登場している。一応ながめておいてほしい。

学派	思想内容	代表者
名家	論理学	恵施、公孫竜
縦横家	合従策、連衡策	蘇秦、張儀
兵家	兵法	孫子
陰陽家	陰陽五行説	鄒衍

その他の諸子百家

中国思想は人名が多くて大変だね。忘れてもいいから、繰り返し覚えて少しずつ定着させていこう。

3 新儒学——朱子学と陽明学

中国思想の最後に、**新儒学**と総称される2つの潮流、**朱子学**と**陽明学**を見ておこう。

孔子や孟子らが説いた儒学は、もともと人の生き方、世のあり方を具体的に説く現実的な処世訓という性格の強いものだった。ところが、それから千数百年後に現れた新儒学は、自然現象から人間の道徳までをすべて包括的に説明する壮大な哲学理論へと変貌している。これを発展ととるか堕落ととるかは評価が分かれているが、とくに朱子学は、朝鮮半島や日本に絶大な影響を与えており、思想としての影響力はきわめて大きい。

では、朱子学からお願いします。

朱子学は宋王朝の時代の儒者である**朱子**（**朱熹**、1130～1200）が大成した学問体系だ（だから、**宋学**とも言われる）。漢代に国教とされたあとの儒学が訓詁学的に古典の注釈に終始しがちだったのに対し、朱子はきわめて体系性の強い哲学理論を打ち立てた。

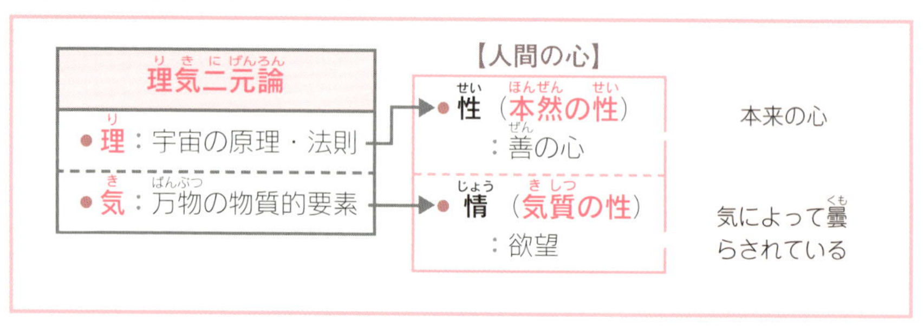

まず、宇宙のすべては、物質的な要素である**気**と、非物質的な原理・法則としての**理**から成り立っているとされる（**理気二元論**）。五感でとらえられるものが気で、五感ではとらえられないけれども確実に存在する法則のようなものが理だ。

次に、朱子はこの理屈を人間の心にもあてはめる。孟子が指摘したように ➡p.97、人間の本来の心（**本然の性**）は善をなす意欲に満ちた純粋なものだ。

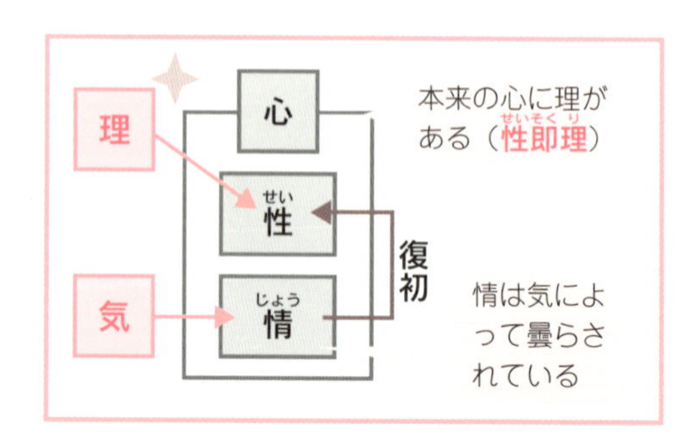

ところが、現実の人間は肉体（気）をもつがゆえに、その心はさまざまな欲望に曇らされてしまっている（**気質の性**）。つまり、朱子は荀子が指摘したような悪の心もうまく説明しているわけだ。このように心の乱れ（情）を気に由来するものとし、善の心（性）こそが理であるとするのが**性即理**の立場だ。あるべき心の姿がはっきりした以上、次に必要なのは、情（気質の性）を清めて性（本然の性）へと復することだ（復初、復性復初）。

心を清めるためにはどうすればいいのでしょう？

ひとつは、精神の集中だね。気が散って勉強が手につかないときには、とりあえずゲーム機やスマホをどこかに片づけて、目を閉じて静かに座ってごらん。こうした**静坐**などにより心を鎮めて修養することを**居敬**と言う。

もうひとつは、儒教経典の読書などにより万物の理（法則）をわがものとすること（**窮理**≒**格物致知**）だ。

この**居敬窮理**により心を本来のあり方に復すことを目指す教え、これが朱子学というわけだ。なお、朱子は、このように自分を厳しく整えるならば、家族も国家も安泰になると説いているよ（**修身**・**斉家**・**治国**・**平天下**）。

四書五経

儒教でとくに重視される**四書**と**五経**の総称。五経は『**易経**』『**書経**』『**詩経**』『**春秋**』『**礼記**』の5つ。四書は『**論語**』『**孟子**』『**大学**』『**中庸**』の4つだが、このうち『大学』と『中庸』はそれぞれ『礼記』のなかの一篇だったものを朱子が取り出し、『論語』『孟子』と並べて四書と位置づけた。

では、次は**陽明学**についてお願いします。

陽明学は明王朝の時代の儒学者である**王陽明**（1472～1528）が創始した儒学の一派だ。朱子よりもさらに300年以上あとの人で、彼が生まれたころの日本は、応仁の乱の時代だった。

王陽明は、若いころに朱子学を懸命に学んでいたんだけど、朱子学が心を性と情にすっぱりと分離してしまう点にどうしても満足できなかった。そこで、彼は、心をまるごと肯定し、そこに理が宿っている（**心即理**）とした。

……すみません、意味がわかりません。

朱子学と陽明学の決定的なちがいは、「理」がどこにあると考えるかという点にある。**朱子の立場**では、理は人間の心を含めた万物すべてに宿っている。だから、心を正しくするためには一物一物に宿る客観的な真理を研究することが求められるんだ。これに対して、**王陽明の立場**では、理は心のなかだけにある。心のなかの善い側面（性）と悪い側面（情）を分離するようなことはせず、全体としての心に宿っている理を完成させることが目指されるんだ。これが心即理の立場ね。

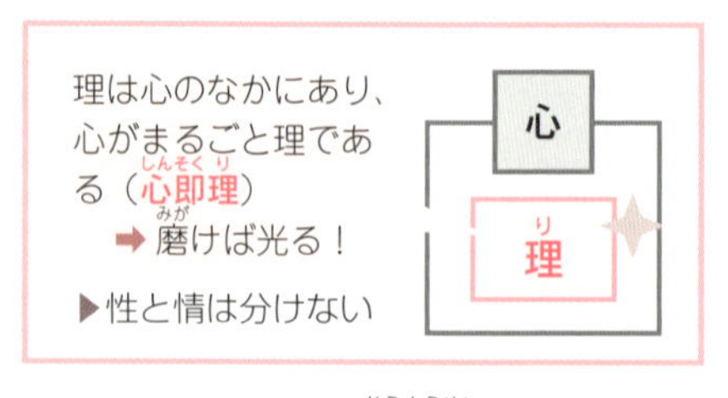

どうすれば、心の理が完成するんですか？

かつて孟子が強調していたように、人間はみな生まれつき正しい心（**良知**）をもっている。磨けば必ず輝く鏡のようなものをだれもがもっているということだ。

でも、それを本当に発揮できるかどうかは本人しだいだ。だから、日々の生活のなかで絶えずこの良知を磨く（**事上磨錬**）ことが求められる。そして、これは、朱子学者のように書物を読むだけでは実現できず、**実践**が不可欠なんだ。実践によって良知（＝善）が実現することを**致良知**というよ。

朱子学がどちらかというと世界を観想的にとらえる立場だったのに対し、このように陽明学はとにかく実践重視の立場だ。なぜそうなるのかというと、陽明学においては**知ること**と**行うこと**はいずれも**心の働き**であって、表裏一体とみなされている（**知行合一**）からだ。

難しいと思うけど、王陽明の思想は日本人にも多大な影響を与えている ➡p.256 から、朱子学と対比しつつ理解できるよう頑張ってね。

チェック問題

朱熹は、孔子や孟子には見られない理論体系を用いて人の本性の問題について説明している。その記述として最も適当なものを、次の①～④のうちから１つ選べ。

① 肉体を構成する気は社会の混乱につながる欲望の源泉であるから、その気そのものである人の本性は悪である。
② 道の立場から見れば、大小、是非などすべての価値的区別は相対的なものにすぎず、人の本性にも善悪の区別はない。
③ 人の本性は万物と共通の理であって善なるものだが、肉体を構成する気によって乱されており、悪の存在はその乱れに由来する。
④ 生きて働く現実の心そのものが理であって、生得の道徳性を自由に発揮すれば本性の善がそのまま実現する。

（2001年・センター試験本試）

解答・解説

朱熹（朱子）によれば、人間の本性（**本然の性**）は善なるものであるが、それは肉体を構成する気によって乱されている。したがって、**居敬窮理**によって真の善を実現するよう努めることが求められるので、③が正しい。

①：たしかに、人間は**気**によって構成される肉体をもつが、同時に**理**にもとづく至善の心をもっており、人の本性がすっかり悪であるとは言えない。これは荀子と朱子の思想が異なる点である。

②：荘子の**万物斉同**についての記述。

④：心を丸ごと理であるとするのは、**心即理**を説いた王陽明の立場である。

10 西洋近代思想の成立

この項目のテーマ

1 ルネサンス
ピコ、マキャヴェリ、エラスムスの三人の思想がとくに重要！

2 宗教改革
ルターとカルヴァンによる信仰の純化とは？

3 科学革命
近代科学の基礎を築いた人々の業績を確認しよう

1 ルネサンス

さあ、ここからは**西洋近現代思想**について説明していくよ。この分野は量的に最も広く、質的に最も深い。また最も差がつくところだから、頑張ってね。

さて、ギリシア・ローマの古典時代や中世とは異なり、西洋近代思想には**理性**への信頼にもとづく**個人主義**、**合理主義**、**自由主義**といった特徴がある。そして、こうした特徴をもつ近代思想は、**ルネサンス**と**宗教改革**の２つ、あるいはこれに**科学革命**を加えた３つがきっかけとなって生み出されたと言える。なぜそうしたことが言えるのか、順に見ていこう。

ルネサンスってなんですか？

ルネサンスとは、**古典研究**に裏づけられた**人間性解放の運動**である、と定義できる。「ルネサンス」とはもともと「再生」とか「復興」を意味するフランス語で、イタリアに始まりヨーロッパ各国に広まった14～16世紀の文化的運動のことだ。

ここで言う「古典」とは、古代ギリシアやローマの文芸・美術・思想などを広く指している。ヨーロッパの中世は基本的にローマ・カトリック教会とキリスト教が社会を支配する時代で、**神を中心とする価値観**で特徴づけられる。ところが、イスラーム勢力から聖地エルサレムを奪還しようという**十字軍の遠征**（11～13世紀）が失敗に終わり、教会の宗教的権威はおおいに失墜した。他方で、そのころにはしだいに商人ら**新興市民階級**が勢力を増し、新たな時代の羅針盤が求められるようになってきた。そんななかで、ヨーロッパ人は**古典文化を再発見**したんだ。

では、なぜ古典文化が見直されたのか？　それは、中世では絶対的な**神の権威**とくらべて人間は卑小で取るに足らないものとされていたのに対し、古典時代では**ありのままの人間**が賛美され肯定されていたからだ。

絵画作品などでも、ルネサンス期には、世界を奥行きのある**遠近法**によって表現するスタイルが確立する。遠くのものを小さく、手前のものを大きく描く技法だよね。中世の絵画はのっぺりとしたものに見えるが、それはいわば**神の視点**から描かれたものだからだ。これに対してルネサンス絵画は**人間の視点**からとらえられた世界像が、数学的な計算のうえに描かれている。つまり、ルネサンスとは**神中心主義**から**人間中心主義**への転換とも言えるんだ。

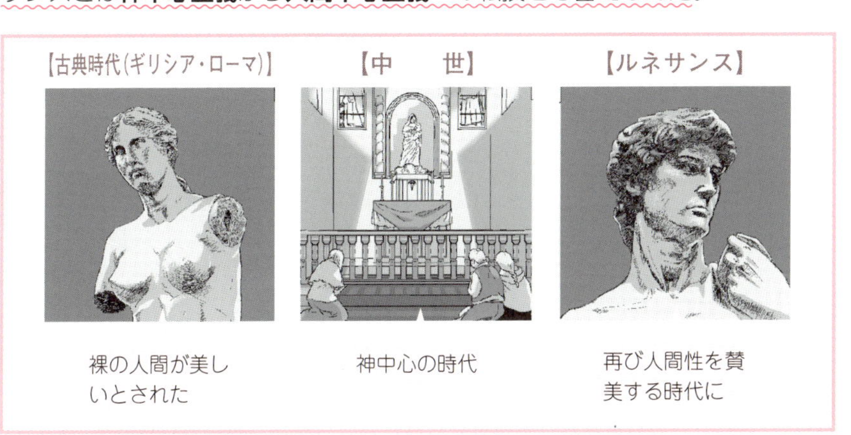

古典の教養を身につけ、人間性（フマニタス）の解放を目指した人々を**人文主義者**と言い、彼らの思想的立場である**人文主義**（フマニスム、ヒューマニズム）はほぼルネサンスと重なり合う内容をもっている。彼らは真理と美を探究し、人間を多方面から理解しようとした。だから、この時代においては、絵画・彫刻・建築・医学などあらゆる領域をきわめた**レオナルド＝ダ＝ヴィンチ**のような**万能人**が理想視されたんだ。ダ＝ヴィンチは遠近法の完成者としても知られているよね。

初期の人文主義者

- **ダンテ**　：『**神曲**』 「神の言語」であるラテン語ではなく、世俗語のトスカーナ方言で執筆
- **ペトラルカ**：『叙情詩集』で**恋愛**を賛美
- **ボッカチオ**：『**デカメロン**』で世俗の人々を生き生きと描写

これらはいずれもイタリアの文芸作品だ。どれも、けっして反キリスト教の立場ではないが、人間が単なる神の僕ではなく、それ自体の価値をもった存在であることが示されている。

思想家としてはどんな人がいたんですか？

とくに大事なのは**ピコ＝デラ＝ミランドラ**、**マキャヴェリ**、**エラスムス**の3人だ。いずれも超頻出だよ！

ピコ＝デラ＝ミランドラ（伊、1463〜94）

人間をほかの動物から区別する点は**自由意志**の有無にあると主張。

> 「汝、人間は最下級の被造物である**禽獣**に堕落することもありうるが、汝の魂の決断によって**神的な高級なもの**に再生することもできるのである」（『**人間の尊厳について**』）

マキャヴェリ（伊、1469〜1527）

- 主著『**君主論**』において**宗教**（**道徳**）と**政治**を分離
- 「**獅子の獰猛さと狐の狡猾さ**」を併せもつ君主が理想的と主張

ピコ＝デラ＝ミランドラは**人間の尊厳**の根拠を**自由意志**に求めた。たとえば、僕らは努力して成功を勝ち取った人のことを尊敬するけど、宝くじに当選した人のことはとくには尊敬しないよね（うらやましいとは思うけど）。つまり、僕らは人間の価値は家柄や運によってではなく、自分の意志と責任において行為した結果によって決まると考えている。アウグスティヌスは自由意志による善に否定的だったけど➡p.70、ピコはこれを肯定し、そこに人間のすばらしさを見出しているんだ。

マキャヴェリは、「近代政治学の祖」とも位置づけられる巨人で、政治の本質が**道徳**ではなく**力**にあることを見抜き、それを自覚すべきことを主張した。善良だが決断力に乏しい君主は、外国からの侵略を招くかもしれない。マキャヴェリによると、そんな軟弱な君主よりは、一見すると残忍であっても断

固たる決断力と**運命**に抗う強い**意志**をもち、非道徳的な手段を使ってでも国益を守れるような力強い君主が望ましいとされる。

冷酷な主張に見えるかもしれないけど、たとえば戦場で一人の負傷兵を助けるために部隊を全滅させてしまうような指揮官を考えてほしい。彼はたしかに「いい人」かもしれないけど、有能な指揮官とは言えないよね。マキャヴェリは、道徳や善意だけじゃ世の中を動かせないことを知り抜いていたんだ。

エラスムス（蘭、1466～1536）
- 主著『(痴) **愚神礼讃**』でカトリック教会の腐敗と堕落を批判
- ギリシア語原典の『新約聖書』を校訂し、出版
- **自由意志**を擁護し、**ルター**と論争
  - ▶親友に、『**ユートピア**』を書いた**トマス＝モア**がいる

ルネサンス最大の人文主義者と言えるのが**エラスムス**だ。彼は現在のオランダで生まれ、イギリス、イタリアなど各地で活躍した。人文主義者としての彼の最大の業績は、当時一般的だったラテン語訳の『新約聖書』をギリシア語原典から校訂し、これを出版したことだ。これによって宗教上の真理が教会の独占物ではなくなったと言える。

また、彼は『(痴) **愚神礼讃**』というユニークな本を書いたことでも有名だ。これは愚か者の女神というヘンテコな主人公が自画自賛するという体裁で、教会を含めた人間社会の愚かさを風刺した作品だ。カトリック教会は激怒して、これを禁書にしている。

なお、彼自身は終生カトリック教会を離れることはなかった。そして、教会の堕落を批判するという点で、当初は良好な関係だった**ルター** ➡p.128 と**自由意志論**をめぐり激しく対立してしまう。人文主義者としてのエラスムスは、自由意志までを否定することには我慢できなかったんだ。

モラリスト

おもに**箴言**（断片的な文章・警句）のスタイルで人間への深い省察を行った思想家を**モラリスト**と言い、その代表に**モンテーニュ**や**パスカル** ➡p.130 らが挙げられる。

ユグノー戦争（カトリックとプロテスタントの宗教戦争）に心を痛めた**モンテーニュ**（1533～92）は、主著『**エセー**（**随想録**）』のなかで、宗教的な**寛容の精神**の重要性を強調した。彼はこの主張にあたり、人々が不当に自説に固執することに問題があるとして、ソクラテス ➡p.35 の「無知の知」を範にとり、「**ク・セ・ジュ**（**私は何を知るか？**）」との自問をみずからのモットーとした。

チェック問題 1　やや難　2分

マキャヴェリの政治論に見られる為政者のあり方の説明として適当でないものを、次の①～④のうちから１つ選べ。

① 人間はつねに我欲を満足させようとするから、為政者は恐怖や暴力によって国家を維持することが許される。
② 政治は倫理にもとづいているので、為政者であっても、人間としての倫理は守ったうえで、政治固有の原理を考えるべきである。
③ 為政者は、国家の存続と安定にとって不利な運命をも好転させうる決断力と実行力をもたなければならない。
④ 為政者の卓越性（力）は、私人にあてはまる善悪の基準でははかり得ないものである。

（1994年・センター試験本試）

解答・解説

②

マキャヴェリは、為政者たる者は政治固有の原理（＝力）にもとづいて行動すべきだと考えており、「人間としての倫理」には必ずしもとらわれなくてよいと考えたので、②が誤り。

①：正しい。マキャヴェリは「**君主は愛されるよりは恐れられるほうがよい**」と述べている。彼によると、人間は恩知らずで強欲な存在だから、いざというときには君主を裏切るようなことを平気で行ってしまう。したがって、国を統治し秩序を維持するためには、恐怖で人民を縛るべきだとする。

③：正しい。マキャヴェリは運命（フォルトゥナ）を女神にたとえており、運命の女神を征服するには、慎重であるよりは決断力をもって果断に事をなす必要があると説いている。

④：正しい。マキャヴェリによると、為政者に求められる卓越性（ラテン語で「ヴィルトゥ」）は運命を変えるだけの力と責任であるから、一般的な善悪の基準で行動をすべきでないとされる。

2 宗教改革

イタリアでルネサンスの運動がひと段落したころ、ヨーロッパの北部では宗教改革の動きが起こっていた。どんな権力でも長く続くと堕落してしまうものだが、当時のカトリック教会はまさにそうした状況にあり、教会の収入源として罪を軽減するための**贖宥状**（**免罪符**）を販売したり、聖職者の地位自体が売買の対象になったり（僧職売買）している有様だった。そんな状況に対して異議を唱え、信仰の純化を目指したのが**宗教改革**の運動だったんだ。

まずは**ルター**ですか。

そうだね。宗教改革にはイギリスで活躍した**ウィクリフ**（1330ごろ～84）や、チェコで活躍した**フス**（1369ごろ～1415）といった先駆者もいるんだけど、ここはまあ「そんな人もいたんだ」くらいで十分だ。

ルター（独、1483～1546）

贖宥状の販売などへの批判

- 主著：『**キリスト者の自由**』。1517年に「**95か条の論題**」を発表
- **信仰義認説**：人は内面的な信仰のみで義と認められる（➡ **信仰のみ**）
- **聖書中心主義**：信仰の拠りどころとしての教会や聖職者を否定（➡「**聖書**」**のみ**） ▶「聖書」のドイツ語訳を刊行
- **万人司祭主義**：神の前ですべての信者は平等　聖職者の宗教的特権を否定
- **職業召命観**：世俗の職業はすべて神による**召命**（使命）

宗教改革の主役は何と言っても**ルター**で、彼は1517年にローマ教会による贖宥状の販売などに対する公開質問状（「**95か条の論題**」）を貼り出し、これが宗教改革の発端となった。彼自身はこの段階でカトリックから離脱する意図はなかったのだけど、ローマ教会側はルターの破門を通告して、逆にルターは破門状を焼き捨てるに至る。このときルターに同調してカトリックに抗議した人々が、のちに**プロテスタント**と呼ばれるようになったんだ。

ルター

ルターの思想を教えてください。

彼の主張の核心は、「人は**信仰**のみで救われる」という**信仰義認説**で、とくに目新しいものではない。なぜなら、これはかつてパウロが説いた教えそのものだからね ➡p.66 。とはいえ、当時のローマ・カトリック教会ではこれが見失われていた。そこで、何かしらの**行為**による救済というのはありえないということが強調され、「**信仰のみ**」がプロテスタントのスローガンとなった。

もっとも、信仰内容がデタラメであってはまずい。そこで信仰の拠りどころは「聖書」だけであるとされた（**聖書中心主義**）。でも、当時の「聖書」はラテン語で書かれていたため、民衆は読めない。そこで、ルターは「**聖書」をドイツ語に翻訳**し、民衆が信仰の世界に直接入れるようにしたんだ。

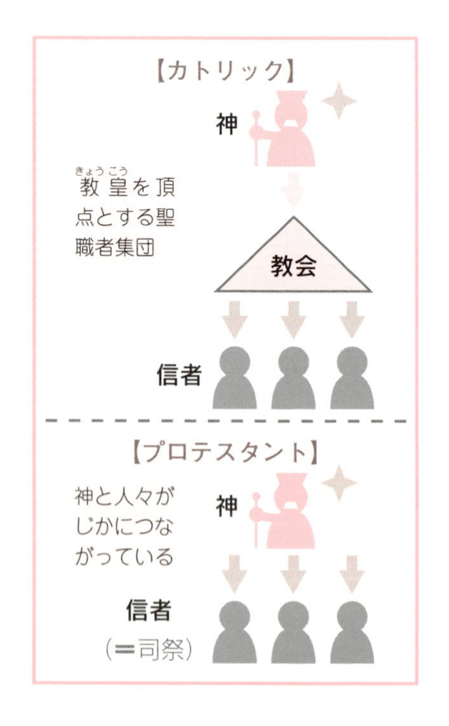

もうひとつ、プロテスタントの大きな特徴に、**万人司祭主義**が挙げられる。ここで言う「司祭」とは「神の僕」といった意味で、キリスト者はすべて神と直接につながっているとの考え方だ。だから、プロテスタントの教会で礼拝を司る**牧師**は、カトリックの**神父**とはちがい、聖職者ではない。あくまで信者のリーダーといった位置づけなんだ。

『キリスト者の自由』

ルターは主著『**キリスト者の自由**』のなかで、「**キリスト者はすべてのものの上に立つ自由な主人であって、だれにも従属していない**」と言い、同時に「**キリスト者はすべての者に奉仕する僕であって、だれにも従属している**」とも述べている。一見すると相矛盾する命題のようだが、第1の命題では、行いではなく信仰によって義と認められ自由となることができるということが指摘され、第2の命題では、キリスト者は信仰で満ち足りていることから万人に奉仕（アガペー ➡p.61 の実践）できるということが示されている。

カルヴァン（仏、1509～64）

- 主著：『**キリスト教綱要**』
- **予定説**：救われる者とそうでない者は予め決定されている
  ▶禁欲的・勤勉な生活 ➡ 救いへの確信
- **職業召命観**：職業は神に与えられた使命
  ∴すべての職業は等価値、**利潤**は神による恵み

カルヴァンは、ひたすら**神の栄光**を賛美する立場から、かつてアウグスティヌス ➡p.70 が唱えていた**予定説**をあらためて強調している。つまり、だれが救われてだれが救われないかは、世界の主宰者たる神が予め決定している、という立場だ。

でも、そうだとすると、まじめに信仰しても意味がないということになりませんか？

そう考えるのが人情だよね。事実、カトリックなどでは予定説は否定されているし、プロテスタントでも予定説を採用している宗派はけっして多くない。でも、**神の絶対性**を強調する立場から、カルヴァンは、これを譲らなかった。それに、信仰に生き禁欲的な生活を送り続けるならば、**自分が救われるという確信**を得ることはできる。それで十分だとすべきなんだ。きっと、カルヴァン自身は自分が救われるという確信をもっていたんだろうね。

それから、ルターも主張していた**職業召命観**が、カルヴァンではとくに強調されている。「**召命**」には「神による命令」といった意味があり、要するに自分の世俗的な職業が神によって与えられた使命（＝天職）だと理解する考え方だ。これは必然的に「職業に貴賤なし」ということを意味する。

では、金もうけも肯定されることになるのですか？

お金が目的になってしまっては本末転倒だけど、職業活動の結果として豊かになること自体は信仰の証として肯定される。

ちなみに、この点に注目したのが19世紀から20世紀にかけて活躍したドイツの大社会学者**マックス＝ウェーバー** ➡p.315 で、彼は主著『**プロテスタンティズムの倫理と資本主義の精神**』で、利潤追求がカルヴァン主義によって宗教的に正当化されたことが、資本主義の発展を思想的にあと押ししたと論じている（勤勉に蓄積しないことには、資本主義はありえないからね）。

カルヴァンの神権政治

カルヴァンはスイスのジュネーヴで宗教改革運動を展開し、のちに市政の実権を握るに至る。そこで彼は厳格な宗教的規律にもとづく体制を敷き、反対派を火刑に処するなど、厳格をきわめる統治を行った。

ところで宗教改革は、**神の絶対性**を強調する思想運動であるとともに、教会組織という外的な権威によらない**内面的信仰**への道を開いた運動でもあった。したがって、ルネサンスと同様に、宗教改革も、自律的に考え行動する**近代的自我**を思想的に準備した運動だとみなすことができるんだ。

ポイント　宗教改革

- ルターに始まる宗教改革は、**内面的信仰**を重視することで、近代的自我を準備した
- カルヴァンは、救われる人とそうでない人があらかじめ**予定**されていることを強調しつつ、**神の栄光**のために勤勉で禁欲的生活をするよう説いた

チェック問題 2

プロテスタンティズムに関する説明として適当でないものを、次の①～④のうちから１つ選べ。

① ルターによれば、キリスト者はみな等しく神の前に立つものであり、その観点からは、世俗（せぞく）の者も司祭（しさい）である。

② カルヴァンによれば、神は救済（きゅうさい）される人間とそうでない人間とをあらかじめ決定しているが、人間はその決定を知ることはできない。

③ ルターによれば、救済のために必要なのは、教会がすすめる善行（ぜんこう）や功徳（くどく）を積むことではなく、ただ神の恵（めぐ）みを信じることである。

④ カルヴァンによれば、現世（げんせ）での善行によっては救いを実現することができないので、現世の生活は積極的な意味をもたない。

（2008年・センター試験追試）

解答・解説

④

たしかにカルヴァンは善行によって救いを実現することはできないと考えたが、世俗の生活は神の栄光（えいこう）を讃（たた）える意味をもつし、神に与（あた）えられた職業生活（**職業召命観**（しょくぎょうしょうめいかん））を勤勉（きんべん）に励（はげ）むことで救いへの確信が得られるとされるので、④が誤り。

①：正しい。ルターは**万人司祭主義**（ばんにんしさいしゅぎ）の立場を取るので、キリスト者はすべて神の前で平等だとされ、聖職者（せいしょくしゃ）は否定される。

②：正しい。カルヴァンは**予定説**（よていせつ）を説いており、神があらかじめ決定した救いについては、変えることもできないし、知ることもできない、とした。

③：正しい。ルターはパウロ以来の**信仰義認説**（しんこうぎにんせつ）を説くので、ひたすら神を信じることによってのみ救われるとする。

3 科学革命

君たちが勉強しているのは、きっと大学に行くという「目的」のためだよね。僕が毎日歯を磨いているのは、虫歯を防ぐという「目的」があるからだ。このように、人は自分の**目的**によって自分のあり方を決めることができる。これと同様に、自然もまた固有の目的を実現するように秩序づけられているとするのが**目的論的自然観**だ。たとえば、太陽が存在するのは人間そのほかの生命が生きられるようにするためだ、というように考える。中世ヨーロッパではこうした自然観が支配的だったが、近代思想が形成される過程で、この自然観はしだいに衰退していった。

自然観の転回

- **古代・中世的自然観**　　神の意図によって世界を説明
  - 宇宙の秩序は神が**合目的的**に創造した（**目的論的自然観**）
  - 地球は宇宙の中心（**天動説**）
- **近代的自然観**
  - 事物の運動を**機械的な因果関係**に還元（**機械論的自然観**）
  - 地球は惑星の１つ（**地動説**）

目的論の考え方は**アリストテレス**が定式化した ➡p.45 ものだが、これは**キリスト教**の考え方にとっても非常に都合がよかった。森羅万象を**神の意志**（意図・目的）によって説明できるからね。でも、力学の研究などが進んでくると、自然現象を説明するためにいちいち神の意志をもちださなくてもいいのではないかという疑問が出てきた。そこで、現象の背後にある神の意志というものを棚上げして、現象を成立させている**法則**を明らかにしようという気運が高まってきたんだ。こうして成立したのが**機械論的自然観**で、この考え方は「**自然という書物は数学の言葉で書かれている**」という**ガリレオ＝ガリレイ**の言葉に象徴的に示されている。この機械論は、**万有引力の法則**を発見した**ニュートン**が理論的に完成させ、次項目で説明する**デカルト** ➡p.127 も、この立場の代表的哲学者だ。君たちが勉強している理科は、間違いなく機械論的自然観にもとづく学問だ。

宇宙論でも大きな転回があったんですね。

そうだね。じつは、古代ギリシアにも**地動説**の主張はあったんだけど、中世のキリスト教では地球が宇宙の中心だという**天動説**が公認の学説になっていた。でも、以下の人たちの議論によって、少しずつ地動説に取って代わられていく。

地動説の展開

- **コペルニクス**：著書『**天体の回転について**』で**地動説**を提唱
  ▶ただし、完全な**円運動**を主張
- **ケプラー**：**観測データ**をもとに地動説を支持、「**楕円**軌道の法則」を含むケプラーの法則を発見
- **ブルーノ**：地動説と**宇宙の無限性**を主張、宗教裁判により**火刑**
- **ガリレイ**：●慣性の法則・落体の法則➡近代物理学を基礎づけ
  ●**天体望遠鏡**による観察
  ➡『**天文対話**』で地動説を支持
  ➡**宗教裁判**で有罪とされ、地動説の放棄を宣誓させられる
- **ニュートン**：**万有引力の法則**により古典力学を完成（地動説の証明）

ここに挙げた人たちがいずれもキリスト教を否定する意図はもっていなかったことは、注目に値する（コペルニクスは司祭、ブルーノは修道士だった）。とくにコペルニクスは、神が創造した宇宙を最も簡潔に説明できる理論を求めて地動説にたどり着いたのであって、のちのケプラーやガリレイが観測データを重視したのとは大きなちがいがある。また、近代科学の祖と言われるニュートンも神による世界創造にはまったく疑いを抱いておらず、**錬金術**に傾倒するなど、今日からは非合理的とみなされる側面があったことがわかっている。

パラダイム論

20世紀の科学史家**トマス・クーン**は、17世紀における宇宙論の転回などの**科学革命**を分析し、これらは単純に人類の知識が連続的に増したことを意味するのではなく、天動説という古い**理論的枠組み**（**パラダイム**）が地動説という新しい理論的枠組みへと取って代わられた出来事（**パラダイム・シフト**）であると主張した。

パラダイムとは理論の枠組みのことで、クーンによると、科学者を含めて人はこうしたパラダイムの内部で思考するが、従来の枠組みで説明できない事実が確認されると、これを説明するために新たな枠組みが採用されていくとされる。

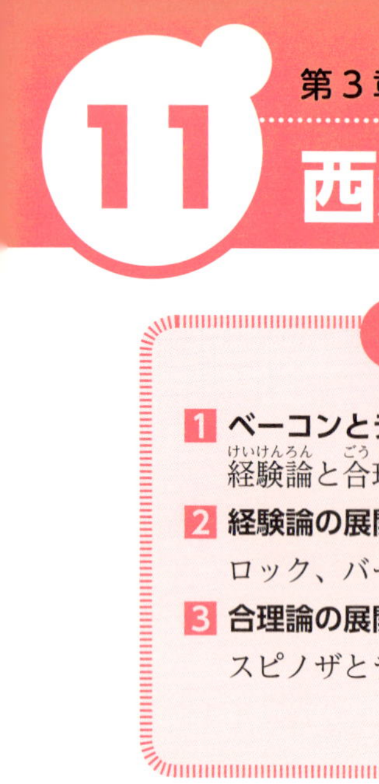

第3章　西洋近現代思想

11 西洋近代哲学

この項目のテーマ

1 ベーコンとデカルト
経験論と合理論の基本的な考え方をよく理解しよう

2 経験論の展開
ロック、バークリー、ヒュームは経験論をどう発展させた？

3 合理論の展開
スピノザとライプニッツはデカルトをどう批判したか？

1 ベーコンとデカルト

中世のキリスト教世界では、「聖書」に書かれていることがすべて真理とされた。ところが、ルネサンスや科学革命などをきっかけに、自由な精神でものを考える動きが強まる。ここに花開くのが、17世紀以降に展開される**西洋近代哲学**だ。なかでも、イギリスで発展した思想的伝統を（**イギリス**）**経験論**、フランスやオランダなど大陸諸国で発展した思想的伝統を（**大陸**）**合理論**と言う。

西洋近代哲学の二大潮流

- **経験論**
  - 感覚でとらえられた経験を重視　▶**帰納法**により法則を導出
  - イギリスで発展　例　ベーコン、ロック、バークリー、ヒューム
- **合理論**
  - 理性による合理的推論を重視　▶**演繹法**にもとづく推論
  - 大陸諸国で発展　例　デカルト、スピノザ、ライプニッツ

中世のスコラ哲学は、ひたすら理論の精密さと論理的な一貫性を追い求めた。だから、スコラ哲学にとっての学問的方法は**演繹法**だ。

演繹法とは、議論の**前提**から合理的推論によって論理必然的な**結論**を導こうという方法のことだよ。この方法は、みんなも数学の証明などで日々使ってい

るはずのもので、**論理的な正しさ**を重視する限り、不可欠のものだ。

ところが、演繹法には問題がある。それは、演繹法は論理的に正しい結論を出せるけど、**新しい発見**を何ももたらさないということだ。たとえば右の例では、あたかも2つの前提から「ソクラテスは死ぬ」という結論がわかったかのようになっているけど、実際には、「すべての人は死ぬ」という前提のなかにこの結論は含まれていたはずだ。だって、ソクラテスが死ぬことが明らかでなければ「すべての人は死ぬ」なんて言えなかったはずだからね。というわけで、演繹法は未知の事実を発見するのには役に立たない。

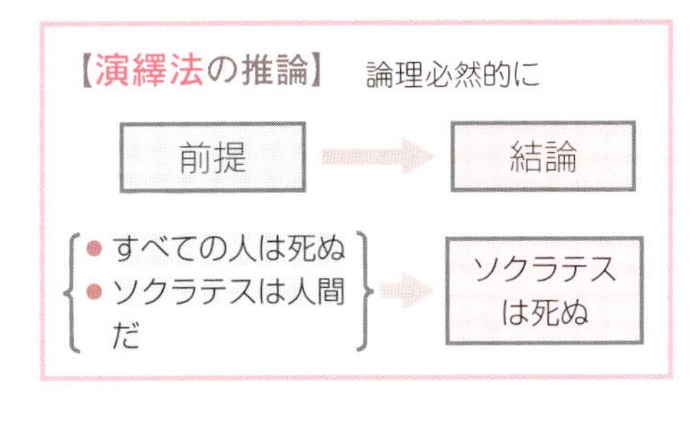

これに対して**経験論**は、知識の源泉(げんせん)を**感覚によってとらえられた経験**に求めた。つまり、「百聞(ひゃくぶん)は一見(いっけん)にしかず」のことわざどおり、自分の五感(ごかん)でじかに確認した知識を信頼しようとするんだ。

目で見たり耳で聞いたり、というのを重視するんだね。

そのとおり。とはいえ、一回限りの個別の経験がつねに正しいとは限らない。だから経験論者(けいけんろんしゃ)は、**観察**や**実験**によって数多くのデータを収集し、そこから**帰納法**(きのうほう)によって**一般法則**を導出しようとしたんだ。

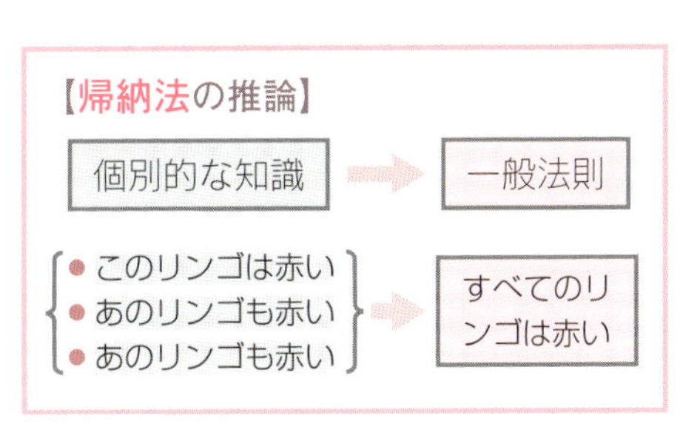

情報量の増えない演繹法に対し、帰納法を新しい学問として提唱(ていしょう)したのが、**イギリス経験論の祖**(そ)と言われる**ベーコン**(1561〜1626)だ。

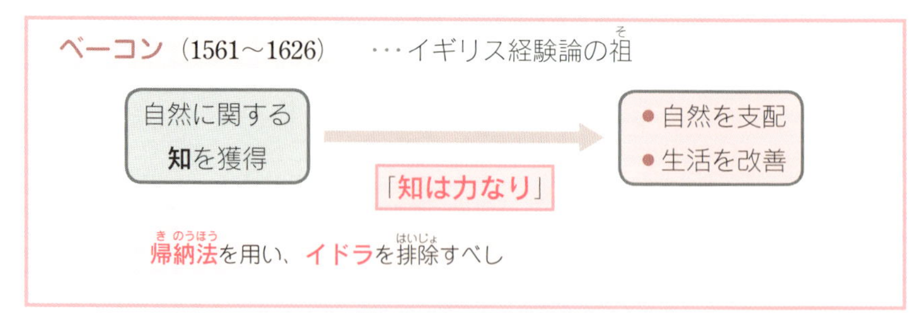

ベーコン

ベーコンは主著『**ノヴム・オルガヌム**』のなかで、**観察**と**実験**で得られた知識を重んじ、これを**帰納法**によって一般法則化するという**新しい学問**の方法を提唱した。

彼が目指したのは、学問によって人間の生活を改善させることだった。そのためには、自然についての正しい知を獲得することで自然を支配・征服することが必要だという。気象学や土木学によって洪水を予防することなどをイメージしてもらうといい。

右の引用文は、「**知は力なり**」と要約される言葉のもとの表現だ。なお、こうした**自然の支配**という発想は西洋近代哲学にきわめて特徴的なものなのだけれども、環境問題が深刻化した20世紀以降には、人間の傲慢さ（≒**人間中心主義**）を示す事例として批判的に言及されることが多くなっている ➡p.211 。

> 「**人間の知識と力とは合一する。**……というのは、自然は服従することによってでなければ、征服されえない……からである」
> （『ノヴム・オルガヌム』）

なるほど。ところで経験が間違うことだってあるんじゃないですか？

そうだね。

じつはベーコンは、人間の知性がおちいりがちな罠にも注意を促していて、これを**イドラ**と呼んでいる。イドラとは正しい認識を歪める**偏見**あるいは**先入観**のことだよ。次に挙げた**四つのイドラ**は頻出なので、しっかり頭に入れてね。

四つのイドラ			
● 種族のイドラ	：人間に共通する偏見	例	目の錯覚
● 洞窟のイドラ	：生育環境に由来する偏見	例	井の中の蛙
● 市場のイドラ	：言葉づかいの誤りで生じる偏見	例	うわさ話
● 劇場のイドラ	：伝統・権威への盲信による偏見	例	天動説

ポイント　ベーコンの経験論

- 自然についての知を獲得することで自然を支配できると主張
- 正しい知を獲得するには**イドラ**の排除が必要と主張

経験論には弱点はないんですか？

じつは帰納法には根本的な難点がある。たとえ実験を100回やっても100万回やっても、その次に異なる結果が出る可能性はあるよね。経験によって獲得される知識はどこまで行っても「たぶんそうだろう」という程度の知識（蓋然的知識）でしかないんだ。つまり、帰納法は新しい情報をもたらしてくれる代わりに、論理的な正しさを保証しないんだ。

そうした難点を重視したのが**合理論**だ。この立場は、確実な真理を獲得するためには、経験よりも**理性による合理的推論**に頼るべきだと考えるんだ。この「合理的推論」にあたるのが、もちろん**演繹法**だ。

じゃあ合理論はスコラ哲学と同じですか？

通じるものはあるね。でも合理論は、スコラ哲学にとっての前提が疑わしいと考え、より**確実な原理**から議論を組み立てようとするんだ。演繹法は前提が正しければ結論も正しいというものだから、前提の正しさがとても大事になるよね。そこにこだわり抜いたのが、合理論哲学の祖と位置づけられる**デカルト**（1596～1650）だ。

フランスで生まれオランダなどで活躍したデカルトは、「**近代哲学の父**」とも言われていて、良きにつけ悪しきにつけ西洋近代哲学のパラダイム ➡p.123 をつくり上げた哲学者としてきわめて重要な存在だよ。

さて、デカルトの主著『方法序説（ほうほうじょせつ）』は、「**良識（りょうしき）（ボン・サンス）はこの世で最も公平に配分されている**」という言葉で始まる。「良識」は「**理性（りせい）**」と同じ意味だ。つまり、世の中に頭のよい人とそうでない人がいるというのは間違っている、というわけだ。

デカルト

だといいのですが、残念ながら僕の成績はイマイチです……

デカルトに言わせると、それは**理性の使い方**が悪いんだ。もちろん、君だけじゃなく、これまでの誤った学問は理性を正しく用いる**方法**を欠いていた。建物を安全にするためには確実な土台が求められるのと同様に、学問も**確実な原理**に基礎づけられる必要があるというわけだ。

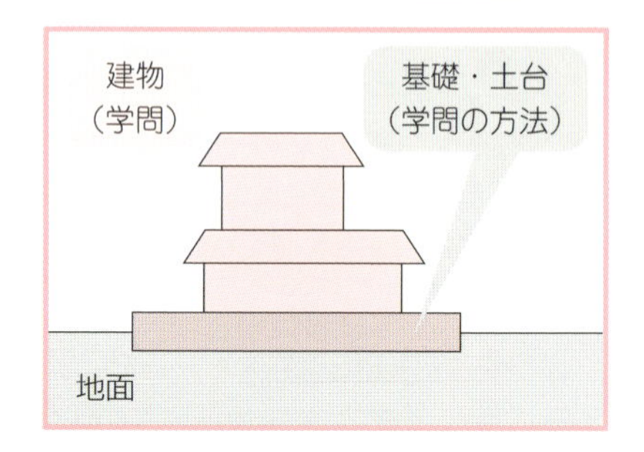

四つの規則

デカルトは、正しい学問をつくるための確実な方法は以下の4つの規則に還元（かんげん）できると考えた。

- **明証（めいしょう）**の規則：明らかで疑い得ないもの（**明晰判明（めいせきはんめい）**）だけを受け入れる。
- **分析（ぶんせき）**の規則：問題をできるだけ小さい部分に分割すること。
- **総合（そうごう）**の規則：最も単純なものから複雑なものへと考察（こうさつ）すること。
- **枚挙（まいきょ）**の規則：見落としがないか見直すこと。

じゃあ、どうすれば確実な原理が求められるんですか？

それは、**少しでも疑い得るものをすべて排除することによって**、可能になる。絶対に確実なものを発見するために、「たぶん正しいだろう」みたいなものは全部間違っているものとみなしちゃうんだ（**方法的懐疑（ほうほうてきかいぎ）**）。そうすると、いろいろなものが疑わしいことがわかる。たとえば、**感覚（かんかく）**はどうかというと、僕らは錯覚（さっかく）や幻聴（げんちょう）におちいることがあるから、これは不確実だ。どれだけリアルな**経験（けいけん）**だって、夢を見ているだけなのかもしれない。**数学的な知識**さえも、神によってだまされているのかもしれない（欺（あざむ）く神）、と疑うことは可能だ。

このように、たいていのものは疑える。でも、**私が今、疑っているという事**

実だけはどうしても疑い得ない。私は今、疑っているけどじつは疑っていない、などというのはナンセンスだからね。だから、**疑っているこの私の存在**は確実だとして、デカルトはこれを「**コギト・エルゴ・スム**（**われ思う、ゆえにわれあり**）」と言い表したんだ。ここにおいて、**自我の存在を哲学の第一原理とする近代哲学がつくり上げられた**ということができる。近代哲学では、この世で最も確実なものは感覚でも神でもなく、ほかならぬこの私（自我）の存在なんだ。

なるほどー。さすがはデカルト、明晰な議論ですね！

でも、デカルトの哲学にも問題がある。

まず、自我の存在の確実性がすべての基礎になるというのだけど、彼が言う「自我」とは、**身体**をもたない純然たる**精神**なんだ。だって、確実なのは自分のカラダではなく「考えるわれ」だからね。つまり、デカルトは物質と精神、心と身体を完全に分離する**物心二元論**（**心身二元論**）の立場に立っているんだ。

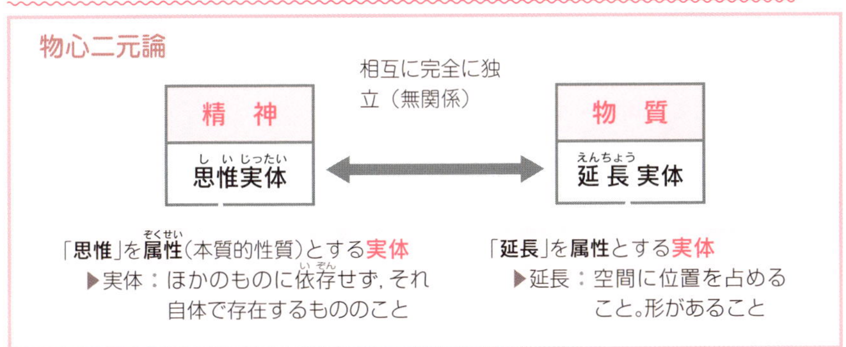

精神と物質が分離できるという考え方はきわめて近代的な発想だ。これは、人間の身体を因果律のみに従う一種の機械とみなす**機械論**的な考え方➡p.122を完成させるものであり、医学などを格段に進歩させた。でも、精神と物質が完全に無関係だとすれば、僕らが自分の意志で自分のカラダを動かせるという事実をどう説明するのか？　これは**心身問題**と言われ、今日に至るまで多くの議論を招いている。この問題は、人間の身体をただのモノとみなすことができるのかという論点ともかかわり、**生命倫理**の大きな問題となっている➡p.300。

デカルトにとって、人間は単なる機械なんですか？

いや、人間の身体が機械なんだ。デカルトより少しあとの時代には、人間がまるごと精巧な機械だという主張（人間機械論）も現れるけど、デカルト自身はそこまで言っていない。デカルトは、身体に発する**情念**を精神の力で統御すべしと言っている。こうした能力（**高邁の精神**）が人間にはたしかにあり、そこにこそすべての徳のカギがあるというんだ。ここには、人間が自分の頭で考え、行動することができる自由な存在だという、ルネサンス以来の人間観を見出すことができるだろう。

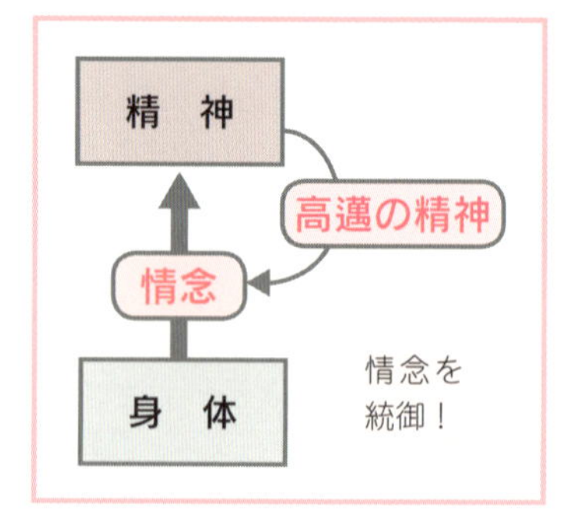

暫定的道徳

世界を正しく**認識**するための方法としては徹底的な懐疑に裏づけられた確実な原理が必要だとしたデカルトだが、**実践**の場面では**暫定的道徳**として次の３つの規則に従えばよいとした。❶国の法律と習慣・宗教に従い、**中庸**をとる。❷**きっぱり**と一貫した方向に向かう。❸欲望を抑えて**自己に打ち勝つ**ことに努める。

ポイント　デカルトの合理論

- 演繹法の出発点となる哲学の第一原理を**方法的懐疑**で探求
- 考える自我の存在は疑いえない（**われ思う、ゆえにわれあり**）
- 精神と物質は相互に独立した実体（**物心二元論**）

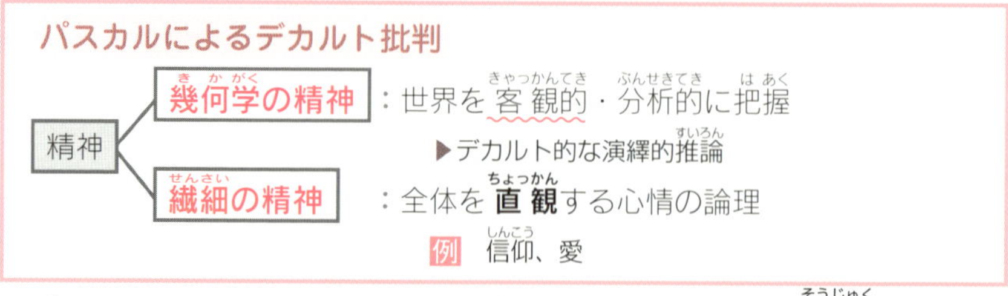

デカルトよりややのちに登場した**パスカル**（1623〜62）は早熟の天才で、数学や物理学で重要な業績をあげた超一流の科学者だった。だから、世界を客観的に把握し論証する**幾何学の精神**が大切なものであることは自明だった。けれども、パスカルは科学者であると同時に深い信仰家でもあったので、これに加えて、全体を**直観**（じかにとらえる）する**繊細の精神**が不可欠だとも考えていた。愛や信仰は分析も証明もできるものではないからね！

ところが、デカルトはあらゆるものを理性で合理的に把握しようとし、**神の存在証明**などということまでやっていたんだ。これに対して、パスカルはそのような「哲学者の神」は真の神ではないとして憤激している。これは、**近代的理性への反省**という点で最も先駆的な議論のひとつと言っていいだろう。

パスカル

なるほど、**モラリスト** ➡p.115 らしい教訓的な話ですね。

パスカルは著書『**パンセ**』のなかで、人間が悲惨さと偉大さの両側面をもつ**中間者**だと言っている。たしかに人間は無力だし、苦しいときにはすぐ**気晴らし**に走ってしまう情けない存在だ。でも、そうした事実を反省することができる存在であるというのもまた事実だ。そこで、パスカルは人間を「**考える葦**」と呼び、人間の偉大さを讃えている。

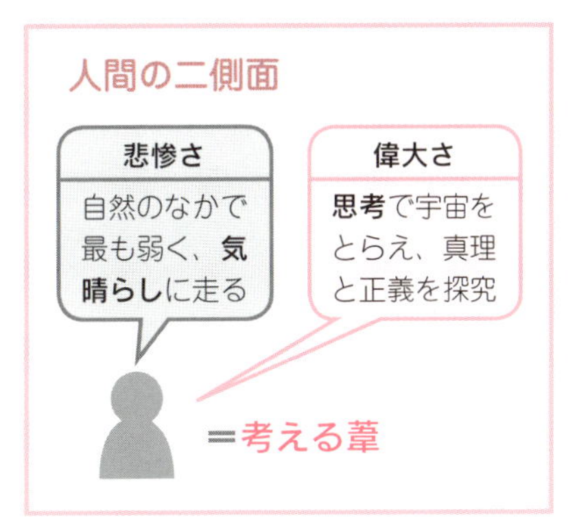

デカルトは超重要人物だよ。
確実に理解しよう！

チェック問題 1

精神に関するデカルトの見解として最も適当なものを、次の①～④のうちから１つ選べ。

① 精神は、人間の根源にある欲望を統御する良心であり、教育を通じて社会の規範が内面化されたものである。
② 精神は、誠実なる神によって人間に与えられた良識であり、信仰に応じて各人に配分されているものである。
③ 精神は、思考を属性とする実体であり、延長を属性とする物体である身体から明確に区別されるものである。
④ 精神は、客観的な真理を追究しようとする高邁の心であり、情念とのかかわりをもたずに存在するものである。

（2009年・センター試験本試）

解答・解説

③

デカルトは**思惟実体**としての**精神**と、**延長実体**としての**身体**を峻別する**心身二元論**の立場を明確に打ち出したので、③が正しい。

①：「人間の根源にある欲望を統御する良心であり、教育を通じて社会の規範が内面化されたもの」とは、フロイトの説いた**超自我** ➡p.16 についての説明である。

②：「信仰に応じて」の部分が正しくない。デカルトは、神によって万人に**良識**＝理性が与えられていると主張した。

④：「**高邁の心**（高邁の精神）」は、情念を制御するためのものであるから、「情念とのかかわりをもたずに存在する」という記述は正しくない。また、「客観的な真理を追究」するのは**良識**（理性）である。

2 経験論の展開

ベーコンによって方向性が定められたイギリス経験論の哲学的伝統は、それ以降３人の哲学者によって大きく発展させられた。

まず、『**人間知性論**』を著した**ロック**（1632〜1704）は、**いっさいの知識は経験に由来する**として、**生得観念**を否定した。生得観念とは**人が生まれながらにもつ観念**のことで、デカルトなどが主張していたものだ。ロックは徹底した経験論の立場から、生まれたばかりの人間の心はまだ何も書き込まれていない**白紙**（**タブラ・ラサ**）の状態にあると説いた。

次に、『**人知原理論**』を書いた**バークリー**（1685〜1753）。彼は経験の源である知覚をいっそう重視する立場から、「**存在するとは知覚されることである**」と述べ、意識から独立した物質の存在を否定した。

何を言ってるんですか！　ここにあるこの机は間違いなく存在しますよ。ほら、現に触れるし。

でも、その机は、僕らの視覚や触覚などの知覚によってとらえられた机以外の何ものでもないはずだ。つまり、僕らが知っているモノはすべて僕らの心のなかのモノであって、心の外にはどうしたって出られないんだ。

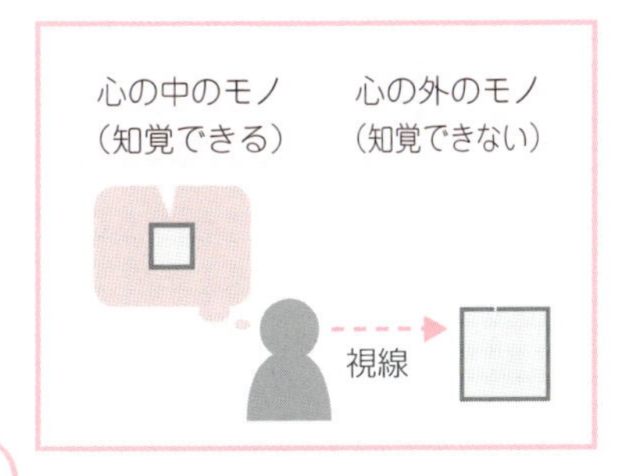

うーん、なんかだまされているみたいな気がしますけど……。

バークリーに同意する必要はないけど、彼の考え方は理解してほしいな。これを論破するのはとても難しいよ。

そして、この議論をさらに徹底して経験論を極限にまで推し進めたのが、『**人間本性論**』を書いた**ヒューム**（1711〜76）だ。まず、デカルトが実体として挙げた精神と物質のうち、バークリーは**物質**を否定したわけだが、ヒュームは**精神**のほうも否定してしまう。

心が存在しない⁇

正確には、心ないし自我が実体として存在することを否定しているんだ。僕らは、心のことを知覚が収納される「器」のようにイメージしがちだけど、ヒュームによると、心は鍋や風呂桶のような入れ物とはちがう。心そのものを知覚することはできないからね。そんなわけで、ヒュームは、心は**知覚の束**にすぎないと言う。

ヒュームはまた、**因果律**（**因果法則**）**を否定**している。つまり、原因と結果の連鎖に必然的関係を認める考え方を否定しているんだ。たとえば、「水を沸騰させるとお湯になる」というのは確実なことのように思われるよね。でも、過去に起こった現象の連鎖が明日も必ず起こるという保証はない（たとえば、気圧そのほかの条件が明日すっかり変わってしまったら、もはや同じことは起こらないだろう）。そもそも、僕らは継起している現象Aと現象Bを知覚することはできるけれども、AとBの**因果関係そのものは知覚できない**。

そんなわけで、ヒュームは、因果律というものは自然のなかに存在するものではなく、人間が過去の事例をもとに**心の習慣**として抱くものにすぎないと結論したんだ。

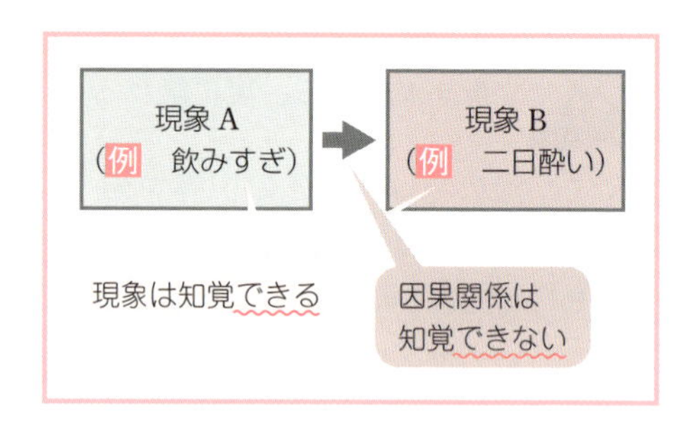

言うまでもなく、ヒュームのこの議論はきわめて過激なものだけど、これに反駁するのは並大抵ではない。そして、この課題に対しては、のちにカントが挑戦することになる➡p.149。

ポイント　経験論の展開

ロックは**生得観念の存在**を否定し、**バークリー**は**心から独立した物質**を否定し、**ヒューム**は**心の実体性**と**因果律**を否定した。

3 合理論の展開

合理論というのは、理性への信頼を基礎に演繹的推論を重ねていく知的伝統の総称であって、まとまりのある学派やグループではない。だから、デカルトが確立した立場に対しては、経験論だけでなく合理論のなかからもさまざまな批判が寄せられた。とくに問題とされたのが**物心二元論**だ。

まず、**スピノザ**（1632〜77）。彼はオランダに生きたユダヤ人の哲学者で、その主著『**エチカ**』は幾何学の論証スタイルで記述された異色の哲学書だ。デカルトは**精神**と**物質**という2つの実体が存在するとしたが、スピノザによると、これらはいずれも**神**という究極の実体の**現れ**にすぎない。したがって、この世界に存在するすべては神そのものだ（**神即自然**）とされる。このような立場を**汎神論**と言う。

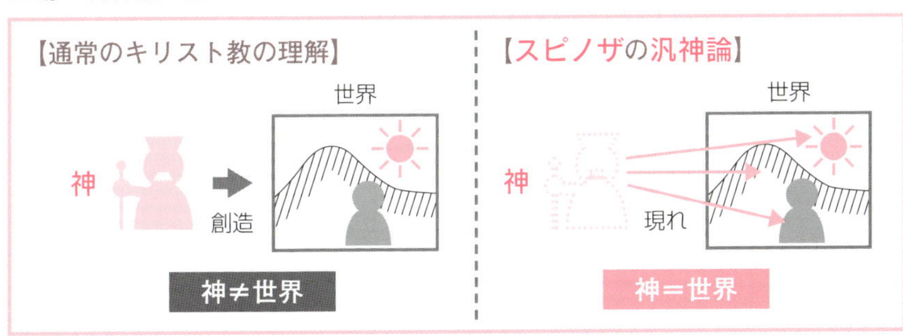

しかし、このスピノザの立場は、世界の外部にいる神を否定するのだから、ユダヤ教およびキリスト教の伝統的な考え方とはまったくちがう。そんなわけで彼は唯物論・無神論の疑いをかけられ、ユダヤ教からは破門され、キリスト教からも異端視されてしまった。

スピノザの自由意志論

スピノザにとって、世界のすべては神によって支配されているのであるから、人間の自由意志 ➡p.114 といったものも否定される。したがって、人間にとって幸福とは、ありもしない自由を追求することではなく、すべてを神のつくった必然性において、「**永遠の相の下に**」見ることによってのみ得られる。

最後に、**ライプニッツ**（1646〜1716）。彼は哲学者・数学者（微分積分法を発見している）・法学者・政治家ときわめて多くの肩書きをもち、哲学史上でも屈指の天才として知られる。

ライプニッツは、世界は無数の**モナド**（**単子**）からなるという**多元論**を説いた。モナドとは世界を構成する実体であり、分割不可能なものだ。

はぁ、アトムと同じですか ➡p.31。

いや、デモクリトスやエピクロスが想定したアトムは物質だけど、ライプニッツが言うモナドは、物質ではなく**心**の一種だ。鏡が世界を映し出すのと同じように、世界をさまざまに表象する多様なモナドが世界には充満している。

モナドは実体なので、それぞれのモナドは完全に独立していて相互には無関係だ（このことは「**モナドは窓をもたない**」と表現される）。にもかかわらず、宇宙全体に秩序があるのは、世界の創造者である神が、個々のモナドが調和するように設計したからだ（**予定調和**）。このように、ライプニッツは、デカルトや古代原子論では説明できなかった世界の秩序を、神の意志によって説明しているんだ。

ポイント スピノザとライプニッツ

デカルトが実体に関する**二元論**の哲学を説いたのに対し、**スピノザ**は実体は神のみという**一元論**を説き、**ライプニッツ**は無数のモナドが実体であるという**多元論**を説いた。

このように、デカルト、スピノザ、ライプニッツの思想は、対比させて理解しよう！

チェック問題 2

実体について考察したライプニッツの説明として最も適当なものを、次の①～④のうちから１つ選べ。

① 実体とは不滅の原子のことであり、世界は原子の機械的な運動によって成り立っていると考えた。
② 存在するとは知覚されることであるとして、物体の実体性を否定し、知覚する精神だけが実在すると考えた。
③ 世界は分割不可能な無数の精神的実体から成り立っており、それらの間にはあらかじめ調和が成り立っていると考えた。
④ 精神と物体の両方を実体とし、精神の本性は思考であり、物体の本性は延長であると考えた。

（2017年・センター試験追試）

解答・解説

「分割不可能な無数の精神的実体」とは、ライプニッツの考えた**モナド**（**単子**）のことである。これらは実体であるがゆえにすべて独立しているが、神によってあらかじめ調和するようつくられているとされる（**予定調和**）。

①：ライプニッツの考えた実体は、「機械的な運動」を行う「**原子**」ではなく、世界を映し出す精神的なモナドである。
②：「**存在するとは知覚されることである**」と述べて物体の実体性を否定したのは、経験論の**バークリー**である。
④：精神と物体の両方が実体だと論じたのは**デカルト**である。

第3章 西洋近現代思想

近代ヨーロッパの社会思想

この項目のテーマ

1 社会契約説
ホッブズ、ロック、ルソーの共通点と相違点を整理しよう

2 啓蒙思想
18世紀フランスで活躍したさまざまな思想家を確認しよう

1 社会契約説

合理論と経験論の哲学が確立されたころ、ヨーロッパ社会は**市民革命**で揺れに揺れていた。ここでいう「市民」とは**ブルジョワジー**（**市民階級**）のことで、**資本家階級**と言っても意味はほぼ同じだよ。彼らは労働者を雇って商業や工場経営を行っていた。つまりブルジョワジーは家柄や身分という意味では平民だが、経済力を蓄えていたんだ。

彼らが台頭した16～18世紀のヨーロッパは、国王にあらゆる権力が集中する**絶対王政**の時代となっていた。それに不満を募らせたブルジョワジーが、経済的自由や信仰の自由などを求めて起こしたのが市民革命だったんだ。

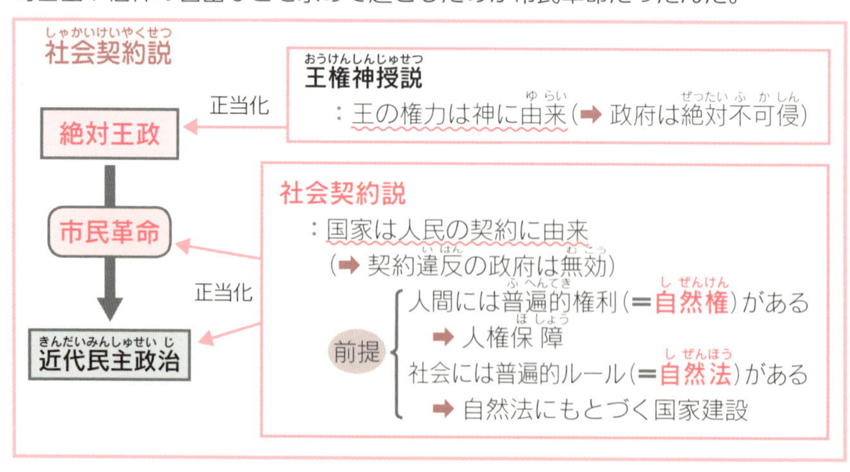

ところで、絶対王政は**王権神授説**、つまり国王の権力が神に授けられたとする理論に支えられていた。しかし、この考え方が正しいとすると、国王がどれほどの圧政を敷こうと文句が言えないことになってしまう（背後に神様がいるからね）。そこで、この王権神授説を批判し、市民革命と**近代民主政治**を正当化するために登場した理論が**社会契約説**というわけだ。

社会契約説とは、国家の起源を**人民の契約**に求める考え方のことだ。つまり、国家は永遠の昔から存在するものではなく、また国王の所有物でもなく、自由で独立した諸個人が自分たちの生来の権利（**自然権**）を実現するために契約を結んで人為的に設立したものと考えるんだ。

そんな契約、ホントにあったの？

それに近い例もあるけど、いずれにせよこれが**歴史的事実**であるのかどうかというのはたいした問題でない。そうした契約があったかのように人々が考え、**同意**することに意味があるんだ。このように考えれば、どうしても国家は国民の権利を保障しなければならないものとされるし、また普遍的なルール（**自然法**）に従ったものとならざるをえない。だから、この考え方は近代民主政をつくるにあたって決定的に重要な理論となったんだ。

自然法思想

特定の時代や地域に限定されない普遍的な法が存在するという考え方を**自然法思想**と言う。全宇宙をロゴスが支配するという**ストア派** ➡p.50 の発想にその萌芽を見ることができるが、**キリスト教**において神のつくった法としてより明確な形をとった。

近代に入ると、**グロティウス**（1583～1645）が、自然法を**人間理性の命令**に由来するものとして、つまり理性的な人間であればだれもが認めざるをえないようなルールとしてとらえ直した。これによって、グロティウスは「**近代自然法の父**」と呼ばれる。

ホッブズ（1588～1679）　◆主著：『**リヴァイアサン**』

利己的人間観
- **自然権**：**自己保存権**
- **自然状態**：「**万人の万人に対する闘争**」

➡ 社会契約により**強大な国家権力**に自然権を**譲渡**・**放棄**（➡ 絶対服従）

➡ 結果として絶対王政を正当化　▶王権神授説とはちがう

17世紀のイギリスで活躍した**ホッブズ**は、国家の存在しない**自然状態**を**戦争状態**とみなした。なぜそうなるかというと、自然権としての**自己保存権**（自分の身を守る権利）をみんなが勝手に行使しようとするからだ。この結果、人々の安全はかえって損なわれ、「孤独で貧しく、険悪かつ残忍で、しかも短い」生活を余儀なくされることになる。たしかに、今日でも政府が機能しないために内戦状態におちいっている国が見られるよね。

ホッブズ

でも、人間は理性的な動物なので、このような「**万人の万人に対する闘争**」の打開策を考えた。それが**国家の創設**だ。すなわち、みんながいっせいに自己保存権を放棄して、強力な国家権力にそれを全面的に**譲渡**するという契約を結べば丸く収まるというわけ。わかりやすく言うと、みんなが護身用ナイフやピストルで武装している社会よりも、警察などの国家権力が暴力を独占している社会のほうが安全だということだ。

> 「人々が外敵の侵入から、あるいは相互の権利侵害から身を守る……唯一の道は、すべての意志を多数決によって一つの意志に結集できるよう、**個人あるいは合議体**に、彼らのもつあらゆる力と強さを譲り渡してしまうことである」
>
> （『リヴァイアサン』）

だから、犯罪者によって平和と秩序が脅かされないようにするためには、国家がだれも逆らえないほど強力なものでなければならない。**リヴァイアサン**とは『旧約聖書』に出てくる怪物のことで、ホッブズは、怪物のように強力な国家権力の必要性を説いたんだ。

ただ、ホッブズは無秩序を恐れるあまりに絶対君主を擁護したので、この点がのちにロックやルソーから批判されることになる。

ロック（1632～1704）　◆主著：『**統治二論**』
自然状態：自由・平等・**平和**（⇔ホッブズ）
ただし、自然権（**所有権**）が不安定・不確実
➡国家に権力を**信託**（全面委任ではない、**抵抗権**は留保）
▶**間接民主制**を主張

ホッブズよりも50年ほどのちのイギリスで活躍した**ロック**は、自然状態は基本的に**平和**だと主張し、ホッブズを批判した。たしかに、僕らの友人関係などを考えてみても、ときどきケンカをすることがあっても、おおむね仲良くできるよね。怖い先生などが監視していないと年中ケンカばかりしている、というわけではない。

ロック

じゃあ、なんで社会契約が必要になるわけ？

自然権が不安定かつ不確実だからだ。ここでロックが重視する自然権は、生命・自由・**財産**に対する**所有権**だ。自然状態では司法機関が存在しないので、所有権の侵害があったときに逮捕も裁判もできない。そこで所有権を確実にするために社会契約によって国家機構を創設した、というのがロックの説明だ。

ただし、ロックの場合、ホッブズとちがい、国家に全権を委譲するわけではない。所有権を確実にするという目的を実現するために、人民の代表者に権利の一部を**信託**するだけだ。だから、もし代表者たちが公約違反のようなことをやったならば、人民は**抵抗権**にもとづいて政府を変更することもできる。

このような**間接民主制**を理想としたロックの主張は、**名誉革命**を正当化するとともに、アメリカ独立革命に大きな影響を与えたんだ。アメリカでは今でも憲法で人民の武装が権利として保障されているけれども、これはロックの思想に由来するんだよ。

ルソー（1712〜78）　◆主著：『**社会契約論**』『**人間不平等起源論**』

- 自然状態（過去）：自由・平等・**平和**、**自己愛**と**憐れみ**

↓ **私有財産制**

- 社会状態・**文明**（現在）：不平等・不公正

↓ **社会契約〜**自由・平等の回復（「**自然に帰れ**」）

- 新たな社会状態（未来）：**一般意志**にもとづく共同体、**直接民主制**

公共の利益を目指す全人民の意志

ルソー

最後に**ルソー**。ロックと同じく、ルソーは自然状態を**平和**な状態ととらえた。無分別な赤ん坊が悪徳を知らないように、自然状態に生きる人は、孤独ではあるが充足していたという。

ところが、今日の**文明社会**には不平等と不公正が満ち満ちており、かつて人々が備えていた**自己愛**と**憐れみ**の情も喪失してしまった。その理由は、人々が**私有財産**への権利意識に目覚めたからだ。

所有権の意識が定着すると、少ないモノを分かち合っていた時代とはちがい、さまざまな争いが起こってしまう。おのずと富める者と貧しい者との格差も生まれてしまう。これが諸悪の根源だというわけだ。ここは、**所有権を肯定したロックと対立**するポイントだね。以上の事態をルソーは、「**人間は自由なものとして生まれたが、（今日は）至るところで鉄鎖につながれている**」と表現している。

そこで、**社会契約**によって本来の自由・平等を回復することが目指される。これが「**自然に帰れ**」という標語だ。

一般意志ってのは？

一般意志は、「**公共の利益を目指す全人民の意志**」と定義できる。注意しなければならないのは、これが、**諸個人の意志（特殊意志）の総和**（＝**全体意志**）とは異なるということだ。

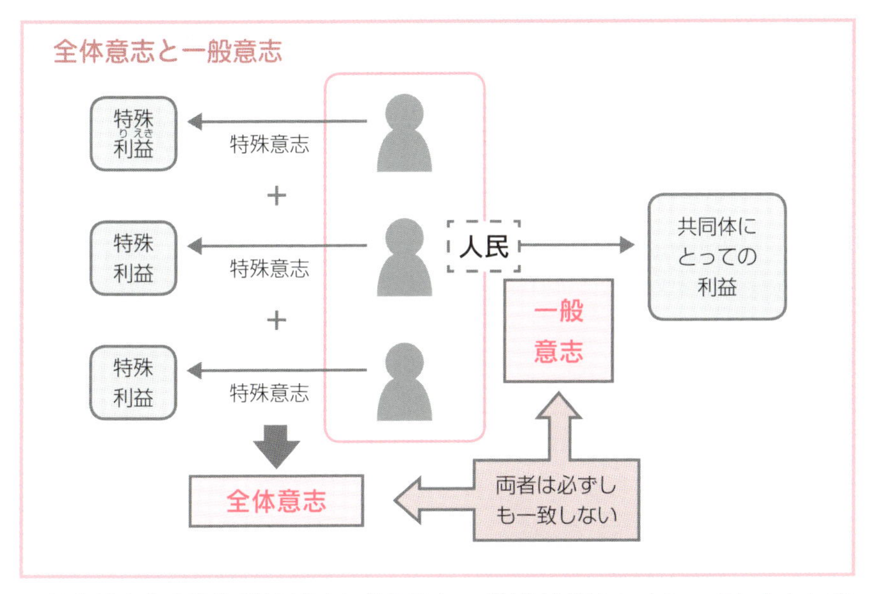

各人が自分の私的利益だけを考えると、「税金は廃止しましょう」みたいな結論が出るかもしれない。でも、これでは国家が破綻してしまい、みんな不幸になってしまう。

これに対して、だれもが自分の私的利益を棚上げして、社会の一員として（公民として）、社会にとっての利益を考えるならどうだろう。そうすると、議論の末に何かしらの結論（ベストな税制）が出てくるのではないだろうか。これが人民の一般意志だ。

一般意志は、みんなで考えることによって導かれるものだから、人民の代表機関は認められない。だから、ルソーは、ロックが肯定した**間接民主制**を批判し、**直接民主制**を擁護したんだ。

また、各人は必ず一般意志に服従しなくてはならない。みんなで導いた結論に服従することは、けっして不自由ではなく、本当の意味での自由（**市民的自由**）を意味するとされるんだ。

ポイント　三つの社会契約説

ホッブズは自然状態を**戦争状態**ととらえ、**ロック**は国家における**抵抗権**を主張し、**ルソー**は人々が**一般意志**に従うべきことを主張した。

チェック問題 1

自然状態に関するルソーの思想の記述として最も適当なものを、次の①～④のうちから１つ選べ。

① 自然状態においては、人間は自分自身の生命を保存するためにみずからの力を好きなように用いる自然権をもっているから、この自然権が存続しているかぎり、いかなる人間にも安全はまったく保障されていない。

② 自然状態においては、人間は、自己愛と憐れみの感情とをもつだけで、虚栄心も敬意も軽蔑も知らなかったので、人間相互間にはいかなる社会的交渉もなく、所有権や正義といった観念もまだ存在しなかった。

③ 自然状態においては、各人が権利をもつのは、自己を他者の圧迫から守りうるあいだだけだと言えるから、自然権と言われるものも、それが各人単独の力によってのみ決定されるあいだは無に等しく、むしろ空想でしかない。

④ 自然状態においては、法的に有効な判断を下す裁判官が存在しないため、権利をめぐって争いが生じた場合にも訴訟をおこせないから、それは言わば無法状態であって、所有権も単に暫定的に保障されるだけである。

（2004年・センター試験本試）

解答・解説

②

ルソーは、自然状態に生きる人を「**幸福な未開人**」になぞらえており、原始的ではあるが争いのない状態として描いているので、②が正しい。

①：自己保存権が自然権であるとされているから、**ホッブズ**に関する記述である。

③：自然状態においては自然権が「空想」にすぎないとされているので、**ホッブズ**に関する記述である。

④：自然状態を裁判官の不在になぞらえ、また自然権として所有権を主張しているのは**ロック**である。

2 啓蒙思想

啓蒙思想の「啓蒙」は、英語で en**light**enment、すなわち「光をあてる」という意味だ。つまり、啓蒙思想は、**理性の光**で世界を照らし、合理的な知識にもとづいて世界を正しく再編しようという考え方のことなんだ。とくに18世紀のフランスでこうした思想が隆盛し、具体的には、無知と迷信によって支えられている非合理的な専制君主制を打倒することが目指された。18世紀は「**理性の世紀**」とも呼ばれるよ。

専制君主制は、社会契約説によって批判されたのでは？

社会契約説は、広い意味で啓蒙思想のひとつと言える。ほかにも「スコットランド啓蒙」と言われるヒューム ➡p.133 やスミス ➡p.162、それにドイツのカント ➡p.148 らも広い意味では啓蒙思想に位置づけられる。以下では、ほかの枠には収まらない、せまい意味での啓蒙思想を紹介していこう。

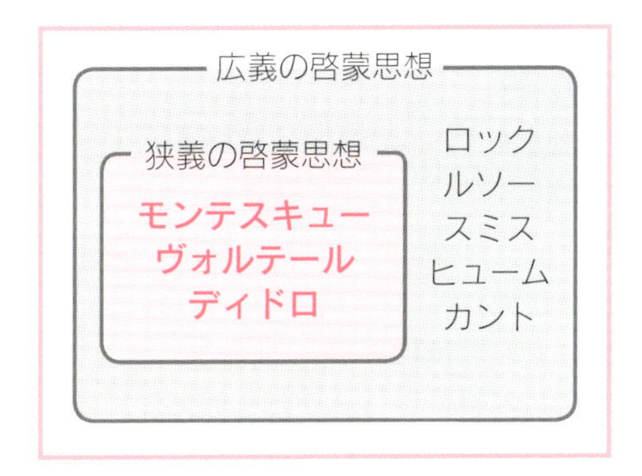

啓蒙思想家たち

- **モンテスキュー**（1689～1755）　◆主著：『**法の精神**』
  - 専制君主制は本質的に不健全 ➡ 共和制 or 立憲君主制が望ましい
  - 政治的自由を実現するためには**三権分立**が不可欠
- **ヴォルテール**（1694～1778）　◆主著：『**哲学書簡**』
  - 専制への批判 ➡ **宗教的寛容**と**言論の自由**を主張
  - **理神論**的立場
- **ディドロ**（1713～84）　◆主著：『ダランベールの夢』
  - 百科全書派のリーダーとして『**百科全書**』を執筆・編集
  - 無神論・唯物論

モンテスキューは、各国の法制度を見聞するなかで、それらの多様性が風土や習俗などと関連すると考えた。彼によると、各国の法制度はそれぞれなんらかの「法の精神」によって支えられている。そして、恐怖によって支えられる専制は本質的に不健全であるとして、フランスにおいては立憲君主制が望ましいと説いた。

各制度とその精神

制度		精神
共和制	➡	美徳
君主制	➡	名誉
専　制	➡	恐怖

彼はまた、政治的自由を実現するためには権力機構を分割すべきであるとして、立法権・行政権・司法権が抑制と均衡の関係に立つという**三権分立**を説いた。

ヴォルテールは？

ヴォルテールは啓蒙思想のチャンピオンと言うべき人物で、ルネサンス期におけるエラスムス ➡p.115 と同様に、この時代に名声をほしいままにした人物だ。とくに**宗教的寛容**と**言論の自由**についての擁護者としてよく知られている。

また、彼は**理神論**の立場に立っていた。これは、神の存在を否定はしないものの、奇跡や啓示などを否定する合理的な信仰のことで、この時代に多くの支持者を集めていた考え方だ（ニュートンなどもこれに近い）。

最後の**ディドロ**は、**百科全書派**のリーダーとして知られる。『百科全書』とは、人類の知をすべて網羅的・体系的に集大成しようという知的プロジェクトで、啓蒙思想の最大の成果と言える。今日の百科事典のモデルとなったものだ。これにはモンテスキュー、ヴォルテール、ルソーなど多くの執筆者が協力している。

ディドロ自身の思想としては、合理主義を徹底し、この時代にあってはきわめて珍しい**無神論・唯物論**の境地にまで進んでいるという点をおさえておいてほしい。

チェック問題 2

易 

人間の理性という光をもって世界を照らし出そうとした西洋近代の思想を啓蒙思想という。フランス啓蒙思想家の説明として最も適当なものを、次の①～④のうちから一つ選べ。

① モンテスキューは、人民の革命によって絶対王政を転覆すべきだとした。

② ヴォルテールは、ロックの経験論に学び、宗教的な迷信や偏見を批判した。

③ ディドロは、王政の保護のもと、宗教を擁護する『百科全書』を編纂した。

④ サン＝シモンは、資本主義の科学的分析にもとづいて理想社会を構想した。

（2009年・センター試験本試）

解答・解説

②

ヴォルテールはイギリスでロックの経験論やニュートンの自然科学について学び、その啓蒙的立場を固めていったので、②が正しい。

①：たしかに、**モンテスキュー**は専制への批判者であったが、ルソーのような急進的な人民主義の立場はとらず、革命の支持者でもなかった。

③：「宗教を擁護する」が正しくない。**ディドロ**は**無神論**の立場に立っており、むしろ宗教上の迷信や蒙昧を打破することに力を注いだ。

④：**サン＝シモン** ➡p.173 は空想的社会主義者であり、資本主義を科学的に分析したのではなく観念的に批判したとされる。また、社会主義の思想家は、一般に啓蒙思想家とは位置づけられない。

こんなの楽勝だよね！

13 ドイツ観念論

この項目のテーマ

1 カントの認識論
人は何を知りうるか？　～『純粋理性批判』の世界

2 カントの道徳哲学
人は何をなすべきか？　～『実践理性批判』の世界

3 ヘーゲルの弁証法
ヘーゲルはカントをどのように批判したのか？

1 カントの認識論

カント

カント（1724～1804）はドイツのケーニヒスベルクという町で大学教授として規則正しく地味な生涯を送った哲学者だ。でもその地味さとは裏腹に、18世紀ドイツにおける「**精神の革命**」を遂行した立役者と評されているよ。

カントの哲学は**批判哲学**と言われる。ここでいう「批判」とは、「非難する」とか「否定する」といった意味ではなく、「**徹底的に吟味する**」という意味だ。彼はそれまでの哲学を深く検討し、継承すべき点と乗り越えるべき点をはっきりさせようとした。そして、とくに**合理論**と**経験論**の問題点を明らかにし、それらの統合を目指したんだ。

カントによる課題設定

- 合理論…**独断論**におちいっている
  不確実な教条（ドグマ）を無批判に受容する立場
- 経験論…**懐疑論**におちいっている
  客観的真理を認識できることを疑う立場

➡ 理性能力を吟味すべき

カントはドイツ人だから、もともと大陸合理論の立場だった。でも、因果性を否定した**ヒューム** ➡p.133 の懐疑論に接することで、合理論哲学は**独断論**におちいっていることに気づかされた（彼はヒュームによって「**独断のまどろみから醒まされた**」と述懐している）。

なお独断論とは**不確実な前提**のうえに積み上げられた議論のことだ。たとえば「日本は神国だ。神国は不敗だ。だから日本は絶対に戦争に勝つ」みたいな議論。

でも、カントは経験論にも不満だった。というのも、徹底した経験論はヒュームのように**懐疑論**に行き着くが、これでは幾何学の証明手続きのようなものすら確実でないとみなされるからだ。カントは**普遍的に妥当する真理**というものが確実に存在すると考えており、それすら否定してしまう懐疑論には満足できなかったんだ。

合理論も経験論も一面的だということですね。

そう。だからカントは合理論と経験論がどこで間違ったのかを明らかにするため、人間の**認識能力**そのもの（**理論理性**）、つまり**人がどこまで認識できるのか**という点について吟味したんだ。この課題を遂行したのが『**純粋理性批判**』だ。で、カントによると人間の認識は以下のような手順で行われるという。

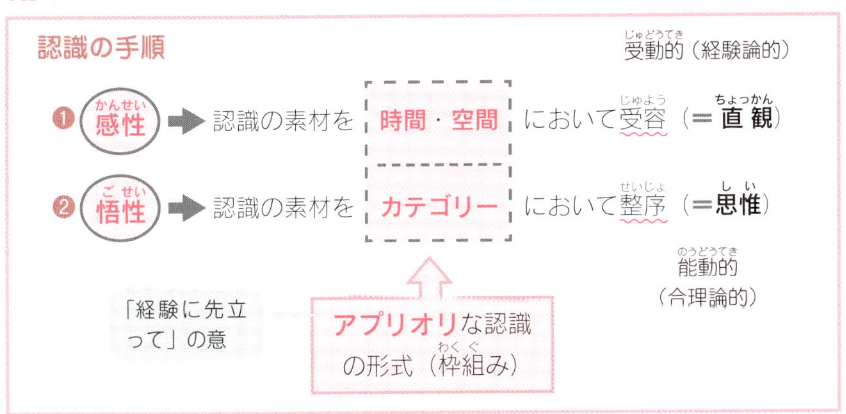

認識の第一段階では、**感性**が、**認識の素材を受容する**。（この働きを**直観**という）つまり、たとえばリンゴに接したときに「赤い」「丸い」などの視覚的データや、「甘い」などの味覚のデータを受け取る。でも、これらのデータはまだ**断片的**なものにすぎないので、直観の働きだけではこれを「リンゴ」として把握できない。

これに対して、第二段階では、感性が受容したバラバラの素材を**悟性**がまとめ上げて、ひとつの概念として把握する。つまり、赤くて丸くて甘い物体を「リンゴ」として把握する。これが**思惟**の働きだ。

第一段階は、言ってみればジグソーパズルのピースが手元に集められる段階で、第二段階は、同様にパズルを組み立てる段階だ。この二段階はそれぞれ経験論と合理論の立場に対応していて、認識が成立するためにはいずれも欠かせない。つまり、カントは認識論において**経験論的要素**と**合理論的要素**を統合したんだ。

「**アプリオリ**な認識の形式」ってなんですか？

まず、「**アプリオリ**」とは、「経験に先立って」という意味だ。

時間と**空間**は世界に客観的に存在する座標のようなものだと思っている人が多いよね。でもカントは、時間と空間は主観から独立したものではなく、**直観の形式**だと考えた。つまり、僕らは時間と空間という色眼鏡をとおして認識の素材を受容しているというわけだ。

次に**カテゴリー**は、**思惟の形式**を意味している。カテゴリーのなかでも最重要なのが**因果性**だ。ヒュームは、因果性が「心の習慣」にすぎないとして切り捨てたよね ➡p.134 。カントは、因果性が心の外に客観的に存在しないという点でヒュームに同意するが、人間は思考するさいに必ずこの因果性のカテゴリーを用いざるをえない、と言う。

因果性を用いて思考する？

たとえば、「彼は猛勉強したがゆえに合格した」というように、僕らは現象A（彼は猛勉強した）と現象B（彼は合格した）のあいだに因果関係を求める**心理的傾向**をもっているよね。つまり、僕らが思考するさいには、因果関係という、それ自体は知覚できない枠組みを用いているんだ。ちょうど目を閉じたままではモノを見ることができないのと同じように、僕らはカテゴリー抜きでは思考できない。

なので時間と空間、カテゴリーは経験に先立って（**アプリオリ**に）人間が備えている**認識の形式**なんだ。

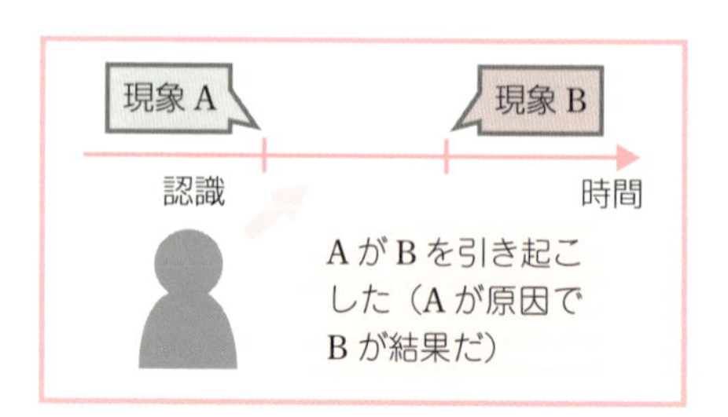

なんだか、認識が主観的なものであるように聞こえますが。

ここがカント認識論の最大の特徴なんだけど、カントによると、認識とは心の外にある客観的な事物（**物自体**）をとらえることではなく、能動的な認識作用によって心のなかで**対象を構成**することだとされるんだ。これをカントは「**認識が対象に従うのではなく、対象が認識に従う**」と表現している（**コペルニクス的転回**）。

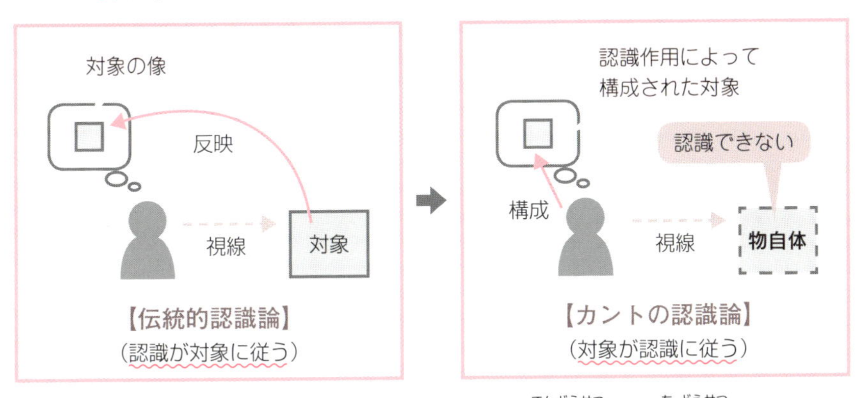

「コペルニクス的転回」というのは、もちろん天動説から地動説へという転回 ➡p.123 に自説をなぞらえているわけだ。カントは、人間の認識というものが単に受動的なものではなく、能動的・主体的なものであることを示したんだ。

なるほど。結局、人はどこまで認識できるんですか？

カントによると、人間の認識は感性と悟性の協同で行われるということだったよね。だとすると、感性の及ばない世界は認識できない。つまり、人間が認識できるのは五感でとらえられる世界（**現象界**）だけであって、頭で考えることしかできない世界（**英知界**）については認識できないということになる。

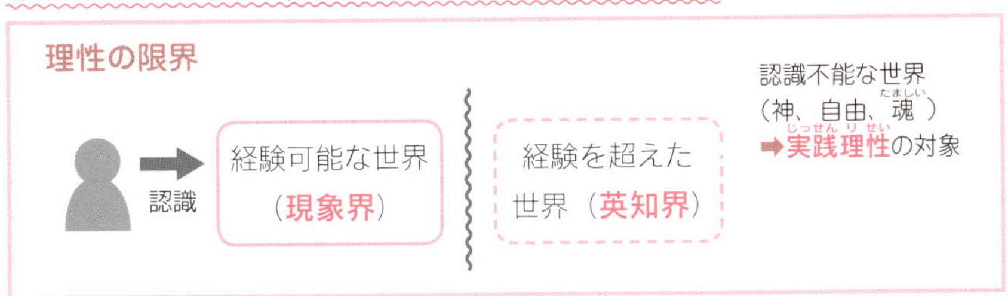

デカルトやスピノザなどによると、神の存在は「証明」できる。でも、カントに言わせれば、神は見ることも聴くこともできないから、理性的認識の対象外なんだ。カントが伝統的形而上学にとどめを刺し、**精神の革命**を遂行したなどと言われるのはこのことからだ。

ふーん、じゃあ英知界なんてそもそも存在しないと？

ところが、それもちがうんだ。たしかに、英知界は人間が**理論理性**で認識することのできない世界だ。でも、カントによると、英知界は**実践理性**によって要請される。実践理性とは**善を意志する能力**、すなわち道徳的な能力のことだ。つまり、**神**や**自由**といった英知界に属する概念は、人間が善をなすためにどうしても必要な能力だとされるんだ。くわしくは次項目で説明しよう。

ポイント **カントの認識論**

- カントは**合理論と経験論の統合**を目指した
- 認識は**感性による直観**と**悟性による思惟**の協同によって成立する
- 理性（**理論理性**）は経験可能な世界しかとらえることができない

カントの認識論は難しかったかな。
でもこれが理解できると、西洋哲学の理解はぐっと深まるよ。

2 カントの道徳哲学

『純粋理性批判』のテーマは「**人は何を知りうるか**」という認識論だった。これに対して**『実践理性批判』**では「**人は何をなすべきか**」という主題、つまり**道徳哲学**が論じられる。カントの道徳哲学は、ベンサムらの功利主義 ➡p.163 と並び、今日から見ても最も首尾一貫した道徳哲学の一つなんだよ。

ところで、君は「何があろうとうそをついてはいけない」と考えるかい？

はあ、場合によりますかね……。

人助けのためのうそなら許されるのではないか、といったところかな。そのように、行為の**結果**を重んじる道徳論は**帰結主義**と言われる。これに対して、カントの道徳論は、行為の道徳性は結果ではなく**動機**によって判断されるという**動機主義**の立場なんだ。

ただ、動機といってもそれは主観的な善意のようなものではない。普遍的に妥当する**道徳法則**を尊重し、それを目指す**善意志**にもとづいているかどうかが問題になるんだ。

ちょっと待って、**道徳法則**ってなんですか ??

自然界に自然法則が存在するのと同じように、道徳の世界にも万人が従わなければならないような普遍的法則が存在するとされるんだ。それが道徳法則。ところで、これは法則だから、無条件のものでなければならない。したがって、「～ならば……せよ」というような**条件つきの命令**（**仮言命法**）は道徳法則たりえない。「しかられたくなければ掃除をしろ」という命令は、しかられてもかまわない者には無効だからね。端的に「……せよ」という**無条件の命令**（**定言命法**）のみが道徳法則たりうるというわけだ。

「たりうる」ってことは、定言命法であるだけではダメだと？

そのとおり。たとえば「人を殺せ」というのは一種の定言命法だけど、これが道徳法則であるはずはないよね（みんなが殺し合いをすることはいいことのはずがない）。道徳法則であると言えるためには、それが普遍的なルールであることが求められるんだ。カントは、これを次のようにまとめている。

道徳法則

「汝の意志の**格率**が、つねに同時に普遍的な立法の原理として妥当しうるように行為せよ」 （『実践理性批判』）

格率とは、個人的な行為の原則、つまり私的なルールのことだ。たとえば「毎日納豆を食べよう」や、「毎朝10km走ろう」などだ。でも、これらは万人に適用するわけにはいかなさそうだよね。つまり、格率には普遍的でないものもあるのであって、カントは、万人に妥当する格率だけが道徳法則の名に値すると言っているわけだ。

わかりました。でも、道徳法則に従うだけの生き方というのもなんだか受動的な気がしますけど。

とんでもない！　いいかい、道徳法則というのは自然法則のように人間を一方的に縛るものじゃなく、**理性的存在**である人間自身が主体的に立法するものなんだ。そして、自分で立法した道徳法則に**自律的**に従う（**意志の自律**）わけだから、受動的どころではない。

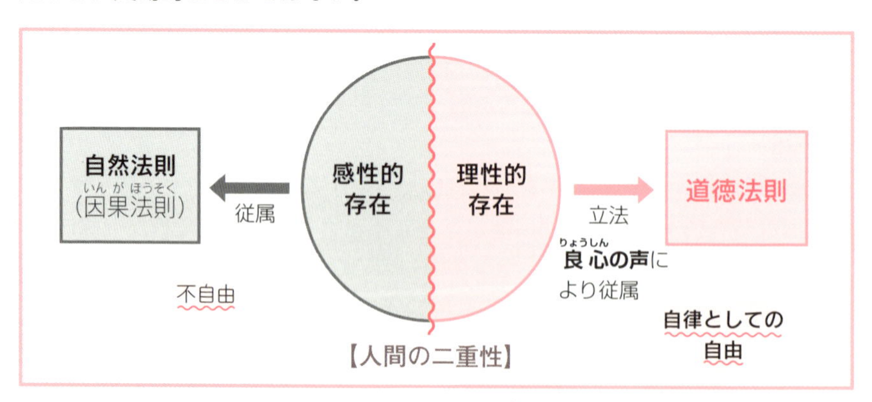

そのさい、カントは道徳法則に従うことを**義務**と呼び、「**汝なすべし**」という**良心の声**にもとづいて行為する（義務を果たす）ことのみが**道徳的**であると言う。逆に結果として義務にかなっているだけの行為（叱られるのがイヤだから掃除をする、など）は**適法的**であると言われ、ここには道徳性はないとされる。「義務」というとネガティブに聞こえるけど、このとき彼は自分の意志で自分のあり方を定めているのだから、彼は真の意味で**自由**だ。

厳格な主張ですね！　僕にはマネできそうもありません。

でもさ、不思議なことに、人は一見すると自分に不利なことを進んでやることがあるんだよね。たとえば『走れメロス』の主人公のように、友との約束を守るために、殺されることがわかっていながら友のもとに走るとか。あるいは震災ボランティアをやるとか。

だから、人間がある局面において自律的に行為しうるというのは事実なんだ。その意味で、人間は自然法則に従うばかりの単なる**物件**とは異なる尊い存在であって、自由で自律的な**人格**として、それにふさわしく扱う必要がある、とカントは言う。

人格の尊厳

「汝の人格および他のあらゆる人の人格のうちにある人間性を、いつも同時に**目的**として扱い、けっして単に**手段**としてのみ扱わないように行為せよ」

(『人倫の形而上学の基礎づけ』)

これは、人間を道具のようにのみ扱ってはならず、尊厳ある人格として扱えという教えだ。だから、友人を踏み台として利用するような生き方は否定される。このように人々がみな相互に尊重し合う社会がカントの理想で、これは**目的の王国**と呼ばれる。容易に実現しそうにはないけど、高邁な理想だよね。

カントの平和論

晩年のカントは**『永遠平和のために』**を書き、人格間の相互尊重の議論を国際社会にもあてはめている。これによると、各国は国際平和を実現するために**常備軍を廃止すべき**であるとされ、また戦争を防止するための**国際機関の創設**が説かれている。これは、20世紀になって実現した国際連盟や国際連合の先駆けとなる議論として評価されている。

チェック問題 1

カントの主張として最も適当なものを、次の①～④のうちから１つ選べ。

① 人間は、経験を通じて成長するのだから、道徳的な人格の形成も経験にもとづいて行われなければならない。

② 人間は、いかなる場合にも義務を果たすべきなので、義務に適った行為にはすべて道徳的価値を認めなければならない。

③ 人間は、つねに自律的でなければならず、みずからの意志の格率だけを信じて行為しなければならない。

④ 人間は、自律的な行為をなしうる主体だから、これを単なる物件と厳しく区別し、尊重しなければならない。

（2004年・センター試験追試）

解答・解説

④

カントの道徳論についての正しい記述。単なるモノ（物件）は自然法則に受動的に従うだけの存在だから、そこに尊厳は認められない。しかし、人間は理性的存在として自律的に行為することができる存在であるから、尊厳ある存在として（目的として）扱うことが求められる。

①：人格が経験によって形成されるとあるが、これはイギリス経験論 ➡p.124 の考え方である。カントにおいては、人格は普遍的に（時間を超えて）尊重されるべきものである。

②：結果として「義務に適った行為」であるだけでは、その行為は**適法的**であるにすぎない。ある行為が**道徳的**といえるためには、**善意志**にもとづき、義務に発する行為でなければならない。

③：「みずからの意志の格率だけを信じて行為」するならば、内容において**道徳法則**たりえない行為が採用される可能性がある。したがって、普遍的に妥当するような格率が採用されなければならない。

3 ヘーゲルの弁証法

ヘーゲル

ヘーゲル（1770〜1831）は、若いころには熱烈なカント主義者だったが、しだいに独自の哲学体系を構築していった。彼の残した『**精神現象学**』『**法の哲学**』などの膨大な著作および講義ノートにおいて、近代哲学の流れは巨大な山脈の頂点をきわめたということができる。

まずは、彼の哲学的方法である**弁証法**について説明しよう。

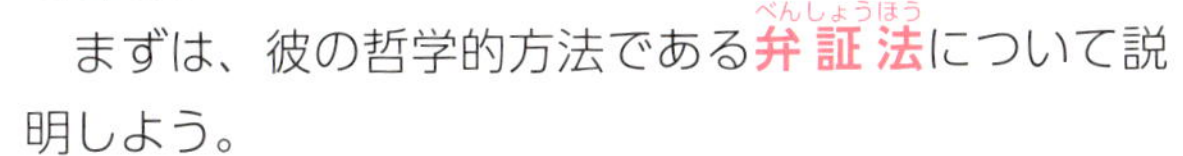

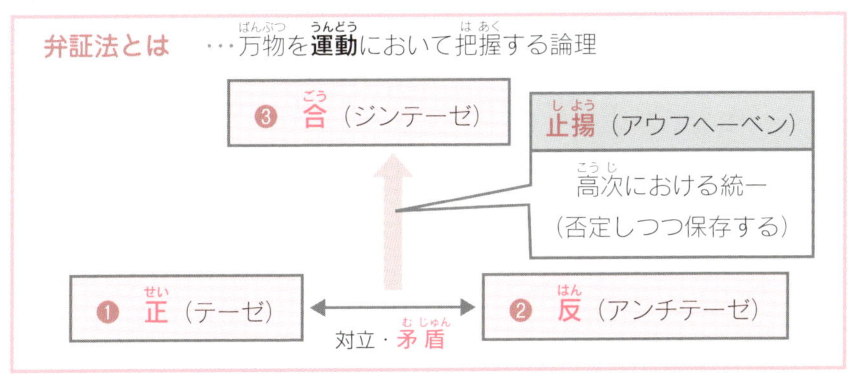

弁証法とは、あらゆるモノを**運動**において把握する論理のことだ。ここでいう「運動」とは、モノの生成・発展・消滅の全プロセスを指す。ひとことで言うと、弁証法とは、世界がダイナミックに動いているという事態を言い表している。

さて、上の図の「**正**（テーゼ）」とは命題という意味だ。たとえば「彼は子どもだ」という命題を例にとると、これに「彼は大人だ」という対立命題（**反**、アンチテーゼ）を設定することができる。この2つの命題は両立できそうにないよね。でも、「彼は青年だ」という新たな命題（**合**、ジンテーゼ）、つまり子どもから大人になりつつある存在 ➡p.20 という動的な契機を導入すれば、2つの命題は統一的に理解できる。

このように、対立・矛盾を高次において統一することを**止揚**と言う。止揚という概念には、「否定する」という意味と「保存する」という意味が含まれている。たとえば、「青年」は単純な子どもでも大人でもないから、その意味でこれらは否定されている。でも、青年という概念には、子どもの側面と大人の側面が間違いなく含まれている（＝保存されている）。

一般に、「**矛盾**」とは、ありえないものだと考えられているよね。でも、ヘーゲルによれば、矛盾は実際に存在するし、矛盾が存在するからこそ矛盾を止揚する力が働き、それが現実世界に運動をもたらすんだ。つまり、**矛盾こそが事物の運動の原動力**だとされるんだ。

ポイント ▶ 弁証法とは

- **弁証法**とは、世界の運動を説明するための原理
- あらゆるところに**矛盾**が存在しており、これが世界を動かす

ヘーゲルの哲学は「**自由の哲学**」だと言われることがある。でも、彼が言う「**自由**」にはかなり独特の意味がある。これを理解するために、**人倫**についてのヘーゲルの議論を見ていこう。

ヘーゲルにおける人倫

◎**人倫**とは…**法**と**道徳**を統一した客観的自由（共同体において成立）

- **道徳**：人間を内的に規律
- **法**　：人間を外的に規律

❶ 家族…愛によって結合した**自然的人倫**
　▶個人の自立が欠如

❷ 市民社会…個人の自立が基本／**欲望の体系**／**人倫の喪失態**

❸ 国家…家族と市民社会を統一した理想的人倫

カントが考えたように、自由を実現するためにはみずからを律すること、すなわち**道徳**が必要だ。でも、人間は一人で生きているわけではなく、共同体において他者とともに生きている。だから、真の自由を実現するためには共同体の秩序を守るための**法**が欠かせない。

つまり、ヘーゲルは、各人が主観的な自由を追求しているだけではダメで、自由は現実の社会制度のなかで具体化される必要がある、と考えたんだ。このように**内面的な自由である道徳**と**客観的な秩序を維持するための法**を弁証法的に統一した概念が**人倫**と呼ばれる。つまり、人倫とは、共同体の各メンバーの意志と共同体そのものが**有機的**に機能している状態を意味するんだ。

いまいちピンと来ないなあ。

学校の合唱コンクールなどをイメージするといいよ。メンバーはみんなに合

わせて歌う必要があるけど、そのときに自由はけっして失われない。声を合わせ、心を合わせることで、みんなは一丸となり、真の自由を獲得できるんだ。チームスポーツでも同じだよね。

これが共同体において成立する真の自由、人倫だ。一人ぼっちの個人的な自由よりはるかに次元の高いものだよね。

なるほど。で、その人倫が三段階で展開されるんだね。

そう。まず、第一段階が**家族**。家族は最も基礎的な共同体なので、ヘーゲルはこれを「**自然的人倫**」と呼んでいる。家族は**愛**という強い絆によって結ばれている。でも、その反面、そこには**個の自立がない**。これを克服するために登場するのが市民社会だ。

市民社会とは、独立した個人からなる社会のことで、資本主義社会と同じと思ってもらっていい。しかし、市民社会は人々が自分の欲望だけを追求する社会（「**欲望の体系**」）であり、そこでは家族で成立していたような絆が失われている（**人倫の喪失態**）。

そこで、家族と市民社会という2つの人倫を弁証法的に統一（止揚）することが求められる。こうしてできたのが**国家**だ。国家は、家族における**絆の強さ**も市民社会における**個の独立**も実現しているので、人倫の最高段階だとされる。

現実の国家はそんなにすばらしいものに見えませんが。

まあね。ヘーゲルは、新興のプロイセン国家に期待するあまり、現実の国家と理想の国家を区別できなくなってしまったのかもしれない。ただ、彼は「**世界史は自由の意識の進歩である**」と述べていて、この歴史観はなかなか一貫性のある議論なんだ。

というと？

ヘーゲルによると、人倫の展開とは歴史において**絶対精神**（**世界精神**）が自己を展開する過程だと説明される。ちょうど人間が生涯をかけて自我を完成させる ➡p.23 のと同じように、絶対精神は世界史においてみずからの本質である**自由**を実現していくというんだ。

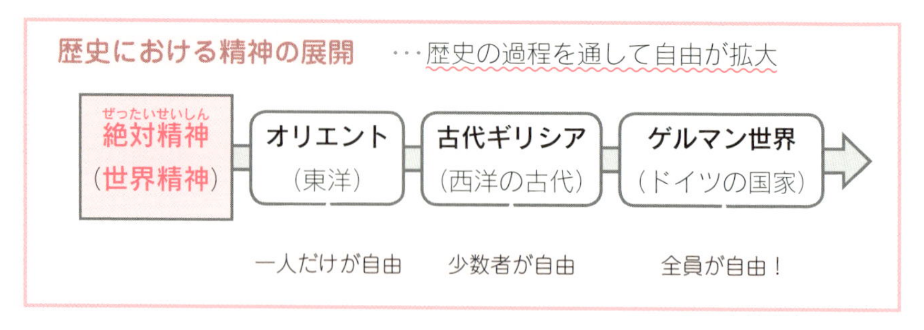

僕らは、自分の心（精神）が単独で成立していると思いがちだけど、ヘーゲルは**歴史を動かす巨大な世界精神**というものを想定していて、個人の精神はその一部にすぎないとした。

個人の精神が世界精神の一部？

弁証法の図式 ➡p.157 で考えてみようか。

まず、僕らは自分の見方なり意見をもっている（**正**）。でも、現実の社会で生きていると、これに反対する立場や意見があることがわかる（**反**）。そこで、僕らは対話を交わし、紆余曲折の末に対立を止揚して、「私たち」の意見というものを形成する（**合**）。こうして、僕らは個人のせまい見方を脱し、共同体の成員として「私たち」の視点を確保するに至る。僕らは単なる「私」から「私たち」に成長することによって、真の自由を実現できるんだ。

ヘーゲルは「**理性的なものは現実的であり、現実的なものは理性的である**」と述べている。プラトンなどでは、理性的なものは現実と無関係なものと見られていたけれども、ヘーゲルによると、理性的なものは、現実において具体化されなければならない。また、現実世界には不条理に見えるものも多いけれど、存在するものにはすべて理由があるのであって、これを精神（≒理性）の自己実現の過程として把握すべきだというわけだ。

「世界精神の自己展開」などを説くことから、しばしばヘーゲルは神秘主義的な観念論だと批判されてきた。でも、自由についての彼の議論から、僕らは多くを学べるんじゃないかな。

チェック問題 2

ヘーゲルの思想として最も適当なものを、次の①～④のうちから一つ選べ。

① 婚姻は男女両性の間の法的な契約であるから、男女の愛情における本質的要素ではない。
② 市民社会は、法によって成り立つとしても、経済的には市民たちの欲望がうずまく無秩序状態である。
③ 国家は、市民社会的な個人の自立性と、家族がもつ共同性とがともに生かされた共同体である。
④ 世界共和国のもとでの永遠平和は、戦争はあってはならないという道徳的命令による努力目標である。

(2007年・センター試験本試)

解答・解説

③

ヘーゲルは、家族と市民社会のそれぞれの難点を止揚する形で成立した**人倫の最高段階**が**国家**だと考えたので、③が正しい。

①：ヘーゲルによると、婚姻（**家族**）は単なる法的契約ではなく、愛情によって結合された人倫である。

②：たしかに、市民社会は欲望のうずまく「人倫の喪失態」だが、人倫の一形態であることにはちがいないので、ホッブズ ➡p.140 が自然状態について考えたような無秩序状態ではない。

④：**カント**が『**永遠平和のために**』のなかで展開した議論である。

14 功利主義とプラグマティズム

この項目のテーマ

1 功利主義
個人主義と社会の幸福は調和するのか？

2 プラグマティズム
パース、ジェームズ、デューイの特徴をおさえよう

1 功利主義

18〜19世紀のヨーロッパでは、**市民革命**と**産業革命**により、自由で独立した諸個人を基礎とした**市民社会**≒**資本主義社会**が成立していた。でも、この社会では、人々が自由に営利活動を追求することにより、**貧富の格差**といった問題が顕在化していった。そこでこの時代の思想家たちは、**資本主義の矛盾**という課題に直面したんだ。

なるほど。資本主義とくれば、まずは**アダム・スミス**ですね。

そうだね。ルソーなどが、利己的な活動が社会に災いをもたらすと主張した ➡p.142 のに対し、ルソーの同時代人で「**経済学の父**」と言われる**アダム・スミス**（1723〜90）は、むしろ**利己心**にもとづく営利追求こそが社会に富をもたらすと考えた。

その理由は2つある。ひとつは、売り手と買い手が自分の利得を最大化しようと行動しても、それが「(神の) **見えざる手**」によって調整されるからだ。この「見えざる手」というのは、今日の**市場メカニズム**と呼ばれるものにあたる。政府がモノの値段を決めたりせずに**自由放任主義**をとったほうがよい結果になる、というわけだ。この議論は『**諸国民の富**

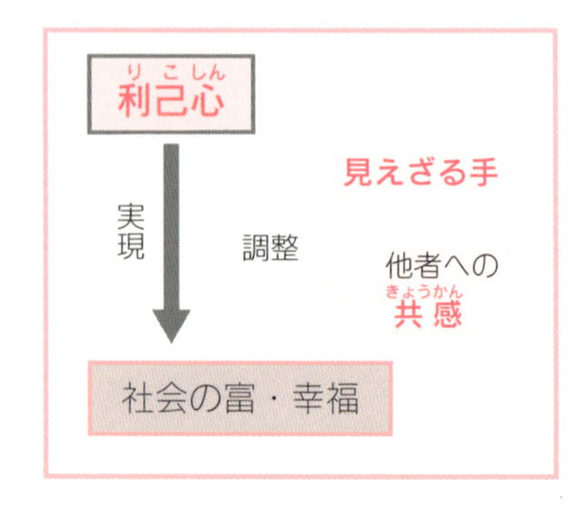

（**国富論**）』で展開されている。

もうひとつの理由が哲学的にはより重要で、スミスによると、人々の利己心というものは、じつは他者への**共感**の原理（＝良心）によってすでに調整されている。たとえば、僕らは駅前の募金に応じることがあるけど、あれはけっして不合理な行動ではなく、自分なりの良心を満足させるための合理的な行動なんだ。この良心は「**公平な観察者**」とも言い換えられる。人間は自分で自分を第三者的にながめることができる存在なのだから、利己的に行動するといってもすぐに他者を踏みにじったりするということにはならない、というわけだ。以上の議論は、もうひとつの著書『**道徳感情論**』で展開されている。

でも、利己心ってそんなにうまく調整されるもんですかね？

たしかに、利己心の制御はそんなに簡単ではないのではないかという疑問も起こるよね（宗教などはそのために生まれたようなものだ）。そこで、利己心が社会の利益を損なうことなく、人々の幸福を実現するために必要な条件をくわしく検討していったのが、功利主義の祖**ベンサム**（1748～1832）だ。

ベンサム

功利主義とは、善悪の基準を行為や規則のもたらす**結果の有用性**に求める立場のことだ。道徳性の基準が結果に置かれる（**功利の原理**）ことから、**帰結主義**の道徳哲学とも言われ、カントの動機主義 ➡p.153 と対比される。

2つの道徳学説

- 動機 ― **カント**が重視
- ↓ 行為
- 結果 ― **功利主義**が重視

では、なぜ結果の有用性が問題になるのか？　ベンサムは『**道徳および立法の諸原理序説**』のなかで、それは、人間が「**快楽と苦痛という２つの君主**」の支配下に置かれ、すべての人は**快楽**を求め**苦痛**を避けようとする存在だからと述べている。つまり、人間にとっての幸福は、快楽が多く苦痛の少ないことにある、というのがベンサムの基本的発想なんだ。

ここから、社会にとって望ましいのは「**最大多数の最大幸福**」を実現することである、という非常に有名な命題が導かれる。これは、一人ひとりの幸福量の総和が最大のときが最善の状態だ、ということだ。

この議論には、社会は**個人**を基礎単位とする集合体であり、個人（そして社会）の快楽や幸福は計算可能であるという前提がある（**量的功利主義**）。本当に快楽を計算できるのか、快楽には質的差異があるのではないか、という疑問は残るよね。これについてはまたあとで。

で、どうすれば社会の幸福を最大化できるんですか？

そこだよね。なかには他人に危害を加えることに快楽を感じるような人もいるからね。そこでベンサムは、**制裁**（**サンクション**）によって「最大多数の最大幸福」を実現するよう主張した。

制裁とは、ある人にある行動を起こすよう強いるもので、具体的には右に挙げた4種類の制裁がある。たとえば人を殺した者は死刑にする、というような制裁をルール化しておけば、利己的な人は「割に合わない」行為（殺人）を回避しようとするので、結果として「最大多数の最大幸福」が実現する、というわけだ。ベンサムはとくに**法律的制裁**を重視し、立法による社会改革に生涯を捧げたんだよ。

四つの制裁（サンクション）

- **自然的制裁**
  例 不摂生の結果、健康を崩す
- **法律的制裁**
  例 犯罪をおかして刑罰を受ける
- **道徳的制裁**
  例 不道徳な行為で社会的非難を受ける
- **宗教的制裁**
  例 不敬な行為で神罰を宣告される

ベンサムの議論に問題はないわけ？

いくつか考えられるけど、とくに快楽をすべて量的に測定できるという点は、功利主義の後継者たちからも批判を受けた。量的功利主義に対して**質的功利主義**の立場を取ったのが**J.S.ミル**（1806～73）だ。

ミルはベンサムの友人を父にもち、幼少時代から英才教育を受けた天才の代名詞のような人物だ。彼は「最大多数の最大幸福」という功利主義のスローガンを保持しつつも、**快楽の質的差異**にも留意しなければならないと主張した。たしかに、肉体的快楽と精神的快楽を同じモノサシで測るのはきわめて困難だし、死別した妻と過ごしたかけがえのない期間を「1000万

J.S.ミル

円相当の快楽」などと言っていいはずがないよね。

ミルはまた、ベンサムが法律的制裁を重視したのに対し、**良心**にもとづく**内的制裁**を重視した。ミルは、社会の幸福は**利他的な感情**によって実現するとして、「**人にしてもらいたいと思うことは、すべてあなたがたも人にしなさい**」というイエスの黄金律こそが功利主義の原理だと主張している。

> **ミルの質的功利主義**
>
> 「満足した豚であるよりは不満足な人間であるほうがよく、満足した愚者であるよりは不満足なソクラテスのほうがよい」　（『功利主義』）

あと、ミルの主著『**自由論**』では、個人の自由を制限できるのは他者への加害行為だけだという**他者危害原理**が説かれており、自由主義の古典的定式として重要だよ。

功利主義と現実政治

功利主義は社会改革を目指して現実政治にかかわった。ベンサムは、**普通選挙制**の導入を強く訴えたほか、**動物愛護**や**同性愛**の擁護を行ったことなどでも知られる。ミルは自身も国会議員になるほど議会政治を重視した思想家だったが、民主主義が「**多数者の専制**」へと堕落してしまう危険性のあることにも注意を促しており、これを防ぐために少数意見を尊重して**言論の自由**を強く保障することなどを主張している。また、**女性**が隷属的地位に置かれていることの不当性を断罪したことでも知られる。

カントと功利主義の道徳論はとても対照的だね。みんなはどちらの議論が正しいと思うかな？

チェック問題 1

やや難 2分

功利主義者ベンサムは、行為の判断基準として行為の結果を重んじた。ベンサムの考え方にもとづく発言として最も適当なものを、次の①～④のうちから１つ選べ。

① 「私は、どんな状況下でもうそをつくべきではないと考えているので、自分に不利益がおよぶとしても、正直に話をすることにしている」

② 「私の行動原則は、そのときどきの自分の快楽を最大にすることだから、将来を考えて今を我慢するようなことはしないことにしている」

③ 「社会の幸福の総和が増大するとしても、不平等が拡大するのはよくないから、まずは個々人の平等を実現すべきだと、私は考える」

④ 「自分の行動が正しいかどうかに不安を覚えるとき、私は、その行動をとることによって人々の快楽の量が増えるかどうかを考える」

(2009年・センター試験本試)

解答・解説

④

功利主義の祖であるベンサムは、「**最大多数の最大幸福**」を社会的な目標とするので、行動が正しいかどうかの基準は、社会全体の幸福量を増やすかどうかという点に求められるので、④が正しい。

①：ベンサムは、行為がもたらす結果を重視するので、「どんなときでもうそはつかない」といったことは言わない。これはカント ➡p.148 の立場である。

②：前半は正しいが、後半が誤り。**快楽計算**にあたっては、今の快楽と将来の快楽を考慮に入れることになる。

③：ベンサムが求めるのはあくまで「**最大多数の最大幸福**」、つまり社会の幸福の総量を最大化させることなので、不平等は必ずしも否定されない。この点は、のちに**ロールズ**に批判されることになる ➡p.204 。

2 プラグマティズム

ここまでヨーロッパの思想ばかり見てきたけど、次の**プラグマティズム**はアメリカ生まれ・アメリカ育ちの哲学だ。この立場は、知識や理論の妥当性を**実践（行為）**によって検証しようとする。

「実践によって検証」ってどういうこと？

簡単にいえば、「とりあえず試してみよう」ということだ。

目の前のプリンの味を知りたいときに、人によっては、成分や製造者などから、おいしさについてあれこれ想像するかもしれない。でもプラグマティストであれば、「食べてみればいいじゃん」と考える。

この立場は、ヨーロッパの伝統的形而上学が**思弁的**・観念的で無益な議論に終始しがちであったとして、「使える思想」を目指すんだ。当時のアメリカは、まだ建国して百年もたっていない若い国だ。だから、縛られるような権威も伝統もなく、何事もとりあえず試してみようという自由な**フロンティア精神**に満ちていた。この気風が、プラグマティズムの哲学を生み出したんだ。

さて、**プラグマティズムの特徴**として、**科学**への信頼と**宗教**の尊重の2点を挙げることができる。科学への信頼という点については、**仮説**を**実験**によって**検証**するという**経験論** ➡p.124 **の伝統**を実生活に適用したものと言えるだろう。宗教を尊重するというのは、アメリカ最初期の入植者たちが信教の自由を求めた**敬虔なピューリタン**だったこととも関連があると考えられる。科学と宗教は、一見すると相容れないもののようにも見えるが、今日でもアメリカはこの2つを最も尊重するユニークな伝統をもっているよね。

プラグマティズムは、だれがつくったの？

プラグマティズムの生みの親は**パース**（1839〜1914）だ。彼は測量技師として比較的地味な生涯を送った人物だけど、**形而上学クラブ**という研究サークルを組織して新しい思想運動を起こした。彼はプラグマティズムの基本的立場を次のように定式化している。

プラグマティズムの格率

「ある**対象**の**概念**を明晰にとらえようとするならば、その対象がどんな**効果**……を及ぼすと考えられるかということをよく考察してみよ。そうすればこの効果についての概念は、その対象についての概念と一致する」
（**『いかにして我々の観念を明晰にするか』**）

回りくどい言い方をしているけど、要するに「**ある概念の意味はそれがもたらす効果と一致する**」ということだ。たとえば、「硬い」という概念は「たたいても壊れない」という意味をもつ。つまり、「たたく」という行動によってその意味が明らかになるわけで、パースは行動を基準にして概念や思想を明晰にし、科学を進歩させることを目指したんだ。なお、「**プラグマティズム**」とは「行動」を意味するギリシア語の「プラグマ」をもとに、パースが名づけたものだよ。

それで、プラグマティズムは広まったの？

実際にプラグマティズムが世に広まったのは、形而上学クラブのメンバーだった**ジェームズ**（1842〜1910）が著書『**プラグマティズム**』でこの思想をわかりやすく紹介してからだ。

ジェームズ

ジェームズは、**真理の有用性**というアイディアを提案している。普通、ある議論が**役に立つ**のはそれが**正しい**からだと考えられているよね。たとえば、万有引力の法則は真理である、ゆえに人工衛星の軌道計算などに役立つ、という具合に。ところが、ジェームズは、現に**役に立っている**がゆえにその議論は**正しい**、と言い換えてもいいではないかと言うんだ。つまり、「**真理であるがゆえに有用**」と「**有用であるがゆえに真理**」は実質的に同じだとされる。このような**相対主義**的な立場から、彼は**宗教**には人々に心の安らぎを与えるという有用性が認められる限りで真理と言える、と説いている。

真理の有用性

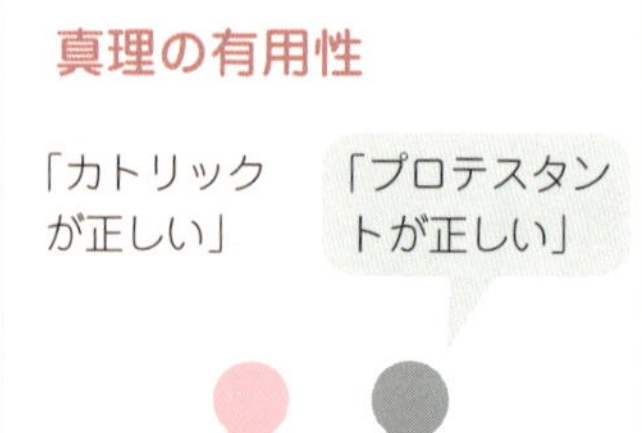

それぞれの立場にとって有用 ➡ いずれも正しい（＝**相対主義**）

こうした主張は、真理が人間から独立し

た客観的なものではなく、心のなかで生起する**心理的な現象**であるという立場から出てくるものだ（じつは、ジェームズはもともと心理学者だった）。彼は、著書『**宗教的経験の諸相**』のなかで、数多くの神秘体験を紹介し、意識の流れ（純粋経験）こそが根本的実在だとする**根本的経験論**を説いている。この議論は西田幾多郎➡p.294にも影響を与えているよ。

ポイント **ジェームズのプラグマティズム**

- 有用な（役に立つ）ものが真（正しい）であり、真理は人によってさまざまでありうる（**相対主義**）
- 宗教も有用である限りで真であり、その点で科学と変わらない

最後に**デューイ**（1859～1952）について。

『**哲学の改造**』などの著作を残したデューイは、自身の立場を**道具主義**と呼んでいる。ハンマーが釘を打つための道具であるのと同じように、思想もまた生活を改善するための**道具**でなければならない、というわけだ。

デューイ

さて、デューイは、人間が完璧に理性的な存在であるという見方をしりぞけ、人間が**習慣**のなかを生きる存在であると説いている。

じゃあ動物と同じ？

いや、そこには明らかなちがいがあって、それは人が困難や障害にぶつかったときにはっきりする。デューイによると、人は習慣的な生活を送るなかで困難に直面すると、**環境に適応**するために**試行錯誤**を行う。そしてそのプロセスを通して新たな習慣を獲得し、成長していくんだ。このような**問題解決能力**のことを**創造的知性**と言う。

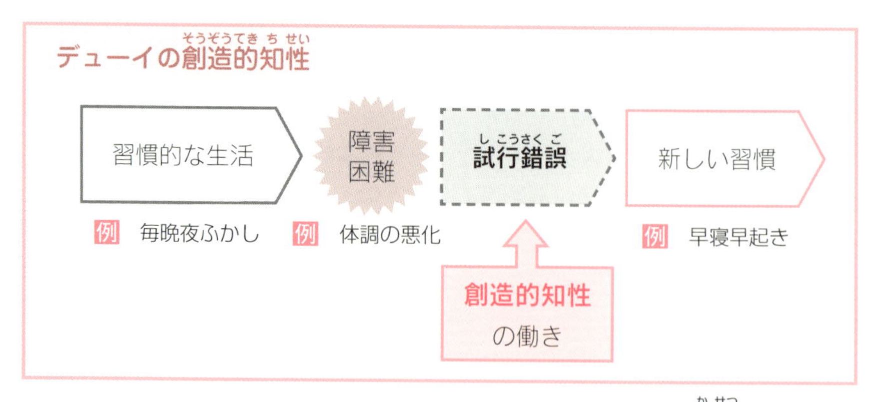

またデューイは、科学的知識を含めてあらゆる人間の知識は**仮説**にすぎないと言う。だから、絶対的な真理を追い求めたりするのではなく、絶えず仮説を行動によって**検証**する姿勢が大切だ。

どうしたら、そんな能力を身につけられるのでしょう？

教育の力によって、だ。それも、ただ知識を暗記させるような教育ではなく、生徒みずからが試行錯誤によって学びとる（＝**なすことによって学ぶ**）ことが期待されているんだ。学習の結論そのものよりも学習のプロセスが大切ということだね。

デューイがこのように教育を重視したのは、**民主主義**が危機に瀕していると考えたからだ。民主社会は、一人ひとりが自分の頭で考えて自分の責任で行為するということを前提にしている。ところが、急速な産業化の過程で、人々は主体性を失い➡p.314、民主主義の危機が起こっていた。そこで、権威に盲従しない民主的な主体を、教育の力で再生することをデューイは願ったんだ（『**民主主義と教育**』）。彼の教育理論は世界中の国々に多くの影響を与えたんだよ。

チェック問題 2

プラグマティズムの説明として最も適当なものを、次の①～④のうちから１つ選べ。

① プラグマティズムとは、経験論の伝統を受け継ぎ、知識や観念をそれが引き起こす結果によってたえず検証しようとする思想である。
② プラグマティズムとは、大陸合理論を基盤として生まれ、のちにキリスト教精神によって育まれたアメリカ固有の思想である。
③ プラグマティズムとは、行為や行動を意味するギリシア語を語源としているが、その方法は思弁的であり、実生活とは隔絶した思想である。
④ プラグマティズムとは、科学的認識よりも実用性を優先し、日常生活の知恵を基盤とする思想である。

（2004年・センター試験追試）

解答・解説

①

プラグマティズムは、知識や観念の妥当性をそれ自体で検証しようとするスコラ哲学や大陸合理論などとは異なり、それらを実践に移し、その結果によって、仮説の正しさをたえず検証し直そうとするので、①が正しい。

②：「大陸合理論を基盤として生まれ」という記述が誤り。プラグマティズムはイギリス経験論 ➡p.124 や功利主義の伝統から生まれた。

③：後半の記述が誤り。プラグマティズムは「思弁的」で「実生活とは隔絶した思想」への批判から生まれた。

④：たしかに、プラグマティズムは実用性を重視するものだが、とくにパースやデューイは、**科学の方法**を、実生活を豊かにするために用いるというスタンスをとるので、科学を否定したわけではないし、「日常生活の知恵を基盤とする」ような処世訓などではない。

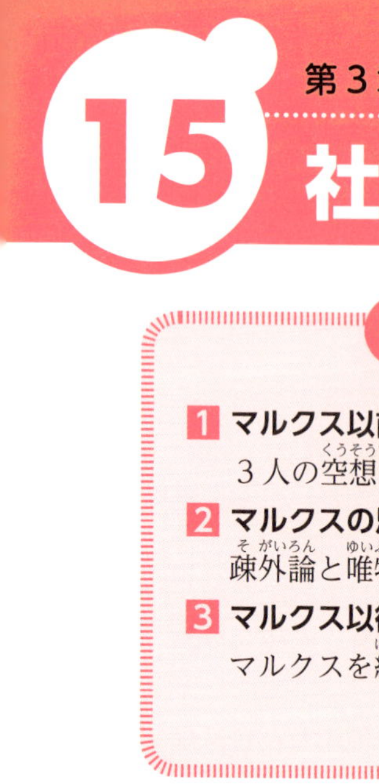

15 社会主義

この項目のテーマ

1 マルクス以前の社会主義
３人の空想的社会主義者の特徴を整理しよう

2 マルクスの思想
疎外論と唯物史観をよく理解すること！

3 マルクス以後の社会主義
マルクスを継承する立場と批判する立場の主張を整理しよう

1 マルクス以前の社会主義

19世紀初頭のヨーロッパでは、急増する都市労働者が悲惨な境遇へ追い込まれており、もはや社会体制の根本的変革しかないという**社会主義**思想が生まれた。社会主義とは、さしあたり**資本主義の矛盾を克服し、より公正・平等な社会をつくろうという思想・運動**のことと思ってくれればいいよ。

社会主義の思想

資本主義の矛盾				
貧富の差の拡大 恐慌の発生など	➡ そこで……	私有財産制の否定 生産手段の公有化 計画経済	➡	公正・平等な社会！

社会主義といえばマルクスですよね。

そうだけど、マルクスにも先駆者がいる。次の３人は必ず押さえておく必要があるよ。

空想的社会主義者たち

資本家＋労働者

▶**サン＝シモン**（仏、1760～1825）：『**産業者**の教理問答』を著し、働く者の社会（**産業社会**）の創設を主張。

▶**フーリエ**（仏、1772～1837）：農業を中心として調和のとれた協同組合（**ファランジュ**）を基礎とする共同社会の建設を主張。

▶**オーウェン**（英、1771～1858）：**工場経営者**として労働環境の改善により事業を成功に導き、アメリカで共産主義的な共同体**ニューハーモニー村**をつくるが、失敗。

サン＝シモンは、名門貴族の出身でありながら革命運動に挺身したり投機で荒稼ぎしたりと、じつに破天荒な生涯を送った人物だ。彼の思想は、「**産業者**の社会をつくれ」の一点に尽きる。産業者とは「働く者」すべてを指し、**労働者**だけでなく**資本家**なども含んでいる。その他の王侯貴族や僧侶たちは、社会の寄生虫にすぎないとされる。

フーリエは、サン＝シモンとはちがい、産業が労働者を搾取する現実に目を向け、人間が最も調和的に生きることができるのは1620人で構成される協同組合**ファランジュ**だとして、これにもとづく共同社会の建設を説いた。

最後が**オーウェン**。彼は**工場経営者**として**労働時間を短縮**したり、工場内に就学前の児童のための学校をつくるなど、労働者の福利厚生を拡充し、それで経営的にも大きな成功をおさめた。彼は「**人間は環境の産物である**」との信念から、生活環境の改善によって人間と社会をよりよいものにしようとしたんだ。労働組合や協同組合の運動も推進しているよ。そして、その集大成がアメリカでつくった**ニューハーモニー村**という一種の共産主義の実験だったんだけど、これは失敗してしまった。

彼らはいずれも先駆者として重要だけど、マルクスとその盟友エンゲルスから見れば、その思想は**空想的**（ユートピア的）と言わざるをえない限界をもっていた（だから**空想的社会主義**と呼ばれる）。そこでマルクスたちは、彼らの限界を乗り越える新しい社会主義（＝**科学的社会主義**）を目指したんだ。

2 マルクスの思想

マルクス

さて、いよいよ社会主義思想の大本命であるマルクス（1818〜83）について見ていこう。彼は、盟友のエンゲルス（1820〜95）とともに革命運動とそれを基礎づけるための理論を完成させることに生涯を捧げた哲学者だ。

大著『**資本論**』などで経済学の分野でも大きな貢献をしており、現実世界に与えた影響という点では、古今東西のあらゆる思想家のなかでも、イエスやブッダに引けをとらないほど巨大な人物と言っていいだろう。

ずいぶん持ち上げますね。社会主義は崩壊したじゃないですか。

実践の哲学

「これまで哲学者たちは世界をあれこれと**解釈**してきたにすぎない。しかし、肝心なのはそれを**変革**することである」
（マルクス『フォイエルバッハに関するテーゼ』）

まあね。でも、**社会主義思想**、**ドイツ観念論哲学**、**古典派経済学**といった広範な知的財産を吸収して構築されたマルクスの理論体系は、それまでの哲学に大きな衝撃を与えるものだったし、今日でもなお社会科学の諸分野をはじめ絶大な影響をもっているんだよ。

空想的社会主義とはどうちがうんですか？

マルクスとエンゲルスによれば、空想的社会主義は、資本主義に問題があることは指摘したが、その**経済学的分析**が不十分だった。また資本主義に代わる理想的社会を描写したが、**理想を現実化するための道筋**を示せなかった。ひとことで言えば、絵に描いた餅にすぎなかったというわけだ。

ふーん。でも、そもそもなぜ社会の変革が必要なんですか？

それは、資本主義に根本的な**矛盾**があり、人間が**疎外**されているからだ。マルクスは次のように資本主義を分析し、批判している。

資本主義における人間の疎外

人間の本質（類的本質）	…	●**労働**による自己実現 ●**社会的連帯**

しかし　資本主義のもとでは労働が**苦役**に（**労働の疎外**）
→ 社会変革＝すべての人間の解放が必要
→「**万国のプロレタリアート（労働者）よ、団結せよ！**」

これは、マルクスが26歳のときに書いた『経済学・哲学草稿』で展開されている議論だ。

マルクスは、**労働**こそが人間の本質だと考える。たとえば彫刻家にとっての彫刻とは、彼らの内面を客観化する営みだよね。このように、労働とは**自己実現**の営みにほかならない。また、こうした労働の営みは、一般に他者と共同して行うものだから、**社会的な連帯**も人間にとっての本質と考えられる。

ところが、現実はというと、マルクスの時代には、子どもが毎日15時間もの労働を強いられるような悲惨な状況があり、本来喜びであるはずの労働は**苦役**になり果てていた。このように、労働が非人間的なものとなってしまうことを**労働の疎外**と言う。

その原因は、労働者階級（**プロレタリアート**）が**労働力を資本家に商品として売る**ほかない「賃金奴隷」にすぎず、労働者の生み出した富が資本家によって**搾取**されるという構造にある。

これは、個々の資本家の強欲さの問題ではなく、資本主義という経済システムの問題だ。だから、問題の解決のためには、資本主義のしくみを丸ごと転換（＝**革命**）するしかなく、またその担い手はこの社会で抑圧されている労働者階級以外にない。さらに、労働者階級の利害は国境を越えて万国共通であるから、団結は可能だし、またすべきなんだ。こうして、『共産党宣言』は、次の言葉で締めくくられる。「万国のプロレタリアートよ、団結せよ！」と。

少なくとも、マルクスは、資本主義の転換が**歴史の必然**だと考えた。それを説明するのが**唯物史観**（**史的唯物論**）だ。

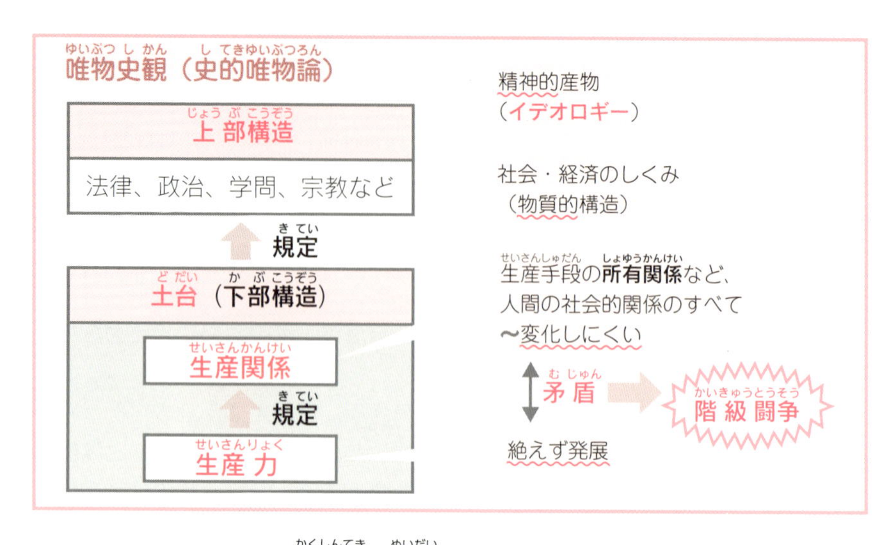

唯物史観における最も核心的な命題は「**土台が上部構造を規定する**」というものだ。**土台**とは社会・経済のしくみのことで、**上部構造**とは法律や学問などの人間の精神的産物を指す。

空想的社会主義者たちは、人々が考え方を改めたり法律を変えたりすれば社会を正すことができると考えていた。ところが、マルクスによると、社会のしくみは人間の意識から独立した物質的な構造をもっており、これが土台となって人々の意識を規定している。だから、土台を変えずに上部構造だけを変えるというのは無理な相談なんだ。

では、どうすれば土台を変えられるわけ？

まず、経済的土台は**生産力**と**生産関係**からなるんだけど、このうち生産力のほうは絶えず発展する。ところがこれに対して生産関係のほうは変化しにくい。生産関係というのは、要するにどの階級が生産手段を所有しているかということだよ。この所有関係というのは、法律や宗教（つまり

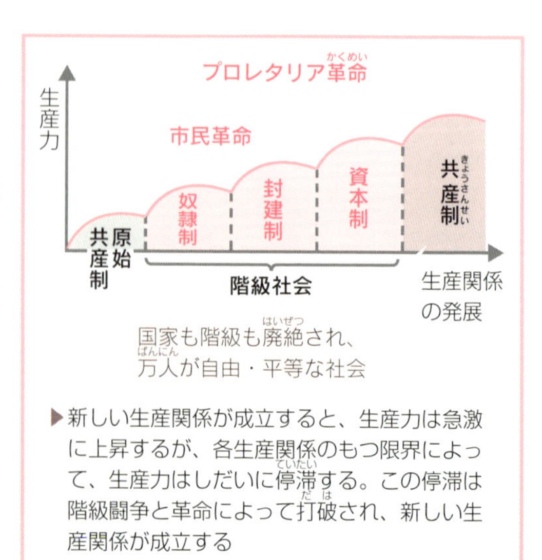

▶新しい生産関係が成立すると、生産力は急激に上昇するが、各生産関係のもつ限界によって、生産力はしだいに停滞する。この停滞は階級闘争と革命によって打破され、新しい生産関係が成立する

上部構造）によって正当化されるので、いったんでき上がると、なかなか変えられないんだ。

だから生産力がある程度向上すると、生産力と生産関係とのあいだには**矛盾**が発生する。この矛盾は、古い生産関係を維持（いじ）しようという階級と、これを改めようという階級とのあいだの**階級闘争**として現れる。そして、これが**革命**（かくめい）として爆発すれば、新しい生産関係がつくられ、上部構造もこれに対応して新しいものとなる。

なるほど、それで人類の歴史は階級闘争の歴史だというんだね。

そう。そして、今日（こんにち）では**資本家階級**（**ブルジョワジー**）と労働者階級（プロレタリアート）の闘争がさまざまな場面で行われている。なお、来たるべき**共産主義社会**では国家も階級も廃絶され、万人が自由で平等な社会が訪（おとず）れるので、この階級闘争は労働者階級だけのためのものではなく、**全人類**（ぜんじんるい）**の解放**（かいほう）のためでもあるとされる。

この階級闘争史観には、矛盾こそが発展の原動力であり、歴史において自由が実現されるという**ヘーゲルの影響** ➡p.157 を見ることができるね。

マルクスにとって社会発展は法則的なものであって、資本主義がその矛盾（むじゅん）にもとづいて乗り越えられるのは、**歴史の必然**（ひつぜん）だったんだ。

マルクスは用語が少し難しいけど、内容をよく理解してね。不正確な理解で言葉だけ暗記するのでは、失点のおそれがあるよ。

3 マルクス以後の社会主義

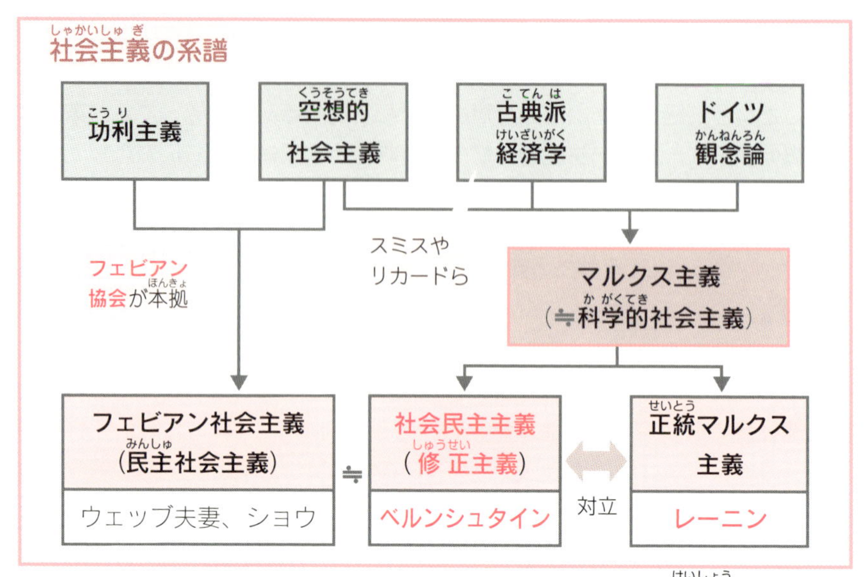

マルクス以後の社会主義は、**マルクスの科学的社会主義を継承するグループ**と、**マルクスから距離をとるグループ**とに分裂していく。

このうち、マルクスを正しく継承すると称する正統マルクス主義は、ロシア革命を指導した**レーニン**（1870〜1924）によって代表される（したがって、この立場をマルクス・レーニン主義と言うこともある）。レーニンは、革命家としての生涯のうち20年近くを亡命者として生き、そのあいだに『**帝国主義論**』をはじめとする多くの著作を残している。その思想の骨子は、次のようなものだ。

レーニン主義の基本的主張

- 資本主義は**帝国主義**という最終段階に入った
- 議会を通じた改革／革命は不可能 ➡ **暴力革命**は不可避
- 革命の成功後にはプロレタリア独裁が必要（民主的議会を否定）
- 前衛党（共産党）が革命運動を指導すべき

しかし、国際共産主義運動のなかには、レーニンの急進的立場に賛同せず、議会制民主主義の進展した今日では、**議会を通じた改革**（≠革命）を目指すべきだという穏健な動き（**社会民主主義**）も登場した。その主唱者は**ベルンシュタイン**（1850〜1932）だ。

改革と**革命**って、ちがうんですか？

改革は**資本主義の枠内**で労働者の権利などを拡充しようというものだが、**革命**は**資本主義を転換して一挙に社会主義の実現を図る**ものだ。

ベルンシュタインは、マルクス没後にエンゲルスが指導していたドイツ社会民主党のメンバーだった。でもしだいに資本主義が必然的に崩壊するというマルクス主義の理論に疑問を抱くようになり、イギリスのフェビアン協会とも交流するなかで、時代の変化に対応することが必要だと考えるようになったんだ。しかし、これには党内でも反発が大きく、**修正主義**と呼ばれて厳しく批判された。

ちなみに、ドイツ社会民主党は、第二次世界大戦後にマルクス主義を放棄し、何度も政権を担う大政党となっているよ。

ベルンシュタインに影響を与えたイギリスの**フェビアン協会**は、功利主義➡p.163の社会改良主義と伝統的な労働組合運動を背景につくられたグループで、今日に続く**労働党**の母体だ。思想的には**民主社会主義**と呼ばれることもあるが、社会民主主義とほぼ同じで、やはり議会制民主主義を擁護しつつ、社会の漸進的改良を目指している。

社会主義と共産主義

マルクスとマルクス主義者たちにとって、**社会主義**と**共産主義**の定義には揺れがある。一般には、広い意味で共産主義という場合にはそこに社会主義を含み、社会主義は共産主義の低い段階だと言われる。この段階では国家が存続しており、「能力に応じて働き、労働に応じて分配される」。

これに対して、せまい意味での共産主義、国家が廃絶されたあとの高次の共産主義と言う場合には、社会主義を乗り越え、「能力に応じて働き、必要に応じて受け取る」ことができるという理想が実現している社会を意味する。

チェック問題　やや難　2.5分

マルクスの考え方として最も適当なものを、次の①～④のうちから１つ選べ。

① 労働者の生産物が資本家の支配下にあるという資本主義の問題を克服するために、革命による社会主義社会への移行が実現されなければならない。
② 数多くの矛盾が存在する資本主義社会において、商業は文明の弱点であり、商業資本家の悪徳と無政府性は強く非難されなければならない。
③ 帝国主義の時代においては、議会制度を通じて社会を変革することは困難であり、社会主義社会は武力闘争によって実現されなければならない。
④ 議会制度を通じて、生産手段の公有化、富の公平な分配、社会保障制度の拡充を推進し、資本主義社会の弊害を除かなければならない。

（2002年・センター試験本試）

解答・解説

①

商品は労働者が生産しているのに、それらは資本家によって取得される。こうした搾取構造を改めるためには労働者階級による革命が遂行されるほかないとされるので、①が正しい。

②：商業が悪徳であるというのは、空想的社会主義者である**フーリエ**による主張である。これに対してマルクスは、商業の発展は社会主義の樹立の条件の一つだと考える。また、資本主義の問題は、個々の資本家の悪徳などにあるわけではない➡p.173。

③：帝国主義段階においてマルクス主義を発展させた**レーニン**による主張。レーニンは、こうした理論にもとづき、**ロシア革命**を実際に成功させた。

④：議会制度を基礎にして漸進的な社会主義の実現を目指すのは、**ベルンシュタイン**が提唱した社会民主主義の立場。

スキルアップ2 実証主義と社会進化論

19世紀のヨーロッパでは、市民革命と産業革命によって激変する社会情勢にあって、社会のあり方を客観的に把握するための学問研究がおおいに進んだ。

その流れをつくった一人が、実証主義の祖と言われる**コント**（1798〜1857）である。サン＝シモンの弟子であったこともあるコントは、経験的に確認することのできない神学や哲学で社会を説明するのではなく、**観察された事実**のみにもとづいて理論を組み立てようとした。これが**実証主義**（実証哲学）である。

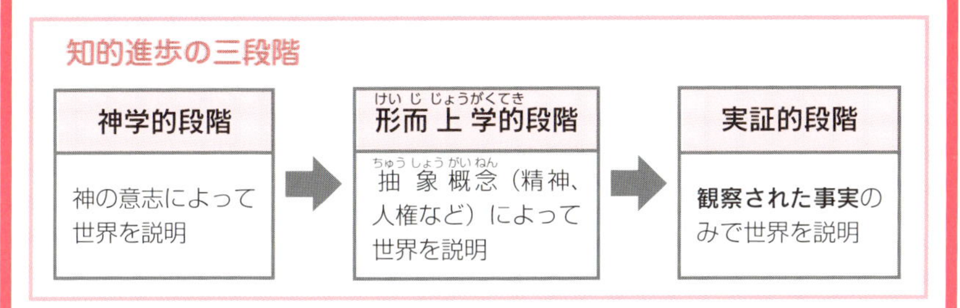

コントはまた、実証主義の考え方をこれまでのあらゆる学問に適用し、数学・天文学などのように比較的法則が見えやすいものから学問研究を始めた人類は、いまや社会についての法則を解明すべきだとして**社会学**を創始した。

コントの影響を受けて社会学を大きく進歩させたのが、イギリスの**スペンサー**（1820〜1903）である。彼は生物学者の**ダーウィン**よりも早い段階で**適者生存**のアイディアを浮かべ、一種の有機体としての社会（**社会有機体説**）が軍事型社会から産業型社会へと進歩していくという**社会進化論**を提唱した。

スペンサー以後には、この社会進化論は国家の優勝劣敗を正当化するものへと大きく様相が変わり、日本でも**加藤弘之** ➡p.277 がこうした主張を行った。

16 実存主義

この項目のテーマ

1 キルケゴールと実存主義
実存主義の根本性格とキルケゴール哲学のキーワードをおさえよう

2 ニーチェ
ニヒリズム、ルサンチマン、運命愛など重要用語をチェック！

3 危機の時代の実存哲学
ヤスパース、ハイデッガー、サルトルによる実存主義の展開

1 キルケゴールと実存主義

啓蒙思想家たちは**近代**（＝**理性の時代**）を限りなく明るいものとして思い描いていたが、マルクスたちが問題にした ➡p.174 ように、近代とは社会のひずみが浮き彫りになった時代でもあった。このひずみに対し、**社会変革**ではなく**人間のあり方をとらえ直す**ことを目指そうとしたのが、19世紀後半のヨーロッパに現れた**実存主義**だ。

実存主義は、マルクスの同時代人であるキルケゴールに始まると言えるが、まず**実存主義とは何か**ということを整理しておこう。

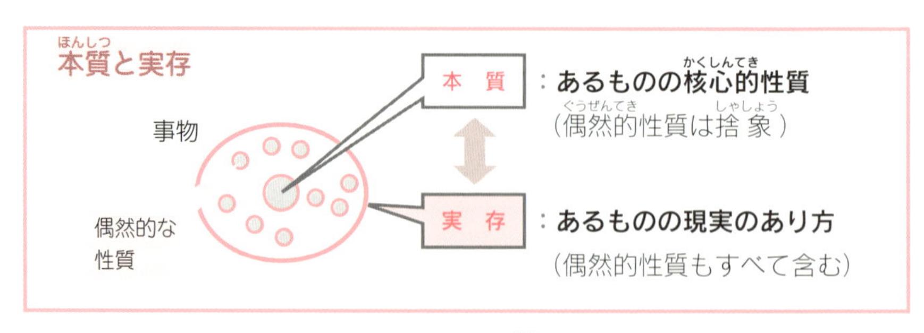

この世界の事物は、すべて本質と実存を備えている。**本質**（essence）とは**あるものの核心的な性質**のことであり、偶然的な性質は捨象されている。たとえば、「くつ」の場合は「足を入れて歩行するための道具」というのがその本質だ。これに対して、**実存**（existence）とは**あるものの現実のあり方**を意味

しており、あらゆる偶然的な性質もそこに含まれる。だから、個物におけるどうでもよいような性質、たとえばこのくつの実存には、そのニオイや汚れ方などもすべて含まれている。

以上の区別を前提にしたとき、もし人間を本質においてとらえようとするならば、**本質にくみ尽くせない実存**（＝個性）は切り捨てられてしまうことになる。そこで、「この私は世界に一人しかいない！」ということにこだわる立場が実存主義なんだ。

そういうこと。**キルケゴール**（1813〜55）は、ヘーゲル哲学が圧倒的な影響力をもっていた時代にあって、ヘーゲルの体系への根本的批判を試みたデンマークの哲学者だ。

キルケゴール

キルケゴールの思想　◆主著：『**死に至る病**』

- 同時代への診断〜現代は「**水平化**の時代」である
  人間が画一化・平均化している
  ➡倫理的な**責任**を負い、**決断**する**主体**となるべき
- ヘーゲル批判〜**私だけに妥当する真理**を選びとることが重要
  （＝**主体的真理**）　▶「あれか、これか」

キルケゴールは、現代は「**水平化**の時代」だと嘆いている。これは、だれもが横並びで個性を失ってしまっている現状を批判した言葉だ。近代以降には人間の平等がうたわれるようになったが、皮肉にも人々が自分自身の存在意義を実感できないような事態が進行してしまったんだ ➡p.314。だから、現代の課題は、失われた**主体性**を取り戻すことだということになる。

ヘーゲルが想定していた真理は、万人に当てはまる**客観的真理**だ。でも、キルケゴールに言わせると、1＋1＝2のような命題は、**ほかならぬこの私**の生には関係ない。大切なのは、この私だけに当てはまる真理、すなわち**主体的真理**なんだ。

主体的真理

「**私にとっての真理であるような真理**を発見し、**私がそのために生き、そしてそのために死にたいと思うようなイデー**（理念）を発見することが必要なのだ」

（『キルケゴールの日記』）

たとえば、生涯の伴侶を選ぶときに、有力な候補者が2人いて迷ったとしよう。こんなとき、ヘーゲルだったら矛盾を弁証法的に統一➡p.157して「一方を愛人にすればよろしい」とでも言いかねない（ちなみに、ヘーゲルには隠し子がいた）。でも、キルケゴールによると、断固として一方を選び他方を捨てる決断をしなきゃいけない。つまり「**あれも、これも**」の生き方は否定され、主体的に「**あれか、これか**」を選ばなければならないんだ。こうした選択には客観的な正解はなく、あくまで私だけにとっての真理だ。キルケゴールは、こうした主体的真理のみが真理の名に値すると考えたんだ。

キルケゴールによると、以上のような**実存的な生き方**は、右下の3段階で展開される。快楽を追求する**美的実存**でも、カントのように義務を果たそうと努力する**倫理的実存**でも、人は**絶望**に突き当たってしまう。こうした「**死に至る病**」としての絶望から逃れるためには、理性でくみ尽くせない不条理な神を信じきること、しかも教会の一員としてではなく**単独者**としてたった一人で神と向き合う**宗教的実存**しかない。

キルケゴールのこの情熱的な信仰は、同時代人の作家**ドストエフスキー**が『罪と罰』や『カラマーゾフの兄弟』で描いている世界ときわめて似ているんだよ。いつかぜひ読んでみてね。

チェック問題 1

キルケゴールの思想の説明として最も適当なものを、次の①～④のうちから１つ選べ。

① 本来の自己を見失って絶望する人間は、理性によっては根拠づけられることのない信仰への決断によって、本来の自己を回復できる。
② 現世の悪に絶望するキリスト者は、神から与えられた現世の務めに専心することによって、人間としての本来のあり方を獲得できる。
③ 超越的な神がもはや存在しない現実に絶望する人間は、みずから覚悟をもって価値創造に挑むことで、本来の力を獲得することができる。
④ 肉体を支配する悪の原理に絶望するキリスト者は、信仰による決断を通して、魂を肉体から解放し、本来の故郷に帰ることができる。

(2009年・センター試験本試)

解答・解説

①

理性にもとづかない信仰への決断とは、**宗教的実存**に相当する生き方なので、①が正しい。

②：「現世の務めに専心」とは、カルヴァンの説いた**職業召命観** ➡p.119 に対応する記述である。

③：絶対的な価値の不在（**ニヒリズム** ➡p.186）という状況でみずからの価値創造に挑むのは、ニーチェの説く**超人**思想である。

④：肉体に由来する悪から離れ、魂の解放を願うのは**アウグスティヌス**である ➡p.68 。

2 ニーチェ

ニーチェ

ニーチェ（1844〜1900）は、若干24歳にしてスイスの名門大学で古典文献学の教授に任命された天才。でも、学問の世界では評価されず、大学を去って『**ツァラトゥストラはこう語った**』など文学的なスタイルの哲学書を次々と発表した末に、44歳のときに発狂し、その11年後に世を去った。晩年には、自分はかつてブッダであったとかナポレオンでもあったなどと告白（？）する手紙を書いたりしている。でも、間違いなく天才だ。哲学が「自分の頭で考えること」を意味するのだとすれば、ニーチェほど哲学者の称号にふさわしい人物もそういないかもしれない。

さて、19世紀後半のヨーロッパを生きたニーチェは、同時代を「**ニヒリズムの時代**」と診断している。ニヒリズムとはもともと「虚無主義」といった意味で、ニーチェのニヒリズムは「**価値喪失**」と理解するといい。要するに人々が**心の拠りどころ**を失ったということだ。

それって、キリスト教が信じられなくなったということ？

そうだね。ニーチェは「**神は死んだ**」という有名な言葉を残しているけど、彼は、神は人々によって殺されたとも言っている。この謎めいた言い回しを理解するためには、ニーチェがキリスト教をどう理解したのかを知る必要がある。ニーチェによると、キリスト教は、不健全な「**畜群**」本能＝強者への**ルサンチマン**（恨み、妬み）に由来する**奴隷道徳**にすぎない。

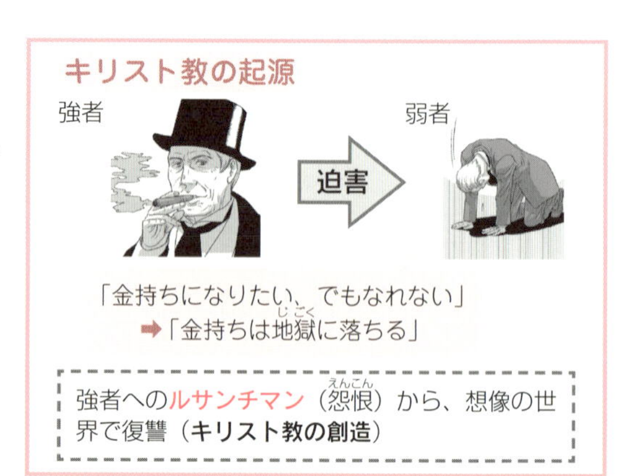

キリスト教は、大変な迫害を受けながら形成された。だから、迫害される弱者たちは、現実世界での救いや希望がいっさいないために、空想の世界で強者たちに復讐するべくキリスト教とその神をつくった、というんだ。キリスト教では、**天**

国は貧しき者のものであるとされ、**金持ちが天国に行くのは、ラクダが針の穴を通るより難しい**、などと言われる。でも、これはニーチェによると、本来の欲求（「金持ちになりたい」など）が実現不可能なために欲求そのものを改竄し、**自分の弱さや無能さを正当化しようという、不健全で歪んだ発想**だ。

そして、キリスト教は、科学の発展とともにしだいに不要とされるようになっていった。つまり、神は人々によってつくられたが、いまや用済みになって殺されたんだ。もっとも、ヨーロッパ人たちは自分たちが神を殺したことに気づいていない。気づかないままにいっさいの羅針盤を見失ってしまっていたんだ。

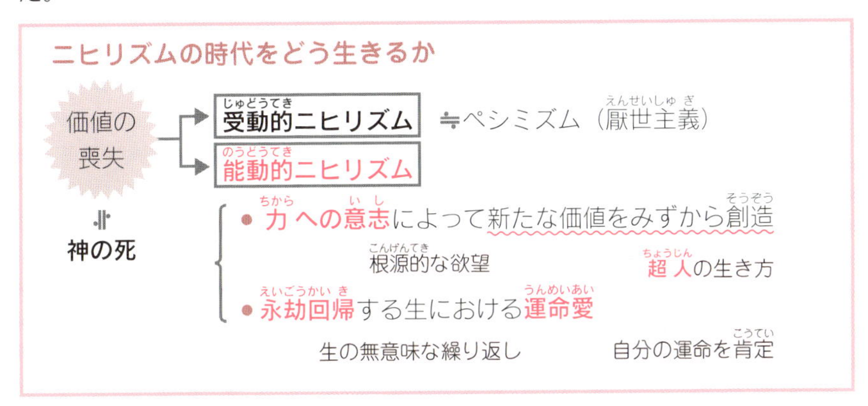

たしかに、神は死んで価値は失われてしまった。でも、ニヒリズムの状況をただ嘆く（**受動的ニヒリズム**）のではなく、むしろそれをチャンスとしてとらえて**新たな価値**をつくるべきだというのがニーチェの主張だ（**能動的ニヒリズム**）。

「新たな価値」って？

キリスト教やカント哲学など、善悪の基準にはさまざまなものがあるけれども、これらはいずれも既成の道徳にすぎない。ニーチェは、そうした常識にいっさい縛られずに、**私が欲するものを善とみなすべき**だというんだ（『**善悪の彼岸**』）。これは、世間一般の道徳を無視しろというのだけど、けっして不道徳の勧めではない。自分の根源的な欲望（＝**力への意志**）に忠実であれ、つまり、人生の意味は与えられるものではなく自分自身で創造すべきだ、という教えなんだ。このように、みずから価値を創造する生き方ができる人間像は**超人**と呼ばれる。

「**永劫回帰**」ってのは、なんですか？

永劫回帰とは、人生は無限に繰り返されるものであり**意味も目的もない**、という考え方だと思ってくれればいい。あなたの人生にめでたいゴールのようなものはない、などと言われたら普通はがっかりするよね。でも、これを自覚するからこそ今のこの瞬間を大切にすることができるんだ。

過酷な運命を背負わされると、運命を呪いたくなるものだ。でも、その過酷な運命をむしろ自分が望んだのだと断言する勇気と力強さ（**運命愛**）があれば、その人は本当に輝かしい人生を送れるだろう。ニーチェはこう言う。「**これが人生だったのか、さればもう一度**！」

ニーチェは、**同情**や**哀れみ**にはとことん冷たい。でも、苦しいときに運命と全力で戦おうという勇気を与えてくれるものであることもたしかだ。「自分らしく生きよ！」「今を生きよ！」という人生への応援メッセージとして受け止めるべきだと、僕は思うよ。

ポイント **ニーチェの思想**

- キリスト教は強者への怨恨（**ルサンチマン**）に由来する奴隷道徳
- 既成の価値にとらわれず、みずからの欲望（**力への意志**）にもとづいて新たな価値を創造する**超人**が理想のあり方
- 人生には意味も目的もない（**永劫回帰**）が、だからこそその生を全面的に肯定すべき（**運命愛**）

3 危機の時代の実存哲学

20世紀前半にヨーロッパは2つの大戦を経験した。経済・文化の最先端がアメリカに移るなか、荒廃したヨーロッパに生きる人々は西欧の没落を実感し、精神的にも危機の時代を迎える。そんな状況に現れたのが、ヤスパース、ハイデッガー、サルトルの実存哲学だ。

まずは**ヤスパース**（1883〜1969）から。

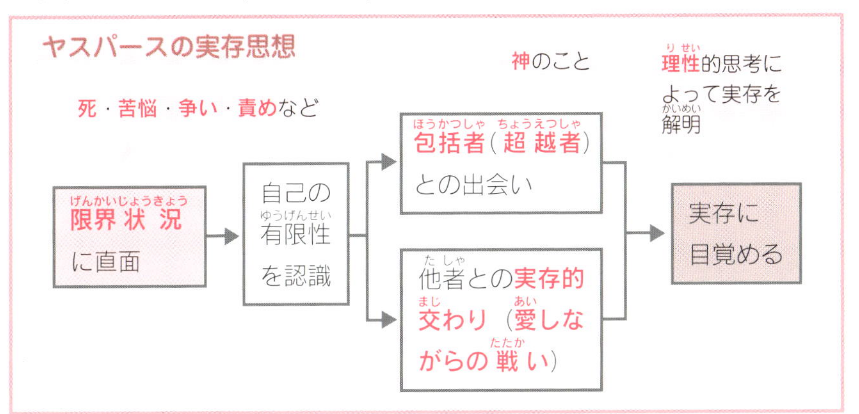

ヤスパースが生きたのは、機械文明と**ナチズム**の時代だった。彼は、妻がユダヤ人だったために大学の教授職を追われ、大変な辛酸をなめた。こうした危機の時代を生きたことから、ヤスパースは人間が本当に自分らしく生きる（実存に生きる）ための条件を考え抜いたんだ。

ヤスパースによると、**死・苦悩・争い・責め**（罪責感）などの**限界状況**に直面したときに、人は初めて打ちのめされ、挫折を余儀なくされる。これは、キルケゴールの言う「絶望」にきわめて近い経験だ。

挫折すると、どうなるんですか？

挫折してこそ、人は自分のあり方を反省し、真の生き方を模索できるようになる。自分の卑小さを悟ることで、その自分を包み込む**包括者**（**超越者**）の存在を知ることができるんだ。これは、ほぼ**神**のことを指すと思っていい（神を目指す実存）。

また、このような壁に直面したときに初めて**他者**に気づき、自分の心を他者に開き、せまい自己の殻を破ることができるようになる。これが**実存的交わり**（**愛しながらの戦い**）だ。苦しいときにこそ真の友が見え、真の友情が理解できるものだよね。こうしたことによって、人は真の自己（＝実存）を獲得することができるようになる。

なお、ヤスパースは実存を解明するための道具として**理性**の働きを重視している。実存主義者の多くが近代的理性に否定的であるだけに、この点は要注意だね。

> **ポイント** ヤスパースの思想
>
> **限界状況**に突き当たることで、人は**包括者**を知ることができるようになる。実存は、ともに生きる他者との全人格的な交流（**実存的交わり**）によって解明される。

ハイデッガー

さて、今度は**ハイデッガー**（1889〜1976）だ。ハイデッガーは主著『**存在と時間**』などで「20世紀最大の哲学者」と評価される大哲学者だが、**ナチ党**に入党し、ナチ党とドイツ民族の歴史的使命を訴える演説まで行ってしまった人物でもある。

あらら……。哲学者としてはどんなことを主張したんですか？

現代人は**日常生活**（**日常性**）に埋没し、**本来**の自己（**本来性**）というものを見失っている、というのがハイデッガーの基本的発想だ。一種の**大衆社会論** ➡p.314 と考えてもいい。

なお、彼自身は自分の哲学を「実存主義」とは考えておらず、あくまで**存在**そのものについて問う**存在論**がみずからの仕事だとしている。**何かが存在するとは、はたしてどういう意味なのか**、という問いだ。

すいません、何のことかまったくわかりません。

いや、無理もない。「存在とは何か」というのが非常に難しい問いであることは、彼も十分に自覚していた。そこで、ハイデッガーは、存在そのものではなく、まず**われわれ人間がどのように存在するのか**ということから明らかにしようとす

2つの存在者

- **事物的存在者**（モノ）
  ：単に存在するだけ
- **現存在**（人間）
  ：存在の意味を問う

る。

なぜ人間を主題に据えるかというと、人間は**事物的存在者**（＝モノ）とは明らかに存在の仕方が異なっているからだ。モノは**単に存在する**だけだが、人間は**存在の意味を問う**特別な存在だ。そこにおいて存在の意味が明らかにされる場所であるという意味で、人間は**現存在**と言われる。とりあえず「現存在」＝人間だと思ってほしい。

さて、ではその現存在（人間）はどのように存在しているのだろうか。結論から言うと、**世界－内－存在**というのが現存在のあり方だ。

世界のなかに存在しているということ？　当たり前じゃん。

そう誤解されやすいところなんだけど、それじゃモノと同じことになってしまう。ハイデッガーの言う「世界」とは、容器のようにあらかじめ存在する物理的・客観的なものではない。世界とは人間によって意味づけられた道具（モノ）の体系であって、要するに「私にとっての世界」だ。人間はモノを必ず自分との関係において把握する。つまり、デカルトのように世界の外部から世界を客観的にながめるようなことは不可能であって、人間はつねに世界の内側から世界を解釈しつつ生きている。このように、人間は周囲のものを**配慮**し、それへとかかわりながら生きる存在だ。この事態を、ハイデッガーは世界－内－存在と言い表したんだ。なお、ここで言う「配慮」とは「親切にする」といった意味ではなく、自分との関係を推し量るという意味でも、「**関心**」「**気遣い**」などとも訳されるよ。

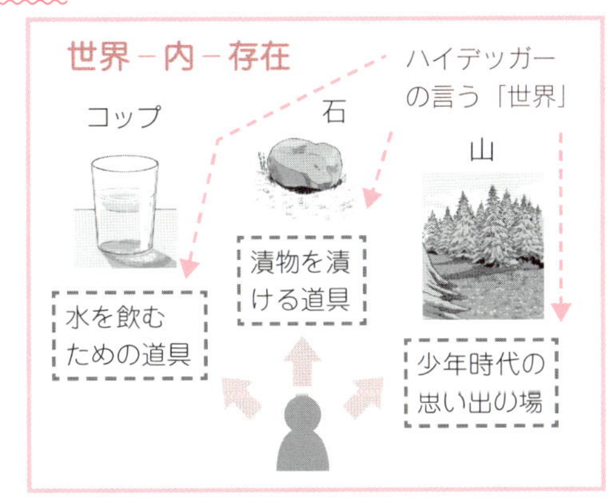

ところで、さまざまなものを配慮すると、人は自分がたまたま世界に投げ出された存在にすぎないことに気づき、**不安**になる。

不安になると、どうなるんですか？

一方には、不安に耐えきれずに周囲の人々に同調するだけの**ダス・マン**（**世人**・ひと）へと**頽落**する道がある。これは、存在の意味を問うという現存在の本来のあり方を見失った（**存在忘却**し**故郷喪失**した）**非本来的生き方**だ。

でも、他方には、日常性に埋没したあり方に疑問を抱き、自分が「**死への存在**」であることを自覚する道もある。「死への存在」とは、人間が死を避けられないという根源的事実のことで、多くの人はこれを直視せずに生きている。しかし、「**良心の呼び声**」に耳を傾け、この事実を本当に直視することができれば、人間は**本来的生き方**（自分だけの固有の生き方）に目覚めることができる。たとえば、医師から突然「余命1か月です」と宣告されたら、どんな人だって生き方がガラリと変わるだろう（本来性に目覚める）。僕らはいずれ確実に死ぬのだから、かけがえのない一日一日を真剣に生きたいものだよね。

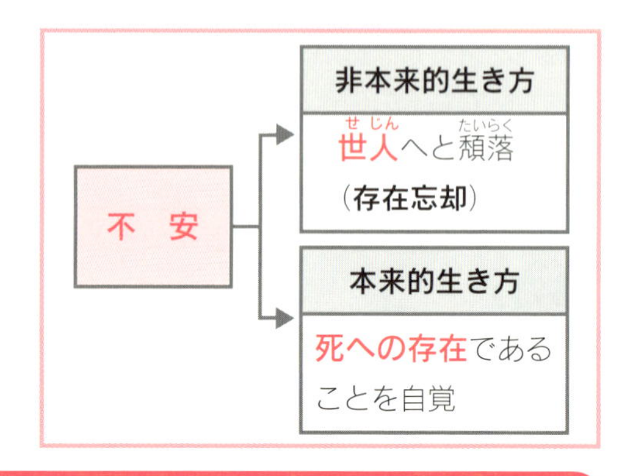

ポイント ハイデッガーの思想

- 人は絶えず世界に意味を与えつつ生きる**世界－内－存在**である
- ただ日常性のなかを生きるのは、**ダス・マン**へと頽落した生き方
- 自分が**死への存在**であることを自覚すれば、人は本来性に目覚める

フッサールと現象学

ハイデッガーの師・**フッサール**（1859～1938）は、哲学を確実な基礎の上に再構築するために**現象学**という新しい哲学を創始した。それによると、従来の哲学は、意識の外部に客観的世界が存在することを素朴に信じていた。しかし人はどうしても意識の外部に出ることができない以上、そうした外部の世界を前提とし、内なる意識をないがしろにする学問は、不確実なものと言わざるをえない。そこでフッサールは、世界の実在を素朴に信じる**自然的態度**をいったん停止（**エポケー**）し、意識に現れる現象をそのままに記述することで、確実な学問をつくり上げることができると考えた。

最後は、**サルトル**（1905〜80）。作家としても活躍（ノーベル文学賞の受賞を拒否（！）した）し、大学に籍を置かずに街のカフェで哲学を論じた（主著『**存在と無**』もカフェで書き上げた）自由な哲学者でもあり、「行動する知識人」としても著名であった。彼の葬儀には5万人もの民衆が集まったんだよ。

サルトル

ふーん。で、どんなことを主張した人なんですか？

サルトルは、人間が果てしなく**自由**な存在であるということを強調し、その喜びと**責任**の重さとを訴えた。では、なぜ人間が自由なのか？　次の板書を見てほしい。

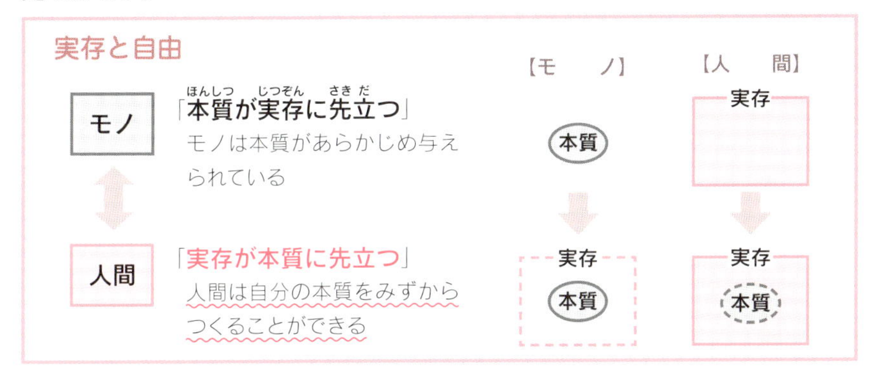

ハサミの本質（≒定義）は紙を切ることであり、ハンマーの本質は釘などをたたくことである。これらの道具の本質は、道具として現実に存在する（実存する）よりも以前から、つまり作製される以前から、それらを作製する職人の頭のなかで存在していたはずだよね。これをサルトルは、モノは「**本質が実存に先立つ**」と言う。

ところが人間の場合、生まれた瞬間にはまだ何者でもない。ただ**実存**するだけだ。その人の**本質**は、その人自身がつくり出すんだ。たとえば、「私は弁護士だ」と自己紹介できる人物は、弁護士という自己の本質を自分の努力でつくり上げたというわけだ。このことをサルトルは、人間は「**実存が本質に先立つ**」と言う。

キリスト教は神が人間の本質をつくったと考えるけれども、**無神論者**であるサルトルにとって、「**人間はみずからつくるところのもの以外の何ものでもない**」んだ。

人間はなんでもできるって言うんですか!?

まさにそのとおり。サルトルによれば、モノとはちがい、人間はいつでもどこでも完全に**自由**だ。だから、たとえ牢獄のなかにあっても人は自由だ（詩をつくるとか筋トレをするとか、何かしら選択肢はある）。

でも、このようにすべてが自由だということは、すべてに**責任**を負わなければいけないということだ。すべてあなたが自分で選んだことだ、というわけだからね（成績不振を学校や参考書のせいにするのは間違っている！）。このことを、サルトルは「**人間は自由の刑に処せられている**」と表現している。

自由って、しんどいんですね……。

そうだね。しかも、僕らが選択した行為は自分の将来のみならず、全人類に影響を及ぼす。懸命に勉強して医者になれば多くの人の命を救えるかもしれないし、今、自分の選挙で投じる一票で日本の将来がほんの少し変わるかもしれない。僕らの一瞬一瞬の選択が人類のあり方を動かすことになるわけだから、責任重大だ。

でも、だからこそこの責任を積極的に引き受けて**アンガージュマン**（**自己拘束＝社会参加**）することには特別に道徳的な意義があるとされるんだ。サルトルは、マルクス主義にも接近し、ベトナム戦争への反対運動などにも積極的にかかわったんだよ。

ボーヴォワール

サルトルの伴侶としても知られる哲学者・作家の**ボーヴォワール**（1908～86）は、主著『第二の性』で「**人は女に生まれない、女になるのだ**」という有名な言葉を残した。**ジェンダー** ➡p.322 としての「女らしさ」が歴史的に形成されたものでしかないことを先駆的に主張したものと考えられている。

チェック問題 2

サルトルについての記述として最も適当なものを、次の①～④のうちから１つ選べ。

① 自己の死を自覚することによって、日常性に埋没(まいぼつ)した無責任で匿名(とくめい)的な「ダス・マン」のあり方を乗り越えていく態度を説いた。

② 人間を根源的に自由な存在としてとらえ、たえず未来へ向けて自己を投げ出し、新たな自己を創造していくあり方を主張した。

③ 死や苦のように克服(こくふく)できない究極の壁を限界状況と名づけ、これを直視することによって、人間は自己を包括(ほうかつ)する超越者(ちょうえつしゃ)の存在を感じるとした。

④ 人間の選択や思考は身体を媒体(ばいたい)にしてなされるものだと考え、身体におけるくみ尽くしがたい経験を繰り返し取り上げ直す可能性を示した。

(2012年・センター試験本試)

解答・解説

②

サルトルにとって、人間は「**実存が本質に先立つ**」ものであり、自己の本質はみずからつくりあげるものとされるので、②が正しい。

①：**ハイデッガー**についての記述。現代人は「その他大勢」に埋没した「**ダス・マン**」へと頽落(たいらく)しがちであるが、自分が「**死への存在**」であることを自覚すれば、自己の固有性に目覚めることができる、とされる。

③：「**限界状況**」「**超越者**」といったキーワードから、**ヤスパース**についての記述であることがすぐにわかる。

④：私の固有性が「**身体**」において明らかになると説いたのは、もともとサルトルの盟友でもあった**メルロ＝ポンティ**である ➡p.197。

少し難しい内容だけど
よく読んで理解しよう！

スキルアップ3 生の哲学

ヨーロッパで18世紀までに確立された理性主義（合理主義）≒啓蒙主義の考え方に対して、しだいに文学者などを中心に反発の動きが起こり、感情の解放を訴える**ロマン主義**の運動が起こっていった。このロマン主義と同様に、理性にくみ尽くせない非合理的な生（生命）の独特の力を強調する哲学潮流が**生の哲学**と呼ばれる。

生の哲学の先駆とされるのが、ヘーゲルの同時代人であった**ショーペンハウアー**（1788～1860）である。彼は主著『意志と表象としての世界』で、その哲学的出発点であるカント哲学の用語を使いつつ、**仏教思想**を自身の理論に組み込んで独自の体系をつくり上げ、のちにニーチェに大きな影響を与えた。

彼によると、世界の現象の背後には人間理性によってとらえがたい**盲目的意志**（**生への意志**）が働いており、人間はひたすらこれに突き動かされている。これが人間に絶えざる苦悩が宿命づけられている理由であるとして、**厭世主義**（ペシミズム）的な世界像を示した。この苦悩から免れるには、芸術に触れることで一定の癒しが得られるほか、意志の完全な滅却が必要だという。

また、19世紀末から20世紀にかけて活躍したフランスの**ベルクソン**（1859～1941）は、デカルト的な心身二元論や機械論に反対し、流動する**生命の流れ**こそが真実在であると説いた。彼によると、人間（自我）とはこうした生のエネルギーの現れにすぎず、生物の進化（**創造的進化**）は根源的な生命力の発動＝**生の躍動**（**エラン・ヴィタール**）としてとらえられる。そして、ベルクソンの唱える創造的進化である生の躍動は、個や共同体の垣根を超越した人類愛や慈悲に満ちた**愛の躍動**（**エラン・ダムール**）に従うことのできる**開かれた魂**のもち主を生み、彼らによって、よそ者を排除する**閉じた社会**から、だれも排除しない**開かれた社会**へと人類社会を進化させるとされる。

スキルアップ4 現象学の展開

フッサールにより創始された現象学 ➡p.192 は、ハイデッガーとサルトル以外にも重要な思想家を生んだ。

メルロ＝ポンティ

メルロ＝ポンティ（1908〜61）は、もともとサルトルと共同で雑誌『現代』を発刊していたが、のちにサルトルとは絶縁した。

メルロ＝ポンティの哲学は、デカルト以来の哲学が前提にしてきた思考する主体としての精神という発想を否定し、人が**身体において実存**するというアイディアを核心としている。

たとえば、ピアニストにとっての指やレスラーにとっての肉体は、自我にとって単なる客体や道具ではなく、それ自体が自我であるはずであろう。つまり、人は身体を通して生きているのであり、世界は身体によって「生きられた世界」なのである。

レヴィナス

『全体性と無限』などを書いた**レヴィナス**（1906〜95）は、ユダヤ人として強制収容所に送られ、親族を皆殺しにされるという体験をした。

こうした背景をもつレヴィナスにとって、暴力に満ちた世界で真の**倫理の可能性**を示すことが切実な課題だった。そこで彼は、伝統的な西洋哲学が**自我**をあらゆる理論の中心に据え、すべてをそこから把握しようとしてきたのに対し、理解不能な**他者**を倫理の中心に据える。つまり、他者を暴力的に把握するのではなく、他者の**顔**が訴えかける声（「殺さないでくれ」など）に耳を傾け、理解できないままにその声を聞き取ろうと努力することにおいてのみ倫理の可能性があるという。

17 現代のヒューマニズムと現代正義論

この項目のテーマ

1 現代のヒューマニズム
ヒューマニストたちは、プロフィールが重要！

2 現代正義論
ロールズとセンが説いた現代の正義論とは？

1 現代のヒューマニズム

西洋近代思想は、人間性の尊重というヒューマニズムを基調とするものだったし、人類の進歩を信じてきた。

ところが20世紀の世界は、それまでに人類が経験したことのない戦争や大量殺戮の時代だった。こうした**戦争と暴力の時代**にあって、人種や宗教などを超えて、あくまで**非暴力**の手段によって人間性を回復するために闘った思想家たちが現れた。彼らの思想を**現代のヒューマニズム**と呼ぶんだ。この分野では、思想内容よりむしろ各人のプロフィールが重要になるよ。

文学者たちのヒューマニズム

- **トルストイ**（1828～1910）　◆主著：『**戦争と平和**』
  - 勤勉な**農民**の生活を範とし、キリスト教的**博愛主義**と**非暴力**を主張
- **ロマン・ロラン**（1866～1944）　◆主著：『**ジャン・クリストフ**』
  - 第一次世界大戦にさいして**絶対平和主義**の立場から反戦を主張
  - 第二次世界大戦では**戦闘的ヒューマニズム**の立場から反ファシズムのレジスタンスを支援

平和の敵とは闘うべし！

トルストイは『**戦争と平和**』などで知られる屈指の大文豪だよね。彼は名門貴族の出身だったんだけど、教養と洗練を競う**貴族社会の偽善**（19世紀ロシアの貴族は日常的にオシャレ（？）なフランス語を使っていた）や、支配層と結

託した教会に見切りをつけて、黙々と大地を耕し純朴な信仰生活に生きるロシアの農民たちの生き方こそが理想だと考えた。また、飢饉にさいしては支援活動を大規模に展開し、日露戦争にさいしては**非暴力主義**の立場からこれを批判するなどして、世界的な名声を博した。

そして82歳のときに、家族と財産を捨て、清貧の理想を貫き農夫として生きるための旅に出て、肺炎で死んだ。

ずいぶんと極端な人ですね……。

だね。そのトルストイから強い影響を受けたのがフランス人の**ロマン・ロラン**。彼は、代表作『**ジャン・クリストフ**』でノーベル文学賞を受賞している。作曲家ベートーヴェンをモデルにし、さまざまな苦悩を突き抜けて人生を生き抜くという人間賛歌だよ。

第一次世界大戦が勃発した当時のヨーロッパは、愛国心による好戦ムード一色だったが、彼は時流に抗して**絶対平和主義**の立場から反戦を訴えた。ただその後は、ロシア革命を支持する姿勢を明らかにし、第二次世界大戦のさいには反ファシズムの旗を高く掲げ、平和の敵には断固として闘うという**戦闘的ヒューマニズム**の姿勢を表明した。彼のこの姿勢は「世界の良心」などと評されたんだよ。

キリスト教的な奉仕の実践者　通称「密林の聖者」

- **シュヴァイツァー**（1875〜1965）　◆主著：『**水と原生林のはざまで**』
  - アフリカで医療活動と伝道活動に従事
  - **生命への畏敬**を基礎に、自然界のあらゆる生命を尊ぶべきことを説き、反核・反戦運動にも取り組んだ。
- **マザー・テレサ**（1910〜97）
  - カトリックの修道女としてインドで貧民のための奉仕活動
  - **精神的なケア**が重要との認識から「**死を待つ人々の家**」を開設

シュヴァイツァーは哲学・神学・医学の3つの博士号をもち、バッハ研究者・オルガン奏者としても超一流という人物だ。アフリカで傷病に苦しむ人々を救いたいという決意から、30歳になって医学を学び始め、地位と私財を投げ打ってアフリカに渡り、医療活動と伝道活動を献身的に行った。

彼はあるとき、カバの群れが悠然と渡河するのを目撃し、**生命への畏敬**というキーワードを思いつく。つまり、キリスト教の伝統における隣人愛 ➡p.61 を超え、あらゆる「**生きようとする意志**」ある生命は等しく価値があるというわけだ。この原理を信条とした彼は、反戦・反核運動にも熱心に取り組むようになり、1952年にはノーベル平和賞章を受賞した。

シュヴァイツァー

なるほど、たいへん献身的な人だったんですね。

献身的といえば**マザー・テレサ**も有名だね。カトリックの修道女としてインドに派遣されると、貧しい人たちに奉仕することをキリスト者としての使命と考え、生涯を奉仕活動に捧げた。

「恵まれない人々にとって必要なのは多くの場合、金や物ではない。世のなかで**だれかに必要とされているという意識**なのです。見捨てられて死を待つだけの人々に対し、**自分のことを気にかけてくれた人間もいたと実感させること**こそが、愛を教えることなのです」

貧しい人の世話をすることはキリストへの奉仕であるとして、彼女は「**死を待つ人々の家**」という**ホスピス** ➡p.303 をつくって、すべての人から見捨てられて余命短い人を引き取り、最後を看取るということを続けたんだ。

彼女はまた、孤児を引き取って教育を与え、ハンセン病患者のための施設をつくり、ノーベル平和賞の賞金も全額を寄付した。こうした活動を死ぬまで続けた結果、彼女はインドにとって、外国出身の一民間人かつ異教徒であったにもかかわらず、国葬という最高の名誉をもって葬られたんだ。

たしかに、すごいですね。でも、ヒューマニストたちの活動は現実社会を変えるまでの力をもつのでしょうか？

次の2人などは、単に「良心」の守護者であっただけでなく、間違いなく現実世界を変革した人と言えるだろう。

非暴力による人間の解放運動

- **ガンディー**（1869～1948）　「インド独立の父」
  - **非暴力**・**不服従**運動により、イギリスからの**インド独立運動**を指導
  - インドの伝統である**アヒンサー**（不殺生）などにもとづき**真理**を追究
- **キング牧師**（1929～68）
  - アメリカの**公民権運動**を**非暴力**によって展開
  - **ワシントン大行進**を指導し、「**私には夢がある**」と演説

ガンディー

そうだね。彼は意外にも、少年時代には素行が悪く、名門の出身であることを鼻にかけるような人物だったらしい。でも、イギリスに留学して弁護士資格をとり、弁護士活動を始めた南アフリカで人種差別問題に直面したことから、社会問題への自覚を深めていった。

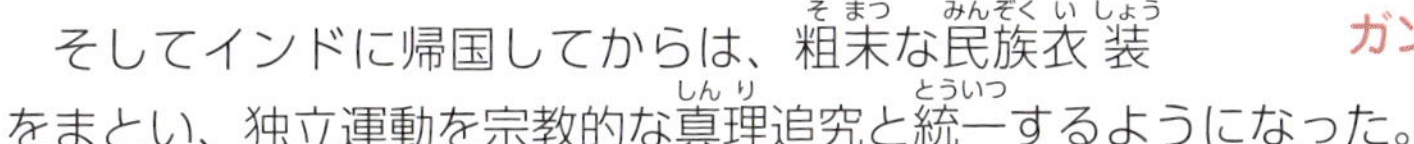

そしてインドに帰国してからは、粗末な民族衣装をまとい、独立運動を宗教的な真理追究と統一するようになった。

- ブラフマチャリヤー（自己浄化）　← 徹底した禁欲
- アヒンサー（不殺生）　← 非暴力を含む

→ **サティヤーグラハ（真理把持）**

アヒンサー（不殺生）はジャイナ教や仏教でも重んじられるインドの伝統的な考え方で、これを社会運動にも適用することで、**非暴力**による独立運動が展開された。だから、ガンディーは何度投獄されても無言の抵抗運動を貫いた。

彼は、ヒンドゥー教徒とムスリムが共生できるインドを夢見ていたが、イスラーム勢力はパキスタンとして分離する形での独立となり、その混乱期に狂信的なヒンドゥー教徒の青年によって暗殺されてしまった。

キング牧師の演説は、英語の授業で聴いたことあります！

キング牧師

歴史に残る名演説だよね。あの「**私には夢がある**（**I Have a Dream!**）」の演説のとき、**キング牧師**はまだ34歳だったんだよ！

さて、1950代から60年代にかけてのアメリカでは、リンカーンの奴隷解放宣言（1863年）から100年もたっていたが、依然として南部の各州では黒人への差別的な法律や習慣が根強く残っていた。そんなとき、ある黒人女性がバスの白人専用座席を譲らなかったことから逮捕されるという事件が起こった。

これを知ったキング牧師は**バス・ボイコット運動**を呼びかけた。このころの黒人解放運動には暴力的手段に訴えるグループもあったが、ガンディーの影響を受けていたキング牧師はあくまで**非暴力の抵抗運動**に徹することで、多くの白人の共感も勝ち取り、運動を広げることに成功したんだ。そのピークが、20万人以上もの参加を勝ち取った**ワシントン大行進**（1963年）で、ここであの名演説がなされた。

この効果はてきめんで、翌年にはあらゆる黒人差別を禁止する**公民権法**が制定され、キング牧師は史上最年少（35歳）でノーベル平和賞を受賞する。彼はその４年後、39歳のときに凶弾に倒れたが、アメリカ建国以来最も偉大な人物の一人として、今日までその不滅の業績が讃えられている。

「私には夢がある。ジョージアの赤色の丘の上で、かつての奴隷の子孫とかつての奴隷を所有した者の子孫が同胞として同じテーブルにつく日が来るという夢が。

私には夢がある。私の４人の小さい子どもたちが、肌の色ではなく内なる人格で評価される国に住める日がいつか来るという夢が」

ヴァイツゼッカー

旧西ドイツ（ドイツ連邦共和国）の大統領だった**ヴァイツゼッカー**は、ナチス＝ドイツの降伏40周年にあたる1985年に「**荒れ野の40年**」と題する国会演説を行い、「**過去に目をつぶる者は、現在のことも正しく見ようとしない者である**」と語り、自由民主主義の体制を守るためには過去の悲劇（ナチズム）を反省し、必要なときに勇気をもって立ち上がる市民の自覚が必要だと訴えた。

チェック問題 1

標準 

ガンディーはインドの伝統思想を現代的な視点からとらえ直した。彼の考え方についての記述として最も適当なものを、次の①～④のうちから1つ選べ。

① 真理を把握し実現するための闘いにおいては、いっさいの生命を同胞と見なして、あらゆる暴力に反対するとともに、自分の生命を投げ出してでも他者に最大の利益を提供しなければならない。

② 労働者が生産手段を共有するという目標は、議会制民主主義を通じては実現不可能であり、それを実現するには、職業革命家が武装蜂起して国家を資本家階級から奪い取らなければならない。

③ 過去に目をつぶる者は、現在のことも正しく見ようとしない者である。非人道的な行為を心に刻もうとしない者は、将来再びそうした危険におちいりやすい。

④ 戦争は人間の人格を破壊し、自由を奪い去るものであるから、自由な諸国家の連合体を形成することによって永久的な平和を確立することが、人間の目指すべき理想である。

（2001年・センター試験本試）

解答・解説

①

「真理を把握し」にあたるのは**サティヤーグラハ**であり、「あらゆる暴力に反対」がガンディーの**非暴力主義**に対応するので、①が正しい。

②：議会制民主主義を否定して暴力革命を説いていることから、**レーニン**の革命論についての記述である ➡p.178。

③：ドイツ連邦共和国大統領であった**ヴァイツゼッカー**の主張である。

④：**カント**の『**永遠平和のために**』における議論である ➡p.155。

2 現代正義論

アリストテレスなど古代の哲学者にとって、「**正義**」が哲学的に重要な問題であるというのは自明のことだった ➡p.43 。ところが、近代以降になると、ものの見方や価値観が多様であるということが認識されるようになり、しだいに正義についての**相対主義的な見方**が強まっていった。どんな立場にもそれなりの言い分はあるよね、というわけだ。

たしかに、あんまり声高に自分の「正義」を主張する人がいると、ちょっと引いちゃいますよね。

だよね。ただ、政治家の汚職や無差別テロなどのニュースを聞けば、「許せない」と思わないかい？つまり、無意識的にせよ、僕らはたしかに何かしら「正義」の感覚をもっているんだよ。こうした点に着目し、『**正義論**』（1971年）で再び正面から正義を哲学的に論じて大きな話題を呼んだのがアメリカの政治哲学者**ロールズ**（1921～2002）なんだ。

ロールズ

なるほど。でも、人によって正義の基準はちがうのでは？

それはそうだ。人によって立場も考え方もまるでちがうからね。そこで、ロールズは、**だれもが合意できる正義の基準**を見つけるため、「**無知のヴェール**」というアイディアを提案する。これは、地位・能力・性別・人種・年齢など、自分に関するあらゆる情報を知らないものと仮定せよ、というものだ。

無茶な仮定だと思うかもしれないけど、たとえば「自分が障がい者だったらどう思うか」といったことを想像することはできるよね。そんなふうに、どの立場であっても採用できる正義の原理を考えるならば、万人にとって合意できる正義の原理（「**公正としての正義**」）が見出されるだろう、というわけだ。

なるほど。で、その原理とは？

正義の二原理と呼ばれるものだ。次の二原理は、どんな人であれ、無知のヴェールのもとで合意できる正義の原理ではないか、とロールズは言う。

正義の二原理

❶ **平等な自由の原理**　：基本的権利は平等に分配すべき

❷ **不平等を容認する原理**　：以下のケースでは不平等もやむなし

- **公正な機会均等原理**
  ：機会を均等にしたうえで生じる不平等は仕方ない
- **格差原理**
  ：不遇な者の境遇を改善するための不平等は是認できる

第一の原理（平等な自由の原理）で言われていることは、言論の自由や投票権などの基本的権利はどんな人にも平等に分配すべきだというものだ。当たり前のように見えるかもしれないけど、これは主流派の経済学で暗黙の前提となっていた**功利主義への批判**という意味をもつ。社会全体の幸福の名のもとに個人を犠牲にするわけにはいかない、これが第一原理だ。

でも、彼は社会主義者ではないので、平等主義を説くだけで議論を終わらせなかった。**場合によっては不平等であるほうが正義にかなっているケースがある**ことを指摘する。これが第二の原理。

その一つが公正な機会均等原理と呼ばれるもので、**結果の平等**ではなく**機会の平等**を重視する。つまり、公正な競争の結果として不平等が生じても仕方ない、というわけだ。たとえば頑張った人が志望校に合格し、多く稼ぐといったことは認められる。もう一つがロールズ理論の最大のポイントで、格差原理と呼ばれる。これは、**社会で最も不遇な者の境遇を改善するための不平等であれば正当化できる**、というものだ。具体的には、累進課税制度などがこの格差原理にもとづいて正当化される。また、この原理はアファーマティブ・アクションを哲学的に基礎づけ、現実の政策に大きな影響を与えた。

アファーマティブ・アクション？　なんですかそれは？

これは「**積極的差別是正措置**」などと訳される概念で、**実質的平等**を実現するために、少数民族や障がい者などを就職や入学などで優遇する措置のことだ。日本でも女性を優先的に雇用するしくみといった形で制度化されている。

そんなわけで、ロールズ以降の政治哲学では、ロールズを批判するにせよ擁護するにせよ、ロールズを無視することは許されなくなった。

第3章 西洋近現代思想

へえ、大変な影響力だったんですね。ロールズへの批判にはどんなものがあるのですか？

アマーティア・セン

アマーティア・セン（1933～）による批判が重要だ。センはインド出身の経済学者で、少年時代に壮絶な飢餓を目の当たりにしたことから世界の貧困を解決するための経済学を志し、アジア人で初めてノーベル経済学賞を受賞したという人物だ。

センは、社会正義の実現を目指すロールズの哲学に基本的に賛同しつつ、ロールズの正義論が財（モノ）の再配分に偏重しているとして、**潜在能力**（**ケイパビリティ**）の開発という視点が重要だと主張した。

潜在能力とは、**よりよい生を営むために必要な機能**のことで、具体的には「健康であること」「教育を受けていること」といったものが挙げられる。所得の再分配といったものだけでは人間の幸せは実現できず、幸福を実現するための自由（＝潜在能力）を開発することが重要だというわけだ。

ロールズ正義論への批判

1970年以降のアメリカの政治哲学では、ロールズの正義論をめぐって急速に議論が活性化した。

まず、ロールズが平等主義的な正義論を説き、国家による福祉政策に期待するのに対して、個人の自由を最大限に保障すべきだと主張したのが**ノージック**（1938～2002）を代表とする**リバタリアニズム**である。ノージックは『アナーキー・国家・ユートピア』（1974年）のなかで、ロックの社会契約説 ➡p.138 に依拠しつつ、国家は国防などの最低限の事柄のみを行う**「最小国家」**であるべきだと主張し、ロールズが肯定する福祉国家を批判した。

これに対し、ロールズとノージックは社会契約論的なアプローチによって普遍的な正義が見出せるとしている点では共通しているとして、これらの個人主義的な前提と普遍的な正義を疑問視し、正義は、人々が生きる共同体の価値観（**共通善**）と切り離して論じることはできないと説くのが**コミュニタリアニズム**（共同体主義）である。その代表的論者としては**マッキンタイア**（1929～）や**サンデル**（1953～）らが知られている。とくにサンデルは、ロールズが前提とする自由で独立した個人を**「負荷なき自我」**と呼び、そうした非現実的な人間観にもとづいて正義を論じることは不毛だと論じた。

サンデル

チェック問題 2

ロールズとセンの正義論についての記述として最も適当なものを、次の①～⑥のうちからそれぞれ１つずつ選べ。

① 各人に対し、みずから価値があると認めるような諸目的を追求する自由、すなわち潜在能力を等しく保障することが重要であると指摘した。

② 各人には過剰な利己心を抑制する共感の能力が備わっており、めいめいが自己の利益を追求しても社会全体の福祉は向上すると考えた。

③ 自由や富など、各人がそれぞれに望む生を実現するために必要な基本財を分配する正義の原理を、社会契約説の理論にもとづき探究した。

④ 相互不信に満ちた自然状態から脱することを望む各人が、みずからの自然権を互いに放棄し合う、という形で社会や国家の成立を説明した。

⑤ 侵すことのできない権利をもつ各人から構成されるものとして、国家は国民のそうした権利を保護する最小限の役割のみを担うとした。

⑥ 自然法を人間理性の法則としてとらえて国家のあり方を論じるとともに、諸国家もまた同じく普遍的な国際法に従うべきであると説いた。

（2006年・センター試験本試）

解答・解説

ロールズ ③／セン ①

それぞれ「**基本財**」「**潜在能力**」がキーワードとなっている。

②：**スミス**が『道徳感情論』において行った議論 ➡p.162。

④：**ホッブズ** ➡p.140 の社会契約説についての記述。「相互不信に満ちた自然状態」とは「万人の万人に対する闘争」のこと。

⑤：ロック ➡p.141 や、20世紀以降のリバタリアニズムに対応する記述である。

⑥：自然法を人間理性から説明し、自然法思想から国際法を論じたのは**グロティウス** ➡p.139。

近代批判の哲学

この項目のテーマ

1 フランクフルト学派
近代的理性の意義と限界は？

2 構造主義
レヴィ＝ストロースとフーコーによる西洋近代思想への批判

3 その他の現代哲学
ウィトゲンシュタイン、ハンナ・アーレント、レヴィナスが頻出

1 フランクフルト学派

この項目で扱うのはバリバリの現代哲学だ。いずれも、**理性**によって世界を把握し、よりよいものにできるという近代思想の見通しが楽天的すぎたのではないかと批判する点に大きな特徴がある。

これらは、超一流の思想家たちが生涯をかけて紡いできた知的産物なのだから、お気楽に理解できるとは思わないでほしい。でも、最近では出題頻度がとても高いし、真剣に向きあえばきっとポイントはつかめるはずだから、そのつもりで頑張ってね。

了解です。まずは、**フランクフルト学派**とのことですが。

フランクフルト学派は1920年代のドイツ・フランクフルトで活動を始めた思想家グループで、そのメンバーのほとんどはユダヤ人だ。

この時代のドイツでユダヤ人であるということが何を意味するかわかるよね。そう、ナチスによる迫害だ（ヒトラーの全権掌握が1933年）。だから、フランクフルト学派の思想家たちは、ユダヤ人の絶滅をねらい、ヨーロッパ文明を崩壊の危機に追いやった**ナチズムがなぜ生まれてしまったのか**という問題を、思想的に究明しようとした。

なるほど。どんな立場からナチズムを批判するんですか？

彼らの多くは**マルクス主義**の影響を強く受けている。けれども、文化や思想の問題をすべて経済的土台から説明しがちだった正統マルクス主義者 ➡p.178 の議論には飽きたらず、**フロイト** ➡p.16 **の精神分析**などを援用して独自の立場を組み立てていった。また、彼らは現実社会を単に**説明**するのでなく、根本的に**批判**して**変革**することを目指すことから、彼らの議論は**批判理論**とも言われる。

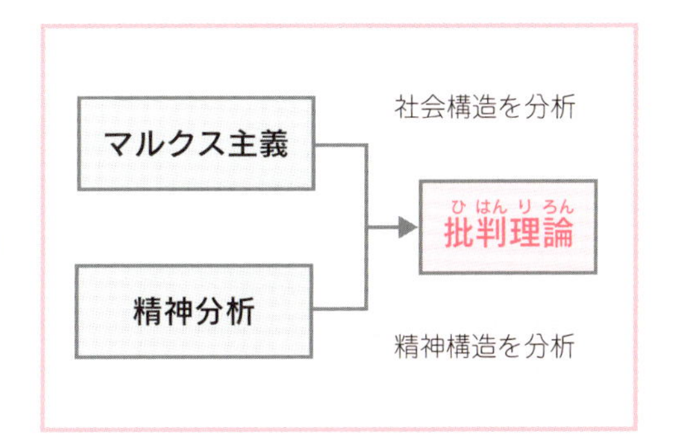

まずは、**フロム**（1900～80）。彼は**フロイトの精神分析**を**マルクスの社会理論**と結合させ、人間集団の心理が社会状況によって規定されると考えた。その成果が『**自由からの逃走**』で、大衆社会における孤独な群衆 ➡p.314 が**自由の重み**に耐えかねて**全体主義**へと逃避するメカニズムを描写している。

ファシズムは大衆自身がつくったということですか？

まさにそのとおり。ファシズム（≒全体主義）とは、一部の悪者が大衆を操作してつくったものではなく、強大な**権威**にすがろうとする大衆自身の心理が生み出したものだというんだ。

アドルノ

次に、フランクフルト学派のリーダーだった**ホルクハイマー**（1895～1973）が、その同僚である**アドルノ**（1903～69）とアメリカ亡命中に書いた『**啓蒙の弁証法**』について見てみよう。これは、「なぜ人類は真に人間的な状態に踏み入っていく代わりに、一種の**新しい野蛮状態**へ落ちこんでいくのか」を主題としている。理性に対するイメージを根本的に覆すような作品だよ。

めちゃくちゃ難しい本だよ！　とりあえず粗筋を取り出すと、だいたい次のような具合だ。

神話の時代の人々は無知蒙昧であったが、啓蒙されて科学的な**合理主義**を拠りどころとする近代人はそうでない……これが普通の考え方だよね。だけど、こうした単純な進歩史観では、ナチズムのような野蛮が近代に再び現れた理由を説明できない。そこで……。

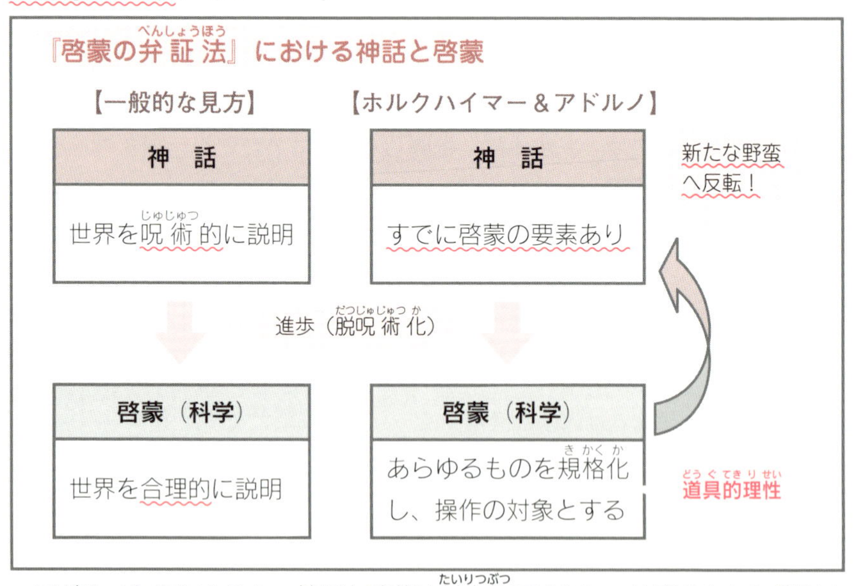

アドルノたちによると、神話と啓蒙は対立物ではない。神話のなかに登場する英雄たちは、困難に打ち克つ強い意志をもった近代的自我の原型であり、つまり、神話にはすでに啓蒙の要素が含まれていた。だから、神話が啓蒙へと移行したのはごく自然なことだったんだ。

でも、ここで話は終わらない。神話が単なる野蛮ではなかったのと同様に、啓蒙も単なる進歩ではない。じつは啓蒙には**野蛮で暴力的な要素**が含まれていたんだ。

あらゆるものを規格化・計量化し、操作・支配の対象とする道具的理性だ。

「知は力なり」と述べたベーコン ➡p.126 が典型なんだけど、近代における理性は、一般になんらかの目的に奉仕する**道具**のようなものと考えられている。でも、たとえばハンマーが釘を打つ道具であるだけでなく人を殴り殺す道具にもなりうるように、道具にはいかなる目的にも奉仕してしまう危険性がある。原子物理学などもその典型だよね（医療や発電のみならず、大量破壊兵器にも役立つ）。そして、ナチス・ドイツは近代科学を駆使して最も効率的にユダヤ人を抹殺するためのシステム（ガス室など）をつくってしまったんだ。

だから、ナチズムは啓蒙と無縁な野蛮などではなく、近代科学という啓蒙をへた**新しい野蛮**なのであって、いわば**啓蒙の必然的な帰結**なんだ。なお、彼らは、アメリカの資本主義もソ連の社会主義も、啓蒙の自己崩壊という点で同根だと厳しく批判している。

なんだか、あまり展望のない話ですね。

たしかにね。そこで、かつてアドルノの助手をしていたハーバーマス（1929〜）は、先輩たちが悲観的に見ていた**近代的理性**について再検討し、そこにはいまだくみ尽くされていない可能性があることを発見したんだ（『**コミュニケーション行為の理論**』）。

ハーバーマス

僕らが自動車やスマホを操作するときのように、モノを扱うときに作動するのが**道具的理性**だ。これは人間を相手にするときにも用いられる。たとえば、ブラック企業がバイトを使い捨てにするときとかね。道具的理性は完全に一方的な関係だから、明らかに相手を支配しようという抑圧的な性格を強くもっている。

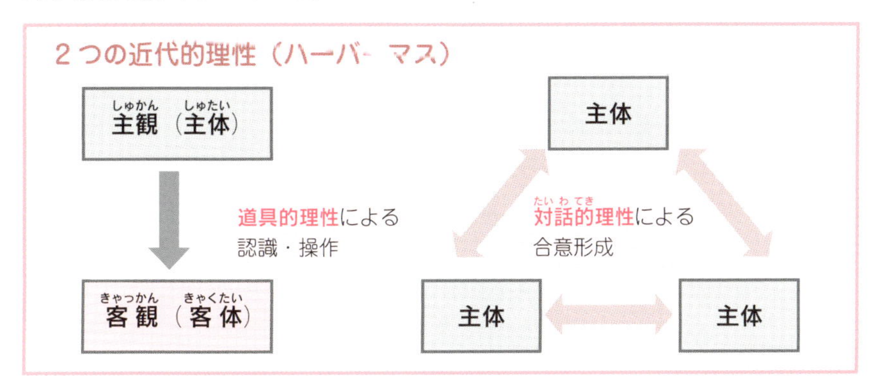

でも、ハーバーマスによると、近代的理性にはもうひとつ、哲学者たちがあまり重視してこなかったものがある。それは相手を自分と対等な主体とみなし、そのような相手と**合意形成**を図る能力だ。これこそ彼は**対話的理性**と呼ぶ。たとえば、僕らは恋人とデートに出かけたりするときに、どこに行くかを話しあって決めたりするよね。このように民主的な合意形成をする能力を、たしかに人間はもっているはずなんだ。

でも、現実にはそううまくいかないことが多いですよ。

たしかに、恋人どうしでも、つねに一方だけが決定権をもっていたりするような不健全な関係は少なくない。でも、そうでないケースがあるというのも事実だよね。そこで、どうすれば民主的な対話が可能なのか、これをハーバーマスは深く分析したんだ。経済合理性ばかりが追求され、民主的な対話が困難になっている現状をハーバーマスは**生活世界の 植 民地化**と言い、人々が本当に民主社会を築けるかどうかは、今日の僕らによる**対話**の実践にかかっていると訴えたんだ。

ベンヤミン

フランクフルト学派に位置づけられるドイツの思想家**ベンヤミン**（1892～1940）は、かつての芸術作品がもっていた唯一無二の崇高さ＝**アウラ**（オーラ）は、写真や映画などの**複製技術**の時代となって喪失していったとしつつ、同時に、それによって権力者が独占していた芸術作品が大衆に解放されていたと論じた。

ベンヤミン

ポイント　フランクフルト学派

- **ホルクハイマー**と**アドルノ**は、近代的理性は相手を支配しようとする**道具的理性**にほかならないと批判した
- **ハーバーマス**は、近代的理性には道具的理性以外に、合意形成の能力である**対話的理性**という側面があることを指摘した

チェック問題 1

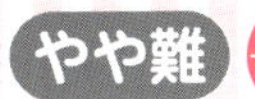

ホルクハイマーやアドルノは近代的理性をどのように考えたか。その説明として最も適当なものを、次の①～④のうちから１つ選べ。

① 理性は、自然を客体化し、技術的に支配することを可能にする能力として、手段的・道具的なものである。
② 理性は、物事を正しく判断し、真と偽とを見分ける良識として、すべての人間に等しく与えられている。
③ 理性は、真の実在をとらえることができる人間の魂の一部分として、気概と欲望という他の二部分を統御する。
④ 理性は、人と人とが対等の立場で自由に話し合い、合意を形成することができる能力として、対話的なものである。

(2008年・センター試験本試)

解答・解説

①

ホルクハイマーやアドルノは、近代的理性は対象を支配するための**道具的理性**にすぎないと指摘したので、①が正しい。

②：理性が万人に分配されている良識であるとしたのは、合理論哲学の祖・**デカルト**である ➡p.127。

③：理性を気概と欲望を統御する魂の一部分としたのは、魂の三分説を説いた**プラトン**である ➡p.40。

④：理性における**合意形成能力**（＝対話的理性）に着目したのは、アドルノたちの批判的な後継者である**ハーバーマス**である。

2 構造主義

20世紀半ばのフランスでは、サルトル ➡p.193 の実存主義が圧倒的な知的影響力をもっていた。ところが、1960年代以降になると、**構造主義**と呼ばれる潮流が急速に台頭し、実存主義を圧倒していった。

構造主義ってのは、いったいなんですか？

簡単に言うと、**構造主義**とは、あらゆる物事を**構造**（システム）において把握しようとする立場だ。

たとえば、働きアリは、つねに集団のうち2割ほどが（その名に反して）実際には働いていないという。それで、その怠け者たちを取り除くと、不思議なことに、残りのうちまた2割ほどが働くのをやめてしまうという。

へー、面白いですねぇ。でも、それが何か？

ここでわかるのは、働きアリを理解するためには**個体**をいくら詳細に観察してもダメで、役割分担を行っている集団を**全体として**とらえる必要がある、ということだ。

同じことが、人間にも言える。西洋近代では、社会とは理性的存在としての**個人**の総和にすぎないと考えられてきた。ところが、構造主義は、要素の合計が全体になるのではなく、要素を秩序づける**構造が要素に先立つ**と考えるんだ。つまり、**理性と自由意志をもった主体としての個人**という発想を、正面から否定する。これがサルトルのような実存主義と対立するのは明らかだよね。

構造主義は、言語学・哲学・社会学・精神分析学などさまざまな分野で応用されたんだけど、とりわけ影響力の大きかったのは、フランスの文化人類学者**レヴィ＝ストロース**（1908～2009）の議論だ。

文化人類学とは、おもに未開社会の文化を研究することによって人類の文化を比較研究する学問で、伝統的に、未開社会は遅れた野蛮な社会であるのに対し、ヨーロッパは進歩の極にあるすぐれた文明社会だと考えられてきた。

え、ちがうんですか？

レヴィ＝ストロース

レヴィ＝ストロースの『**野生の思考**』によると、たしかにいわゆる**文明社会**と**未開社会**には大きなちがいがあるけど、それはけっして**優劣の差**などではないとされる。

レヴィ＝ストロースは、南米などの無文字社会を実地調査し、そこに生きる人々が**親族関係**のつくり方などに関してきわめて複雑な、しかし当人たち自身も自覚していないルール（＝構造）のもとに生きていることを指摘している。つまり、未開社会の人々は、西洋人が考えたように無秩序で非合理的な生き方をしているわけではなく、非西洋的ではあるが論理的な規則に従った生き方をしている、と。

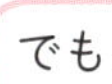

でも、魔術なんかにとらわれているわけでしょ？

呪術的思考も、世界に因果性が働いていることを前提に組み立てたものだという点では、**科学的思考**と同じだ。むしろ、植物や昆虫などの具体的なものを具体的なまま把握する**野生の思考**は、具体物を概念として把握してしまう「栽培された思考」（科学的思考）よりも豊富ですらあるとして、レヴィ＝ストロースは西洋人がより進んだ地点に立っているとする**西洋中心主義**を厳しく批判したんだ。

ポイント　レヴィ＝ストロース

未開と文明には優劣の差はないとして、**レヴィ＝ストロース**は**西洋中心主義**を厳しく批判した。

フーコー（1926〜84）

◆主著：『**言葉と物**』『**監獄の誕生**』『**狂気の歴史**』

近代的な〈人間〉とは、近代社会の諸制度（**権力**）を通してつくられた、規範へと服従する主体にすぎない。

➡ 権力の構造／権力と知の結びつきを解明すべし

➡ 真の自己の回復（＝〈人間〉の死）

フーコー

次に紹介するのは、『**監獄の誕生**』『**言葉と物**』などの著作によって哲学・社会学・教育学など多くの学問分野に絶大な影響を与えた**フーコー**だ。彼の思想のポイントは、**理性的で主体的な存在として人間をとらえる近代の常識を根本的に否定**した点にある。フーコーによると、こうした近代的な人間像は、じつは**規範へと従属する主体**にすぎないとされる。

近代人が、じつは奴隷みたいなものだというわけ??

まあ、そういうことだ。なぜか？　これを理解するためには、近代社会における**権力**の特異な構造を理解する必要がある。

社会的な規範を守らせるために、かつては死刑をはじめとする暴力的手段がとられ、人々は死の恐怖ゆえに権力者に従った。でも、近代以降の社会では、人々が**規範意識を内面化**しているため、もはや特定の権力者が君臨する必要もない。権力は、そのように目に見える形をとらなくなっているんだ。

規範意識ってのはどういうものなんですか？

ひとことで言えば、規範意識とは、「**人間はこうあらねばならない**」という意識のことだ。たとえば、「人を殺してはならない」「うそをついてはならない」「ちゃんと勉強しなきゃ」「健康は大事だ」などなどだ。

どれもいいことじゃないですか。

まあ、そうかもしれない。でも、「自分でものを考える立派な人間」が、じつは**既成の規範に従順な存在**にすぎないのだとすれば、その人は本当に自由と言えるのだろうか。

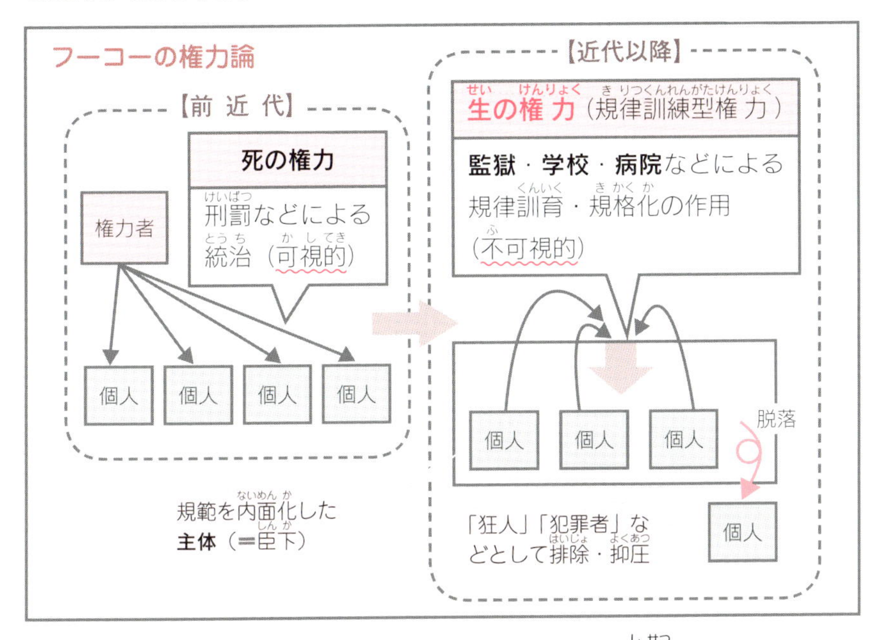

こうした規範意識を育てるのが、**監獄**や**学校**といった施設だ。これらは、人間を規律訓練し、多様な人間を「正しい人間」へと矯正する。こうして、規範を内面化した「近代的自我」が製造されるんだ。

このように、人間を規律化・画一化する装置の全体が権力であって、これは**生の権力**と言われる。つまり、僕らの社会は、じつは見えない抑圧で満ちていて、おまけに、その抑圧は僕ら自身の常識的な知と日々の実践によって生み出されているというんだ。

これに関しては「**狂気**」という概念の分析が有名だ（『**狂気の歴史**』）。

狂気ってのは「狂人」に宿っているものじゃないの？

フーコーによると、そうじゃないんだ。たとえば、イエスやガリレイは当時「狂人」扱いされていたが、今ではちがうよね。つまり、**狂気**とは、みずからを「**理性的**」だと考える社会的多数派が、社会の規範や常識からはずれた人々に貼りつけたレッテルにすぎない。このように、理性と狂気、正常と異常をえり分けて「狂人」「異常者」を排除・抑圧・矯正しようという人々の意識、これが権力なんだ。

カント ➡p.148 などが理想とした自律的な**主体**（subject）とは、じつは権力に従順な臣下（subject）にすぎない。そこで自律的な主体としての人間はもう終わりつつあるとして、フーコーはニーチェの説いた「神の死」になぞらえて「**人間の死**」を予告した。

なんだか、ずいぶん陰鬱な見通しですね……。

まあね。フーコーの議論は、彼自身が同性愛者で、「異常者」に対する社会的な抑圧を痛感していたことと関係があるのかもしれない。ともあれ、彼は社会の隅々まで浸透している権力のシステムを解明することで、近代的な主体を乗り超えたところに成立する真の自由を目指していたのであろう。

構造主義とポスト構造主義

スイスの言語学者**ソシュール**（1857～1913）は、語とその意味の対応を否定し、言語は語と語の**差異の体系**であると主張して（たとえば、日本語では「マグロ」と「カツオ」は別物だが、英語ではいずれも tuna と呼ばれる）、構造主義の先駆となった。

フランスの思想界では、1970年代ごろまでに、**ポスト構造主義**と呼ばれる潮流が形成された。**デリダ**（1930～2004）は、構造主義が自明視しがちであった対立構造・差異の構造をずらし、**脱構築**することを説いた。たとえば、主観と客観のような二項対立の図式を固定化するのではなく、これをずらす（脱構築する）ことで新しい世界が見えてくるという。また、フランスの哲学者**ドゥルーズ**（1925～95）は、同じくフランスの哲学者で精神分析家**ガタリ**との共著『アンチ・オイディプス』のなかで、フロイトを参照しつつ、人間は**欲望する機械**であり、文明や国家はそれを**抑圧する装置**であるとして、そうした抑圧からの解放を訴えた。

フランクフルト学派や構造主義あたりは難しいけど頻出だよ。何度も読んでしっかりと理解しよう！

チェック問題 2

標準 

人間理性のあり方を批判的に検討した現代の思想家フーコーについての記述として最も適当なものを、次の①～④のうちから一つ選べ。

① 西洋哲学を成り立たせてきた主体などの概念が覆い隠してきた問題を、歴史のなかで新たに問うために脱構築を主張し、理性の概念をとらえ直した。

② 理性と狂気（きょうき）とが区別されるようになってきた西洋の歴史を分析し、確固とした理性という考えが歴史の過程の産物であることを明らかにした。

③ 非西洋の未開社会の実地調査を通して、西洋社会とは異なる独自の思考体系を見いだし、西洋の理性的思考を特権化するような考えを斥（しりぞ）けた。

④ 自己意識のなかに取りこめない他者性が現れる場を「顔」という言葉で表現し、そのような他者に向き合えない理性の暴力性に照明を当てた。

（2009年・センター試験本試）

解答・解説

②

「理性」は普遍的なものではなく、西洋近代に出現した歴史的な概念にすぎないというのが**フーコー**の主張。「**狂気**」も「理性的」を自認する人々が自分たちと異なる者に貼り付けたレッテルにすぎないとされるので、②が正しい。

①：「脱構築」をキーワードとするのは、ポスト構造主義に位置づけられる**デリダ**である。

③：**レヴィ＝ストロース**についての記述。未開社会には独自の思考（**野生の思考**）が息づいているとされ、西洋的な思考の特権的地位を否定し、西洋中心主義を批判した。

④：他者を他者として尊重するのではなく、他者をすべて理解可能なものとして自分の意識のなかに取り込んでしまうことの暴力性を説いたのは、**レヴィナス** ➡p.197。他者の他者性を表すシンボルが「顔」とされる。

3 その他の現代哲学

ここまではドイツとフランスの現代哲学を見てきたが、イギリスやアメリカなどの英語圏ではヨーロッパ大陸とはやや毛色のちがう哲学が展開された。思弁的な認識論や存在論ではなく、だれもが客観的に検証できるような明晰な議論を目指す傾向が強く、これらは**分析哲学**、もしくは**科学哲学**などと呼ばれることがある。

へえ。その代表者は？

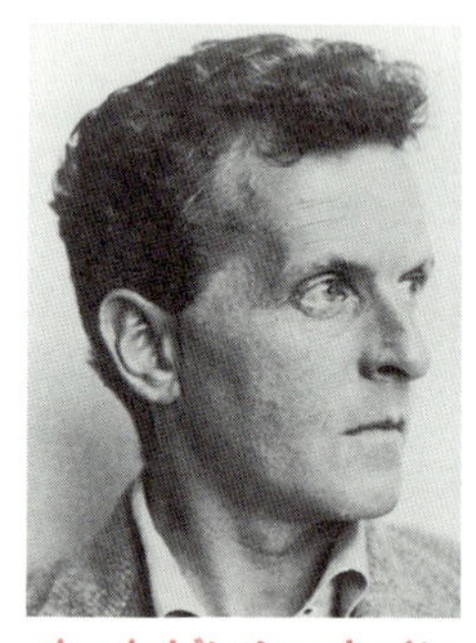

ウィトゲンシュタイン

イギリスで活躍したウィトゲンシュタイン（1889～1951）だ。彼はオーストリア出身だけど、ラッセル ➡p.325 に見出されてイギリスで活躍した**分析哲学**の草分けの一人だ。ハイデッガー ➡p.190 とともに20世紀最大の哲学者の一人と言っていいだろう。

ウィトゲンシュタインが生前に刊行した唯一の著作『論理哲学論考』では、「**語りえないものについては沈黙しなければならない**」という有名なテーゼが示されている。これは、言語によって明晰に語りうる事柄とそうでない事柄（宗教など）を峻別すべきだという主張で、カントが**認識批判**において行ったのと同様のことを**言語批判**という形で行ったものと解釈できる。20世紀以降の哲学は**言語**が哲学の大きな主題となっているが、ウィトゲンシュタインのこの議論は、**言語哲学**の先駆としてきわめて重要な位置を占めている。

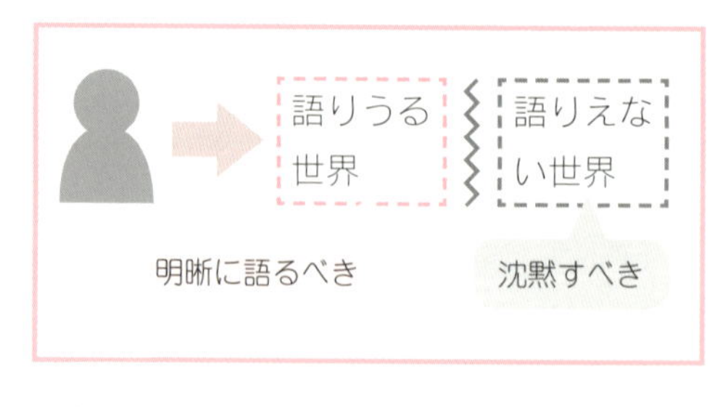

なお、ウィトゲンシュタインは、遺稿の『**哲学探究**』では言語ゲームという新しい見方を提唱している。一般に、言語には厳密な文法規則があり、世界の客観的なあり方を正しく反映するような言語が理想の言語だと考えられていた。ところが、言語ゲーム論によると、言語は偶然にでき上がった規則の体系にすぎず（チェスのルールにそれ自体の必然性がないのと同様だ）、正しい言葉遣いとは、真実をとらえることではなく、ゲームのルールに従ったものにすぎないとされる。

最後に、**ハンナ・アーレント**（1906〜75）について見ておこう。彼女は、ハイデッガー ➡p.190 やヤスパース ➡p.189 から教えを受けたドイツ出身の哲学者だが、ユダヤ人であったために亡命を余儀なくされ、アメリカで活躍した。その意味で、英米哲学というよりは、大陸系の哲学の伝統を背負っている哲学者だね。

ハンナ・アーレント

どんなことを論じたんですか？

彼女が最初に注目を集めた著書は『**全体主義の起源**』で、同書では彼女自身をドイツから追いやったナチズムのような野蛮が生まれた背景が探究された。それによると、全体主義の原因は、現代社会において**個人が孤立化し、アトム化してしまった**点にある。

個人がバラバラになってしまったことが原因だというわけですね。でも、どうすればいいんでしょう？

アーレントによると、こうした全体主義の最大の問題は、人間の多様性（**複数性**）を破壊してしまう点にある。そこで、そうしたことを避けるためには、人々がもつ複数性を前提とする営み、すなわち**公的な問題**を公的な空間で論じ合うという営み（＝**政治**）を再興する必要がある。彼女がここで念頭においているのは古代ギリシアのポリス ➡p.12 だ。そこでは市民たちが自分の私的な利害を棚上げして公的問題について討論していたとされる。

今では政治のことを議論するのは、憚られる雰囲気があるかもしれませんね。

だよね。アーレントは主著『**人間の条件**』で、人間の営みを次の３つに分類している。

人間の営み

- **労働**（labor）…生存を維持するための営み　例　工場労働
- **仕事**（work）…耐久物をつくる営み　例　彫刻作品の創造
- **活動**（action）…人と人が直接に結びつく営み（＝政治）

アーレントによると、現代では人々は自分の命を維持するための**労働**ばかりにかまけてしまっている。これは人がモノとかかわり合う営みにすぎず、人間の複数性という、人間にとって最も大事な事実と無関係だ。だから人々が私的利害を離れて公共の問題について議論を行う**活動**（＝政治）こそが真に人間にふさわしい自由な行為であるとして、**政治の復権**を説いたんだ。

ポストモダンの思想

20世紀後半のフランスでは、構造主義・ポスト構造主義とも連動する**ポストモダン**の思想が展開された。ポストモダンとは、近代（モダン）において前提とされていた理性や進歩といった概念を根本的に疑う思想を指す。

この思想の代表である**リオタール**（1924～98）は、世界の歴史をすべて説明し尽くす「絶対精神の自己展開」（ヘーゲル ➡p.157）や、「階級闘争をとおした人間の解放」（マルクス ➡p.174）といった「**大きな物語**」は終焉したとして、歴史に究極目的を設定する思考や、1つの枠組みであらゆる現象を説明しようとする抑圧的思考を放棄することが重要だと説いた。

また、**ボードリヤール**（1929～2007）は、今日の**消費社会**では、商品はその使用価値よりも社会的な価値（ブランド品をもつことによる他者からの視線など）を示す**記号（コード）**として機能していると指摘し、時代の大きな変化を示唆した。

チェック問題 3

ハンナ・アーレントによれば、生活を維持するために働くという側面がある限り、働くことは、生活の必要に縛られることを意味する。これに対して、彼女は、公的領域で営(いとな)まれ、生活の必要に直接に縛られない「活動」のうちに、人間の自由なあり方を見た。アーレントはほかにも「活動」の特徴を挙げている。その特徴について述べた次の文章を読み、アーレントが考える活動の具体例として最も適当なものを、下の①～④のうちから一つ選べ。

活動は、物を介在(かいざい)させることなく直接に人と人との間で行われる唯一の営みであり、複数性という人間の条件に対応している。すなわち、地上に生き、世界に住まうのが一人の人間ではなく、複数の人間であるという事実に対応している。

（ハンナ・アーレント『人間の条件』）

① 冬が訪れ豪雪に見舞われたので、協力して友人の家の雪下ろしをした。
② 春の展覧会への出品に向けて、一人で部屋にこもって絵を描いた。
③ 夏祭りの運営方法について、市民たちが集会所で議論を重ねた。
④ 秋の文化祭に向けて、クラスのみんなで壁画づくりをした。

（2008年・センター試験追試）

解答・解説

③

ハンナ・アーレントは、衣食住のような生活の必要にもとづく営み（＝**労働**）ではなく、公的な領域（≒**政治**）で公共の問題について人々が論じ合う営み（＝**活動**）こそが、最も人間にとって重要なものだと考えた。「夏祭りの運営方法」は、生活の必要や個人的利害から離れた公共の事柄といえる。

①：雪下ろしはあくまで生活の必要性に迫られた「労働」にすぎない。

②：絵を描くという営みは、永続的なものをつくる「**仕事**」にあたる。

④：「クラスのみんなで」となっているが、あくまで壁画という「物」をつくる営みなので、「仕事」にあたる。

19 日本の古代思想

この項目のテーマ

1 日本の風土と古代日本人の意識
日本の風土は日本人の意識にどんな影響を与えたか？

2 仏教の受容――聖徳太子から奈良仏教へ
聖徳太子（しょうとくたいし）の思想と奈良仏教（ならぶっきょう）の基本性格をおさえよう

1 日本の風土と古代日本人の意識

日本人はどんな思想を育（はぐく）んできたのだろうか。これを確認するためには、その土壌（どじょう）としての**日本の風土（ふうど）**についての理解が欠かせない。

日本列島（れっとう）は南西から北東に長く伸び、その地形は急峻（きゅうしゅん）な山々と複雑な海岸線（かいがんせん）によって特徴づけられる。日本人は、古代からこの列島の山間（やまあい）の里に集落（しゅうらく）を切り開き、**豊かな自然環境と調和（ちょうわ）**した農耕（のうこう）生活を営（いとな）んできた。

自然との一体感（いったいかん）ってやつですか。

そうだね。ギリシアなどの**西洋文明（ぶんめい）**は、都市も建築物も耐久性（たいきゅうせい）のきわめて高い石で構築したことに見られるように、自然を**支配の対象**としてとらえがちだった。

これに対して日本では、建築物は大半が木造だし、稲作（いなさく）のためにつくった水田や人間が手を加えた**里山（さとやま）**を見てもわかるとおり、人々は自然を支配するどころか、むしろより豊かなものにしてきた。つまり、日本では**自然との調和・共生（きょうせい）**という感覚がきわめて強かった。

里山の風景

このちがいは、精神的支えと

なる宗教施設を見れば一目瞭然だよね。西洋の教会は、街の中心部に天まで届こうという大伽藍として設計されるのに対し、日本の神社は鬱蒼たる森のなかにつくられている。

それが、日本人の思想に影響しているんですか？

和辻哲郎 ➡p.295 は、**風土**が文化や人々の意識に影響を与えていると論じている（『**風土**』）。次のような具合だ。

モンスーン型風土（アジア、日本）	湿潤で**気まぐれ**な自然 ➡ **受容的**・**忍従的態度**
砂漠型風土（中東、北アフリカ）	過酷な自然 ➡ **対抗的**・**戦闘的**態度（➡ 厳格な一神教）
牧場型風土（ヨーロッパ）	穏やかで規則的な自然 ➡ **合理的**態度

日本の場合、**モンスーン型**の風土なので、四季折々の自然は非常に豊かで恵み深く、人々は**清けき自然**に対する調和の意識を強くもっている。でも、ときおり**台風のような暴威**に襲われてしまうことがあるので、一種の**諦め**の意識も抱いており（台風や大雪には勝てないからね）、これが受動性と忍耐力などを育んだというんだ。

もっとも、和辻もこうした風土的特徴だけで文化を説明できると考えたわけではなく、**日本文化の重層性**についても指摘している。つまり、日本文化は、古層の文化のうえにさまざまな**外来思想**が塗り重ねられ、古いものと新しいものが排斥し合うことなく溶け込むことで形成された、というわけだ。たしかに、日本人は古来の神々への信仰と同時に**仏教**や**儒教**の考え方も矛盾の意識なしに受容しているところがあるよね。

次に、古代日本人の信仰について見てみよう。

古代日本人の信仰

基本的特徴 ～**絶対神**の不在（➡ **八百万神**）

▶カミ＝人知を超えたものや働きの総称

- **自然信仰**（アニミズム）：森羅万象に神（精霊）が宿っている

  ➡ 動物や植物、山や川も信仰対象に

- **祖霊信仰**：祖先は死後に神（祖霊）となり、生者を見守る

  ▶お盆には子孫のもとに来往 ➡ 迎え火（出迎え）・送り火（見送り）

- **産土神信仰**：土地の守護神（≒**氏神**≒**鎮守**）への信仰

  ▶マツリ・・・神々に感謝と祈りを捧げる行事。特別な日（**ハレ**の日⟷**ケ**の日）に行う

古代日本人の信仰で最も特徴的なのは、**絶対神が存在しない**ことだろう。そもそも日本では、およそ理解できないものがすべてカミの名で呼ばれていた。だから、人を寄せつけない急峻な山➡p.224や神々しい岩をはじめ、山川草木すべてがカミだ。このように、自然界のあらゆる事物に魂（精霊）が宿るという考え方を**自然信仰**（**精霊信仰**、**アニミズム**）と言う。

こうした神々はのちに人格化されていき、律令国家が成立したのちに編まれた『**古事記**』や『**日本書紀**』（記紀神話）では多くの人格神が登場して建国神話が物語られているが、ここで最高神として位置づけられている**天照大神**にしても「**祀られると同時に祀る神**」であって、ヘブライズムにおける「唯一なる絶対神」とはまったく性格が異なる。

「マツる」って、どういう意味ですか？

マツリには「祭り」「祀り」「奉り」などさまざまな字と意味があるけど、さしあたりは**神に祈ること**や**霊を慰めること**を意味すると思ってほしい。天照大神はもちろんえらい神様だから多くの人々からの信仰を集めている（祀られている）が、同時に自然神などに祈りを捧げる（＝祀る）祭司でもあったんだ。

古代においては、**五穀豊穣**を祈願するなどの祭祀をとり行うことは共同体にとっての死活問題であったので、農耕社会にとっての祭祀は共同体のあり方を決定する「政治」をも意味していた（**祭政一致**）。今日でも政治のことを「まつりごと」と言うのは、ここに起源があるんだよ。

日本神話では、天地は神（神々）によって「つくられた」ものでなく、おのずから「なった」ものとみなされている。

なお、日本で信仰される神々は非常に数が多いことから、**八百万神**と言われ

る。

具体的にはどんな神様がいたんですか？

記紀神話では、以下のような神々が有名どころだね。

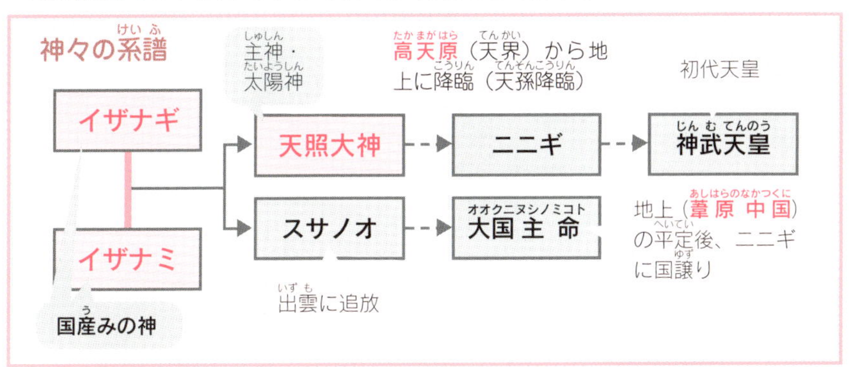

まず、男神である**イザナギ**（イザナギノミコト）と、女神である**イザナミ**（イザナミノミコト）が地上の国（**葦原中国**）を産み落とした「**国産みの神**」とされている。しかし、妻であるイザナミは火の神（カグツチ）を産み落としたときに火傷を負い、死んでしまう。愛する妻を失ったイザナギは怒り狂ってカグツチを斬り殺した末に、**黄泉国**（死者の世界）へとイザナミに会いにいく。

なんだかすごい話ですねぇ。あの世にも簡単に行けちゃうんですか。

行けちゃうんだ。古代日本人は**この世とあの世を連続的に理解**していた。だからこそ、**お盆**に祖霊が子孫のもとに訪れるなどということが可能なんだ。

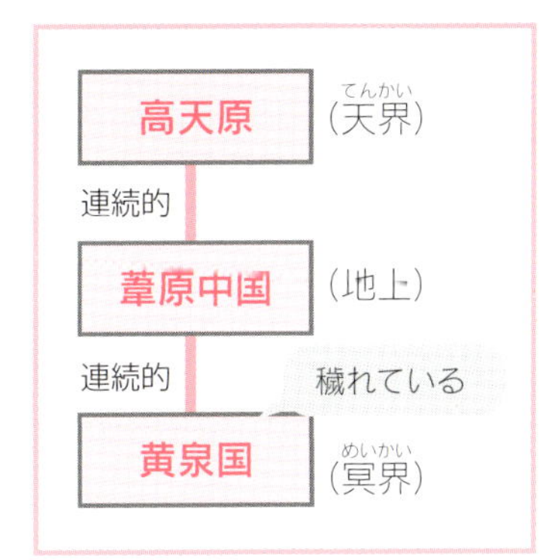

ともかく、イザナギがイザナミと再会したところ、なんと彼女はウジにたかられて変わり果てた姿になっていた。

これに仰天したイザナギは全速力で地上に逃げ帰り、**穢れ**を洗い清めるために**禊**を行うと、左目から**天照大神**が、鼻から**スサノオ**（スサノオノミコト）が生まれた。

どこから突っ込むべきかという感じですが、とりあえず、どうやらイザナギはきれい好きだったんですね。

古代日本人が全体として「きれい好き」だったんだ。古代日本人にとって**穢れのない純粋さ**がとくに重んじられ、そうした心のあり方を意味する**清き明き心**（**清明心**）が理想の心情とされた。これは私心のない純粋な心という意味で、**濁心**と対比される。日本人は農耕民族だったので、共同体で他者と協調することが尊ばれたのだろう。

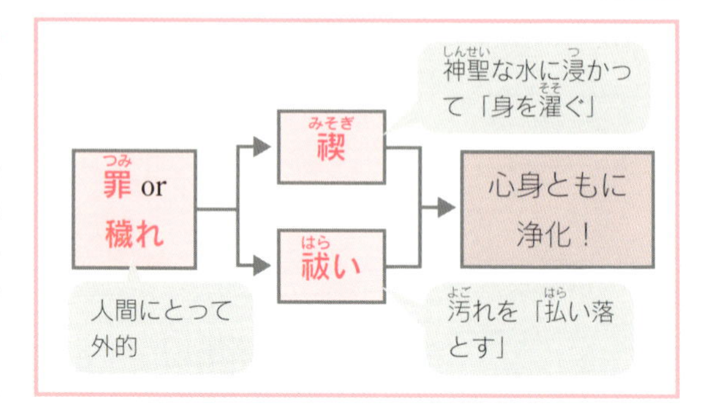

さて、この穢れと禊のエピソードからわかる重要なポイントは、**罪**や**穢れ**といったものが人間にとって病気や天災と同様に外的なものにすぎず、禊や**祓い**によって比較的容易にぬぐい去れるものとして理解されていたということだ。キリスト教の文化圏では、罪というのはまずもって神に対する内面的な裏切りということとされているので、このちがいは非常に大きい。

日本語では「水に流す」と言うよね。これは、責任をはっきりさせない日本の馴れ合い慣行として批判されることも多いものだけど、明らかに古代以来の日本人の**共同体感覚**に由来するものなんだ。

外来思想がやってくる以前の日本思想はとても面白いけど、手薄になりがちなところだよ。知識のもれがないようにね！

チェック問題 1

祓い（祓え）の儀式についての説明として最も適当なものを、次の①～④のうちから１つ選べ。

① 災害や病気を外部から侵入した邪悪な力によるものと考え、それをなだめ祀ることによって恵みを与える力に変えようとした。
② 災害や病気を人間の行いに対する報いと考え、身を慎み、戒律に従って行いを正すことによって平安を得ようとした。
③ 災害や病気を人間の心のもち方によって引き起こされたものと考え、罪を告白し、悔い改めることによって赦しを得ようとした。
④ 災害や病気を外からふりかかるものと考え、それを除去したり代償を捧げたりすることによって正常な状態に戻れるとした。

（2008年・センター試験追試）

解答・解説

④

古代人にとって災害や病気は人間の外からやってくるものであった。そこで**祓い**や**禊**をすることで本来の清い状態に戻れると考えられていたので、④が正しい。

①：マツリについての記述である。古代日本では善悪を超えて**威力あるもの**すべてが神とみなされ、こうした畏怖すべきものを祀ることによって共同体を守ろうとしてきた。

②：災いをかつての行いによる報いとしてとらえる発想は、古代インドの**輪廻思想**などにみられる ➡p.79。古代日本では、一般に災いとそれを受ける当人の行いとのあいだに因果関係は認められない。

③：古代日本では、病災と**心のもち方**とのあいだにも因果関係が認められない。罪の告白と悔い改めを重んじるのはキリスト教などである。

第4章 日本思想

2 仏教の受容――聖徳太子から奈良仏教へ

日本文化における大きな特徴として、**外来の思想や文化をおおらかに受容する柔軟性**を指摘できる。僕らが使っている漢字なども、もともとは中国の文字だよね。日本人はさまざまな**外来思想を重層的に受容**することで、独自の文化を形成してきたんだ。

でも、6世紀に仏教が正式に日本に伝えられた（**仏教公伝**）ころ、仏教における「仏」は、外国から来た神（**異国の神**）とみなされていたんだよ。

あれ、仏って「神」なんですか？

いいことに気づいたね。たしかに、仏は本当は神じゃない ➡p.83。でも、当初の日本人には「悟りを得た者」としての仏という概念を理解することができず、仏は神々と同列視されたんだ。また、豪族たちが一族の繁栄と守護を祈念するための**氏寺**を各地に建立するなど、仏教信仰は**現世利益**の道具として機能していた。これでは仏教の本当の精神からは距離があると言わざるをえない。そんななかに現れたのが、**聖徳太子**（574～622）だ。

> **聖徳太子**　～仏教を思想としてとらえて国家の支柱に据えるよう努力
> - **『三経義疏』**（**法華経**・勝鬘経・維摩経の注釈書）の編纂
> - **「世間虚仮、唯仏是真」**～**現世利益**主義の否定
> - **十七条憲法**～仏教精神の具体化　▶儒教の影響も

『三経義疏』の「義疏」とは「注釈書」という意味ね。ここでは深い仏教理解が示されていると評され、聖徳太子自身が著した、もしくは編纂したものと伝えられてきた（異説もある）。聖徳太子が重視したとされる3つの経典に**法華経**が含まれている点は必ず覚えておこう。

「世間虚仮、唯仏是真」とは、太子の遺言とされる言葉で、この世界にあるものはすべて虚しく実体のないものであり、仏の教えだけが真実だという意味だ。仏教の核心を簡潔的確にとらえた言葉だね。

十七条憲法は、小学校ですでに習いましたよ。

そうだね。**十七条憲法**は、豪族や官僚たちへの**道徳的な訓示**という性格をもつ文書だ。ここには仏教で大切な**三宝**への帰依（第2条）や、人がすべて煩悩を捨てられない**凡夫**にすぎないとの指摘（第10条）など、明確に**仏教的な**

観点が示されており、仏教を国家の支柱に据えようという太子の意図が見出される。

でも、仏教精神だけが示されているわけではない。たとえば、最も有名な第一条「**和を以て貴しと為し……**」は、じつは『論語』からの引用だ。『論語』と儒教の教えは仏教よりも古くに日本に伝えられており、十七条憲法にはその影響もあったんだ。この条文は、もちろん**共同体の調和**という日本の伝統的な精神 ➡p.228 が具体化されたものと言うこともできる。

十七条憲法
一．　和を以て貴しと為し、忤ふること無きを宗とせよ。
二．　篤く**三宝**を敬へ。三宝とは仏・法・僧なり。
十．　我必ず聖にあらず、彼必ず愚にあらず。ともにこれ**凡夫**のみ。

奈良時代の仏教は、どんな性格をもっているんですか？

平城京遷都（710年）以降の時代の**奈良仏教**の特徴は、**国家主導の仏教**（国家仏教）だったとまとめることができる。政府が国家を効果的に統治するためには、領内の有力者と民衆を束ねる、精神的な軸となるものが必要だ。その点で、仏教は朝廷による全国統治を進めるための大きな武器となった。仏法の力で国家の安泰を祈念する**鎮護国家**思想にもとづき、**聖武天皇**は全国各地に**国分寺・国分尼寺**をつくるよう命じ、その総本山として奈良に**東大寺**が建立されたんだ。

ということは、もともと仏教は民衆の信仰ではなかったの？

明らかにちがうね。奈良時代初頭には僧尼令（僧侶と尼を統制するための法令）が出され、僧侶の資格を国家資格とする（無断で僧侶となる**私度僧**は取り締まられた）とともに、民間への布教が禁止されていた。つまり、この時代の仏教は、いわば国家の独占物だったんだ。

第4章 日本思想

行　基

奈良時代の僧・**行基**（668～749）は、僧侶が厳しく統制された奈良時代にあって、諸国をめぐって**民衆の教化**と**土木事業**に励み、民衆から絶大な支持を集めた。このため、朝廷からはたびたび弾圧を受けたが、その影響力を買われて、東大寺の**大仏**造営の勧進（寄進を募る責任者）に起用され、大僧正に任じられるまでになった。

奈良時代の仏教では、のちに**南都六宗**と呼ばれる6つの宗派（法相宗・倶舎宗・三論宗・成実宗・華厳宗・律宗）が栄えていた。これらはいずれも中国から伝えられた宗派だが、平安時代以降の宗派のような独自の教団組織ではなく、おもに**教理研究**を目的としたもので、いわば（国立）大学の学部に相当するものだと思ってほしい。だから、複数の宗派を研究する僧侶も多かったと言われる。

南都六宗のうち、律宗を日本に伝えたのが**鑑真**（688～763）で、彼によって**受戒制度**が確立された。

受戒制度？

戒律を授ける（受ける）儀式が**受戒**だ。正式に僧侶になるためには戒律を遵守する宣誓が必要なんだけど、そのやり方がそれまでの日本ではけっこう適当だったんだ。そのことに危機感を抱いた人たちが中国・唐の高僧であった鑑真を招聘して、東大寺などに**戒壇**（受戒の施設）をつくったというわけだ。

ポイント　奈良仏教

- 奈良仏教は朝廷による国策としての性格をもち、**鎮護国家**を目指すものであった
- 当時の仏教は、民衆にとっての信仰という性格よりも、**南都六宗**などによる学問研究という性格のほうが強かった

チェック問題 2

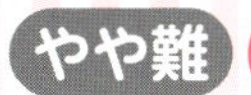

その事績から菩薩とも呼ばれた奈良時代の行基に関する記述として最も適当なものを、次の①～④のうちから１つ選べ。

① 中国から貴重な経典をもたらし、仏教を広めるとともに、進んだ医薬の技術などを紹介し、日本の文化に大きく貢献した。
② 諸国を遊説・布教し、道や橋あるいは貧民のための無料宿泊所をつくるなどして、積極的に民衆の救済にあたった。
③ 俗世を捨てて隠遁し、諸国を行脚・修行するとともに、自然と自己を深く見つめたすぐれた歌を数多く残した。
④ 念仏を唱える人はすべて救われるとし、踊念仏を通じて諸国を遊行・布教して、多くの民衆を感化した。

（1998年・センター試験追試）

解答・解説

②

行基は各地を遊行しつつ土木事業などを行い、行基菩薩と呼ばれたので、②が正しい。

①：江戸期に禅宗の一つである黄檗宗を日本に伝えた**隠元**についての記述。

③：俗世を捨てて諸国を遊行しつつ仏教的見地から多くの歌を詠んだのは、平安末期から鎌倉時代にかけて活躍した**西行** ➡p.253。

④：踊念仏により民衆を教化したのは、時宗の祖とされる鎌倉時代の**一遍** ➡p.245。

20 平安仏教と末法思想

この項目のテーマ

1 平安仏教――天台宗と真言宗
最澄は日本仏教の基礎を築き、空海は壮大な真言密教を構築

2 末法思想の広がり
鎌倉仏教に道を開いた末法思想とは？

1 平安仏教――天台宗と真言宗

奈良仏教は国家の保護によって発展したが、朝廷に政治的影響力を振るう僧侶が出現するなど、しだいに仏教本来の精神を見失うようになっていった。そんななか、寺院の政治への関与を嫌った桓武天皇が平安京に遷都し、仏教内部からも刷新の動きが起こってくる。それを担ったのが**最澄**と**空海**だ。

では、まず最澄からお願いします。

最澄（767〜822）
- **天台宗**（総本山：**比叡山延暦寺**）の祖、主著：『**山家学生式**』
- **一乗思想**：**法華経**に示された**平等主義**の教え（⇔奈良仏教）
  素質と無関係にだれもが成仏できる！
- **大乗戒壇**独立運動 ➡ 平安時代・鎌倉時代に僧侶を多く輩出

最澄は近江（滋賀県）出身の僧で、804年に遣唐使船で中国にわたり、**法華経**を最高の経典と位置づける**天台宗**の教えを学んだ。帰国後の最澄が開いた日本天台宗は、**密教**・**禅**（止観）・**戒律**の教えをも融合した独自のものであり（のちに念仏も加えられた）、**比叡山延暦寺**を根拠としておおいに栄えた。

そんないろいろな教えを無節操に取り入れていいんですか？

最澄は、仏教のさまざまな教えはつまるところ１つの教え（＝**法華経**）に帰着すると考えていた（**一乗思想**）。そして、法華経に何が書かれてあるかというと、いかなる者も**仏性**（成仏の素質）をもつという**平等思想**だ。

こうして最澄においては、「**一切衆生悉有仏性**（だれもが成仏の素質をもつ）」という大乗仏教 ➡p.88 の教えが強調されたため、天台宗では、「**山川草木悉皆成仏**」というように自然物すらもが成仏するとまでが説かれるようになった。そんなわけで、最澄以後の天台宗では、「悟りの世界」と「迷いの世界」を二分する考え方も否定し、人は本来すでに悟っていて、悟っている事実を認識できないことが迷いなのだという**本覚思想**が説かれるようになった。

大乗戒壇独立運動ってのは？

最澄は、東大寺などの戒壇では小乗式の具足戒が授戒されているとして、著書『**顕戒論**』で、大乗仏教にふさわしい菩薩戒を授けるための戒壇 ➡p.236 が必要だと主張した。そして、その**大乗戒壇**をわが比叡山延暦寺につくらせてほしいと朝廷に願い出ていたんだ。もちろん僧侶資格の認定権を独占していた奈良仏教からは強く抵抗されたが、結局、最澄の死の直後に認められた。そんなわけで、これ以後、正式な僧侶になることができるようになった延暦寺は、鎌倉仏教の開祖たちをはじめ、多くのすぐれた僧侶を輩出することになるんだ。

ポイント　最　澄

- 法華経信仰の立場から**平等主義**を説いた
- **大乗戒壇**の設立を訴え、比叡山繁栄の基礎を築いた

空海（774～835）

- **真言宗**（総本山：**高野山金剛峯［峰］寺**）の祖
  主著：『**三教指帰**』『**十住心論**』
- **三密**の修行 ➡ **即身成仏**（**大日如来**と一体化）

第４章　日本思想

そうだね。天台宗とともに平安仏教の二大宗派の一つである**真言宗**の開祖・**空海**は諡（死後に与えられた名）を「**弘法大師**」と言い、「三筆」に数えられる能書家としても有名だね。最澄が比叡山に延暦寺をつくったのに対し、**高野山**（現在の和歌山県）に**金剛峯［峰］寺**をつくっているよ。

空海は、はじめ官吏になるための大学で儒学などを学んでいたんだけど、それに飽きたらず仏門に入った。24歳のときに書いた『**三教指帰**』は中国三大宗教（儒教・道教・仏教）を対比したもので、仏教の優位性が説かれている。その後、31歳のときに空海はくしくも最澄と同じ遣唐使船で唐へと留学し、**密教**を学んでくる。

密教とは、字面どおり「秘密の教え」という意味で、経典を読んだり説教を聴いて理解できる**顕教**と対比される。もともと密教はインドでヒンドゥー教の要素などを摂取する形で生まれた仏教で、『**大日経**』などを根本経典とするものだ。

最澄の天台宗が**台密**（天台密教）と言われたのに対し、真言宗の密教（真言密教）は、空海が嵯峨天皇から与えられた東寺（教王護国寺）を根拠としたことから**東密**と言われる。

密教は言葉で尽くせない教えであるため、神秘体験などを通して体得するほかない。そして、そのための手段が**三密**と呼ばれる修行法（**三密加持**）だ。

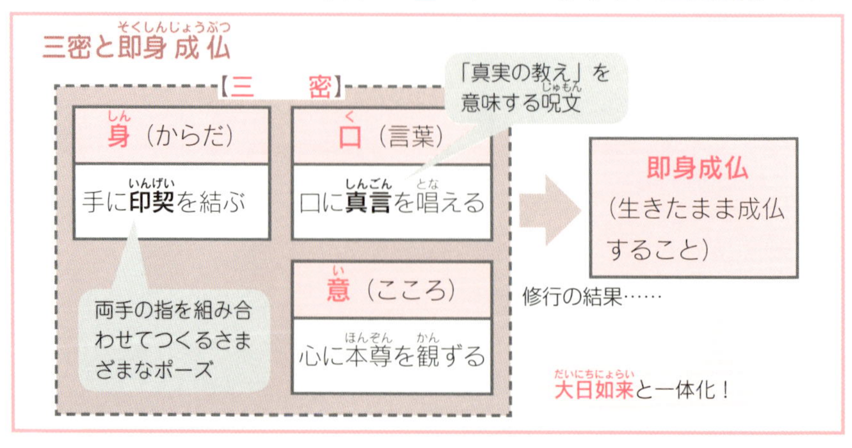

成仏を目標とするのは仏教の世界で一般的なことだけど、普通は何度も生まれ変わるくらいに途方もなく長い年月の修行の末にようやく成仏できると考えられているから、生きた身のままに成仏できるという**即身成仏**を掲げるのはかなりユニークなことだ。

空海が言う「成仏」ってのは、どんな境地なのでしょう？

空海において即身成仏とは、**大日如来**と一体化することを意味する。大日如来とは**宇宙そのもの**、真理そのものを表す最高の仏であり、どこかにいる仏ではなく、世界に満ち満ちているということで、汎神論 ➡p.135 的な性格をもった仏であると言える。

曼荼羅と『十住心論』

空海は、『**十住心論**』のなかで人の心を10の段階に分け、迷いから悟りへの道のりを示した。このうち、低次の段階には儒教そのほかの宗教や小乗仏教、大乗仏教の他宗があてられ、最高の段階（悟りの段階）に真言密教をあてている。

この密教の教えは言葉で尽くせないものであるため、大日如来を中心に配して全宇宙を図像化した**曼荼羅**が、悟りに近づくための助けに用いられる。

修験道・山岳仏教・神仏習合

日本では太古以来、山を信仰対象とする**山岳信仰**の伝統があった。これがしだいに仏教や神道の教義と融合するようになり、平安時代ごろには山中の修行によって超自然的な能力（**験力**）を身につけようとする**修験道**へと発展した（その修行者を**山伏**という）。

ところで、平安仏教は天台宗・真言宗のいずれも、山中での思索と修行を行ったことから**山岳仏教**とも呼ばれる。また、この平安仏教は神秘体験を重んじる**密教**であったことから、修験道を組み込むようになっていった。

なお、神道と仏教が融合することを**神仏習合**と言い、平安時代にとくにこれが広がった ➡p.275 。このため、この時代の神社には、境内に寺院をつくる**神宮寺**が多く見られる。

チェック問題 1

最澄(さいちょう)による仏性(ぶっしょう)の理解として最も適当なものを、次の①～④のうちから1つ選べ。

① すべていのちあるものは生まれながらに仏(ほとけ)である。したがって、悟(さと)りに至るための修行(しゅぎょう)は必要なく、寺院での日常的な生活行為(こうい)こそが重要である。

② 仏になれるかどうかについては、その人が受けた教えや、その人の素質(そしつ)によって差異(さい)が出てくる。したがって、選ばれた者のみが成仏(じょうぶつ)しうる。

③ 『法華経(ほけきょう)』には仏教(ぶっきょう)の真理(しんり)が集約されている。したがって、『法華経』に帰依(きえ)するという意味の言葉を唱(とな)えることによってのみ仏性は実現される。

④ すべていのちあるものは仏となる可能性を備(そな)えている。したがって、みずからがそのような本性(ほんせい)を自覚し、さらに修行するならば、だれもが成仏(じょうぶつ)しうる。

(2005年・センター試験追試)

解答・解説

④

最澄は、あらゆる者が仏性をもつという**一切衆生悉有仏性(いっさいしゅじょうしつうぶっしょう)**の立場に立ち、『法華経』にもとづいて、だれもが成仏できるという教えを説いたので、④が正しい。

①：最澄は、修行が不要という立場には立っていない。現に天台宗(てんだいしゅう)では山々をめぐり歩く修行などが重んじられている。

②：最澄の論争相手であった法相宗(ほっそうしゅう)の徳一(とくいつ)の立場である。

③：たしかに、最澄は法華経信仰(しんこう)の立場に立っていたが、法華経以外を否定するという立場ではなかった。法華経至上主義(しじょうしゅぎ)を推(お)し進め、その名号(みょうごう)(**南無妙法蓮華経(なむみょうほうれんげきょう)**)を唱(とな)えるのみで成仏できると説いたのは、鎌倉(かまくら)仏教の**日蓮(にちれん)**である➡p.250。

2 末法思想の広がり

一般に「**平安仏教**」とは、天台宗・真言宗を中心とする密教を指す。しかし、**平安時代の後期**以降になると、打ち続く戦乱や疫病を背景に、仏教の歴史観に根ざす**末法思想**が強まり、鎌倉仏教を準備する新しい潮流が芽吹き始める。

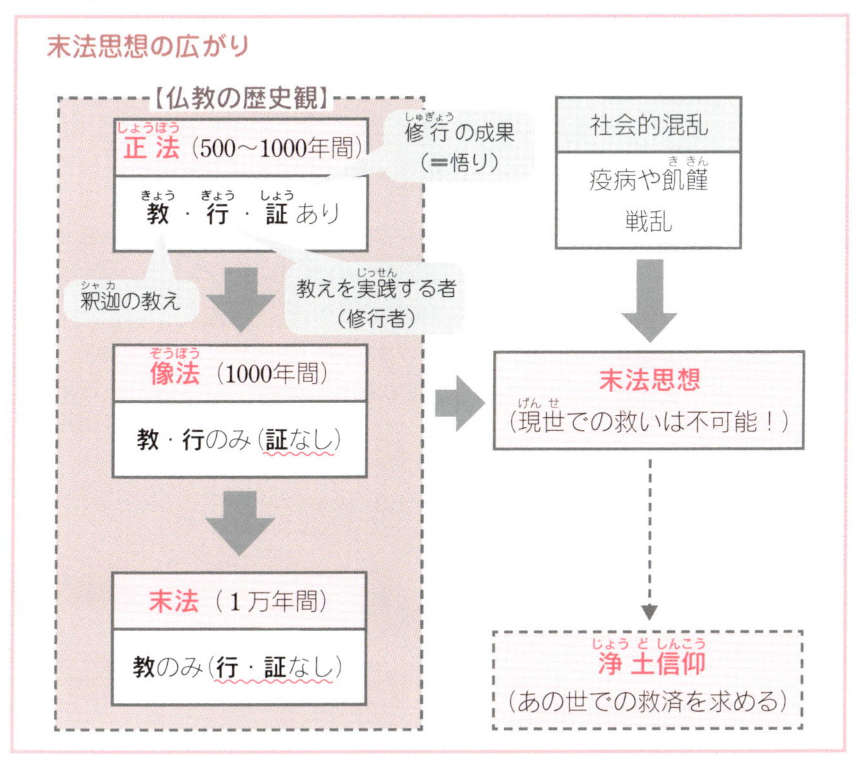

仏教の歴史観では、釈迦が亡くなってから時間の経過とともにその影響力が弱ってしまうと考えられている。最初の500〜1000年間（**正法**）は正しい教えにもとづいて正しい修行を行う者もいるし、その成果として悟る者もいる。ところが、その後の1000年間（**像法**）は、修行の意欲のある者はいても、修行法が正しくないために悟れる者がいなくなる。さらに、その次の**末法**は、もはや経典などの形で釈迦の教えが残っているのみで、修行者も悟れる者もいないという希望のない時代だ。

そして、日本では、1052年にこの段階、つまり末法に突入してしまったというんだ。この世でもはや救いが得られない、さあ、どうする？

んー、あの世に希望を求めるしかないですかねぇ。

そうだね。当時の日本でもまさにそうした思想、すなわち**浄土信仰**（**浄土教**）が広がっていったんだ。

> **浄土信仰（浄土教）**
> - 穢れた現世（現世＝**穢土**）において救いはない
> - **阿弥陀仏**にすがることで**西方極楽浄土**へと**往生**（≠成仏）できる
>   浄土へと生まれ変わること
> - 唐の**善導**が大成、日本では**空也**が民間へ布教、**源信**が理論化

浄土とは、仏の教えが行きわたり、穢れのない清浄な世界のことを指す。薬師如来の住む東方浄瑠璃世界などもその一つだが、断りなしに「浄土」という場合には、**阿弥陀仏**（**阿弥陀如来**）の住む**西方極楽浄土**を指すのが普通だ。この阿弥陀仏による救いを求める教えが**浄土信仰**（**浄土教、阿弥陀信仰**）というわけだ。この教えは、大乗仏教経典の**浄土三部経**（無量寿経・観無量寿経・阿弥陀経）などで説かれている。

浄土信仰は、普通の仏教とどうちがうんですか？

決定的にちがうのは、浄土信仰が現世（**娑婆**の世）での**悟り**（＝**成仏**）は不可能だと考える点だ。末法の世においてはどれだけ頑張って修行しても悟りに至ることはできない、だから、阿弥陀仏が浄土へと導いてくださること（**往生**）だけを期待する。

ひょっとして、「お迎えが来る」ってやつですか？

そのとおり！　死の床に阿弥陀仏がやって来て（**来迎**）、浄土に連れていってもらえること、これだけを願うという信仰なんだ。だから、即身成仏を目指す真言宗などとはちがい、浄土信仰は**死後救済**を目指す。

浄土信仰の立場で唱えられるのが「**南無阿弥陀仏**」の名号で、これは「私は阿弥陀仏に帰依します」という宣言だ。だから、いわゆる「ナンマイダ」という**念仏**は浄土信仰・阿弥陀信仰でのみ唱えられる（次項目で触れる日蓮宗などでは、念仏はけっして唱えられない！）。

空也と源信

浄土信仰の先駆者と位置づけられる**空也**（903～72）は、諸国をめぐり歩いて道路の修繕などの社会事業を行いつつ、「南無阿弥陀仏」の名号を唱えて民衆に阿弥陀信仰を広げた。彼は、行き倒れた死体の火葬なども行い、「**市聖**」と呼ばれて多くの者を帰依させた。

源信（942～1017）は天台宗の高僧で、末法に入るとされた1052年に先立って浄土信仰の結社を比叡山につくり、浄土信仰を広げた。著書『**往生要集**』には浄土の清浄さを強調するために地獄の恐ろしさを詳細に描写し、浄土信仰の立場を「**厭離穢土、欣求浄土**（穢れた娑婆の世を逃れ、浄土を願う）」とまとめた。なお、源信の念仏は阿弥陀仏の姿を心に念ずる**観想念仏**であった（のちの法然 ➡p.242 は、「南無阿弥陀仏」と唱える**称名念仏**を説いた）。

チェック問題 2

源信の『往生要集』で重視されている修行として最も適当なものを、次の①～④のうちから１つ選べ。

① いっさいの自力の修行を放棄し、ひたすら阿弥陀仏の慈悲の力にすがる。
② 他力に頼らず、ひたすら坐禅に打ち込むことを通して悟りを得る。
③ 仏や浄土の姿に心を集中させ、それをありありと思い浮かべる。
④ 他の教えを排し、妙法蓮華経への帰依を意味する題目を唱える。

（2009年・センター試験本試）

解答・解説

③

源信は阿弥陀仏や極楽浄土の姿を思い浮かべる**観想念仏**を行うことで往生できるようになると説いたので、③は正しい。

①：自力の修行をすべて放棄するよう説くのは、鎌倉仏教の**法然** ➡p.242 と**親鸞** ➡p.244 である。源信は、浄土信仰を説いているが、天台宗の僧侶でもあるので、ほかの修行法をすべて否定する立場には至っていない。
②は**禅宗**の立場 ➡p.247 、④は**日蓮**の立場である ➡p.250 。

21 鎌倉仏教

この項目のテーマ

1 浄土教の展開
法然と親鸞の他力信仰をよく理解しよう

2 禅宗と日蓮宗
栄西、道元、日蓮の思想をていねいに理解しよう

1 浄土教の展開

鎌倉仏教は、為政者や特権層のものであった仏教を刷新すべく、形成された。それまでの仏教は、病気や災厄を**加持祈禱**（呪術の一種）によって取り除くなど**現世利益**と強く結びついていたが、これが**信仰中心**となり、単純な修行法（**易行**）を採用して民衆のなかへ入り込んでいった。それまでの仏教と大きく性格が変わったという意味で**鎌倉新仏教**とも言われる。

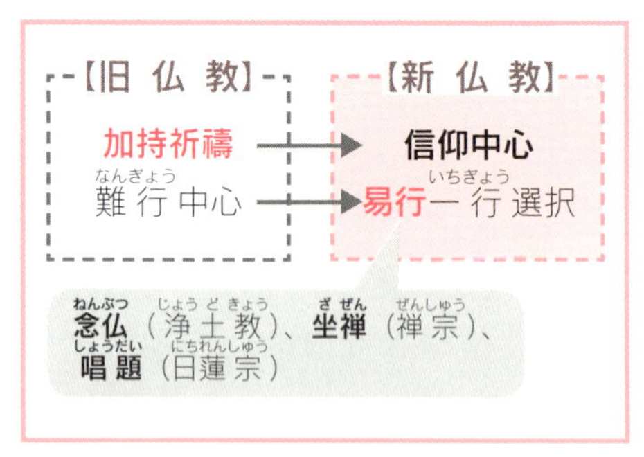

まずは、**浄土教**（浄土信仰）。平安末期に台頭した浄土教が、この時代には本格的に展開することになる。

> **法然**（1133～1212）　◆主著：**『選択本願念仏集』『一枚起請文』**
> - **浄土宗**の開祖
> - 末法の世に**自力**での悟り（聖道門）は不可能　　衆生救済の願い
>   ➡ **他力**信仰（浄土門：**阿弥陀仏の本願**にすがる）しかない
> - 必要な修行は**称名念仏**のみ（＝**専修念仏**）

鎌倉時代の浄土教は、天台宗を学んだ**法然**に始まる。難解な経典研究や厳しい戒律を重視する旧仏教では庶民は救われないとして、法然は比叡山を下りて浄土信仰を民衆に広める道を歩んでいった。

そういや、平安時代の源信 ➡p.241 も天台宗でしたね。

よく覚えていたね。天台宗の理論体系には浄土信仰や坐禅なども含まれていた ➡p.234 ので、延暦寺でこれらを学んだ僧侶たちが鎌倉時代に独立していったんだ。

法然は末法思想を前提に、もはやこの世界において自力で悟り（＝**成仏**）を得るのはきわめて困難だとして、**弥陀の本願**にすがって**往生**を目指すしかないという**他力**信仰を全面的に打ち出した。

「弥陀」とは阿弥陀仏の略で、**本願**は本来の誓願といった意味だ。阿弥陀仏は**法蔵菩薩** ➡p.89 だった時代に、苦しむ衆生をすべて救うまでは自分の成道（成仏）をあと回しにするという誓願をしたという。その法蔵菩薩が、阿弥陀仏となって現に西方極楽浄土にいらっしゃるというのだから、弥陀の本願（他力本願）を信じることでわれわれは往生することができるというわけだ。

僕たちは何をすればいいんですか？

ただひたすら「**南無阿弥陀仏**」と唱える（**称名念仏**）だけでいい。いや、ほかの修行はいっさい捨てるべきなんだ。源信の場合は観想念仏だったよね。また、ほかの修行を捨てろとも言っていなかったから、これらの点が法然の新しさだ。念仏に専念するという意味でこれを「**専修念仏**」と言う。ちなみに、法然は毎日６万回もの念仏を唱えたそうだよ！

ポイント 法然の思想

- 法末法において自力での悟りは不可能 ➡ 阿弥陀仏による救済を願う
- ただひたすら念仏を唱える（専修念仏）ことで、浄土へと往生できる

親鸞（1173〜1262）　◆主著：『**教行信証**』

◎**浄土真宗**の開祖。「**非僧非俗**」の立場で肉食妻帯を実践

● **絶対他力**：他力信仰の徹底　　念仏は感謝の現れ（**報恩感謝の念仏**）

念仏による救済（念仏為本：**法然**の立場）

➡ **信心**による救済（信心為本：親鸞の立場）

➡ 信心すら与えられたもの（親鸞晩年の立場）

∴すべてを阿弥陀仏に委ねるべき（**自然法爾**）

● **悪人正機説**（弟子**唯円**の著書『**歎異抄**』で主張）

「**善人なおもて往生をとぐ、いわんや悪人をや**」

- **善人**（自力の悟りを目指す者）：本来の救済対象でないが、救われる
- **悪人**（凡夫の自覚をもつ者）　：本来の救済対象であって、救われる

親鸞

浄土真宗の開祖と位置づけられる**親鸞**だが、彼自身は独立した教団組織の指導者になろうという意図はいっさいなく、延暦寺で学んだのちに**法然**の弟子となり、90歳で没するまで法然の弟子を名乗り続けた。旧仏教からの圧力で専修念仏を説く法然が流罪となったとき、これに連座して親鸞も流罪となるとともに、僧籍（僧侶の資格）を剥奪される。

ありゃ、僧侶じゃなくなっちゃったわけ？

朝廷公認 ➡p.231 の僧侶ではなくなった。でも、ここからが親鸞の偉いところで、彼はそれ以後、**非僧非俗**の「愚禿（剃髪した愚か者）」を名乗り、地位やカネにこだわる名ばかりの僧侶の肩書きを捨てて真の仏法を説いていった。親鸞が「**肉食妻帯**」という破戒（戒律破り）を敢えて実践するのもこの立場からで、最も救いが必要な民衆にとって避けられない行為（肉食妻帯）を否定するようでは、衆生救済を願う阿弥陀仏の教えと矛盾するとして、あくまで民衆とともに生きるという立場に徹したんだ。

親鸞の立場は、法然とまったく同じなんですか？

本人はそう言うけど、より**他力信仰が徹底された**と言える（**絶対他力**）。法然はひたすら念仏を唱え続ければ往生できると説いたが、親鸞は、念仏という

行為ではなく**阿弥陀仏への信心**によって往生が可能になると説いた。また、最晩年には、その信心すら阿弥陀仏に与えられたものであるとして、自力の要素をいっさい捨ててすべてを阿弥陀仏に委ねるべきだとする**自然法爾**の境地に達している。

「南無阿弥陀仏」の念仏は、救済を求める言葉ではなく感謝の言葉へと意味が変わっている。つまり、「お救いください」の祈りから「救ってくださってありがとうございます」となっていて、感謝の念からつい口をつくのが念仏だというんだ（**報恩感謝の念仏**）。

親鸞の弟子である**唯円**の書いた『**歎異抄**』には、「**善人なほもて往生をとぐ、いわんや悪人をや**」という有名な言葉が出てくる。これが**悪人正機説**で、善人でさえも往生できる、ましてや悪人については言うまでもないという意味だ。「善人」と「悪人」が逆のようにも見えるが、これで正しい。

ここでいう「**悪人**」とは文字どおりに「悪事をなす者」ではなく、自分が煩悩を捨てきれない者であるという自覚をもつ者、という意味だよ。凡夫の自覚があるからこそ阿弥陀仏にひたすら祈る心が生まれるわけで、そのような謙虚な者こそが真の救済対象だ。

これに対して、あくまで自力での悟りを目指す**善人**（**自力作善の人**）は、なまじ努力家だけに、凡夫の自覚が足りず、阿弥陀仏にすがろうともしない。だから、一段低く位置づけられている。でもそんな善人でさえも阿弥陀仏は救ってくれるよ、というわけだ。

遊行上人・一遍

鎌倉仏教の開祖のなかで唯一延暦寺で学んでいないのが、**時宗**の祖と位置づけられる**一遍**（1239～89）である。彼は、生涯1つも寺をかまえず、ひたすら全国をめぐり歩いて民衆を阿弥陀仏の功徳で救うことを目指したことから**遊行上人**と呼ばれる。すべてを捨てよと説いたことから**捨聖**とも呼ばれる。民衆を教化するため、彼は民衆とともに踊りながら念仏を唱え（**踊念仏**）、相手の信・不信を問わず「南無阿弥陀仏」と書かれた**念仏札**を配り歩いた。

第4章 日本思想

チェック問題 1

修行をめぐる法然の考えの記述として最も適当なものを、次の①～④のうちから1つ選べ。

① 草木や国土など心をもたないものも仏となる素質を備えており、その生成変化の姿がそのまま、修行であり成仏である。
② 仏の悟りはすでに各人にさまざまな仕方で備わっているが、それを働かせ、体得するためには修行が不可欠である。
③ 末法の世に生まれて素質の劣る者は、他のすべての教えや修行を差し置いて、ただ他力易行門を選び取るべきである。
④ 自己の心の内には元来、地獄から仏に至るあらゆる世界が含まれており、心を観察することで悟りを得ることができる。

(2003年・センター試験本試)

解答・解説

法然においては、末法では念仏に専念するほかないとされる（**専修念仏**）ので、③が正しい。

①：世界のすべてのうちに修行を見出し、修行を成仏と同一視するのは道元の**修証一等**の立場である ➡p.248。法然など、浄土信仰においては、この世での成仏ができないとされている点がポイントとなる。

②：あらゆるものに仏の悟りが備わっているというのは本覚思想であり ➡p.235、それを体得するために修行が必要だというのはやはり道元である ➡p.248。

④：心のなかにあらゆる世界が含まれるというのは天台宗の考え方。浄土信仰では、この世で「悟りを得る」ことはできない。

2 禅宗と日蓮宗

鎌倉時代に広まったのは浄土教(じょうどきょう)だけではない。浄土教は自力での悟りを断念して、他力による往生を目指す点に最大の特徴があるけど、同じ鎌倉仏教でも禅宗と日蓮宗は、あくまで**自力での悟り**を目指しながら仏教信仰を純化(じゅんか)しようとした。

まずは**禅宗**(ぜんしゅう)から見ていこう。
「**禅**(ぜん)」とは**禅定**(ぜんじょう) ➡p.89 の略で、雑念(ざつねん)を取り払って精神を安定させることをいい、禅宗とは**坐禅**(ざぜん)を修行の中心に据(す)えている宗派の総称だ。

なぜ、坐禅を中心に据えたの？

理由は簡単、仏教の始祖(しそ)である**釈迦**(シャカ)が坐禅によって悟りを開いたからだ。これを追体験(ついたいけん)することで悟りを目指すというのが禅宗なんだ。インドから中国に坐禅をもたらした**達磨**(だるま)（？～530ごろ）が禅宗の始祖(しそ)と言われる。この人には、ひたすら坐禅だけをやっていたために手足が腐(くさ)ったとの伝説があって、ここからいわゆるダルマさんの置物が生まれたんだよ。

禅宗の大きな特徴としては、**言葉や文字に頼(たよ)らずに、みずからの体験を通して悟りを目指す**という点が挙げられる。「**以心伝心**(いしんでんしん)」という言葉はもともと禅宗の言葉なんだよ。

> **栄西**(えいさい)（1141～1215）　◆主著：『**興禅護国論**(こうぜんごこくろん)』『喫茶養生記(きっさようじょうき)』
> - **臨済宗**(りんざいしゅう)の開祖(かいそ)
> - **看話禅**(かんなぜん)：**公案**(こうあん)（禅問答(ぜんもんどう)）をしつつ、禅を行う
> - 鎮護国家(ちんごこっか)：禅が既成宗派(きせいしゅうは)と矛盾(むじゅん)せず、国家守護(しゅご)に役立つことを強調

日本における禅宗は、延暦寺(えんりゃくじ)で天台宗(てんだいしゅう)の教えを学んだのちに中国・宋(そう)に2度にわたり留学(りゅうがく)して禅宗を学んできた**栄西**に始まると言われる。彼が日本で開いた**臨済宗**の最大の特徴は、**公案**を重視することだ（**看話禅**）。公案とは、俗(ぞく)に禅問答と呼ばれるもので、師匠(ししょう)から出される謎めいた問いに答えを出そうと頭をひねることで悟りに近づこうというものだ。これらの問いはいずれも分別(ふんべつ)（知恵(ちえ)）ではとうてい解けないシロモノで、幾何学(きかがく)のような「解答」はない。ぜひキミも考えてみてくれ。

第4章 日本思想

栄西については、禅の教えが既成仏教とも国家権力とも矛盾しないと強調したこともおさえておきたい。これは『**興禅護国論**』（禅によって国を守る）という著書名とセットで覚えればいいよ。鎌倉に臨済宗の大きなお寺が多いのは、これが幕府によって保護されたことと関係がある。

また、茶道、華道、造園などは臨済宗の禅寺で育まれたものであり、臨済宗は日本文化における貢献も大きい。

▶僧がきいた。「達磨大師がインドから伝えたものはいったい何ですか？」 和尚は答えた。「庭先の柏の木だ」

▶僧が聞いた。「犬に仏性はあるでしょうか？」 和尚は答えた。「ない」
➡いったい和尚は何を言おうとしているのか？
（栄西『興禅護国論』）

道元（1200〜53）　◆主著：『**正法眼蔵**』
- **曹洞宗**の開祖、福井に**永平寺**を開く
- **黙照禅**：ただひたすら坐禅せよ（**只管打坐**）　**公案**は重視されない
  ➡ **身心脱落**（心身ともに束縛から解放される）（≒悟り）
  ◎坐禅は悟りの手段ではない（**修証一等**：修行と悟りは一体）

もうひとつの禅宗である**曹洞宗**を開いたのが**道元**だ。道元は14歳で出家し、延暦寺に学び、さらに臨済宗の教えも学んだが満足できず、中国・宋にわたり、**如浄**のもとで曹洞禅を学んだ。

公案を通した悟りを目指す臨済宗に対し、曹洞宗は「**不立文字**（悟りは言葉で示せない）」をより強調するため、公案は重んじられず、**ただひたすら坐禅する**ことが奨励される（**只管打坐**）。そうすると、あるときふと**身も心もいっさいの執着から解放された境地**に至れる（**身心脱落**）というんだ。

道元

道元は、成仏の不可能を説く**末法思想** ➡p.239 を**明確に否定**し、あくまで自力の禅に打ち込むことで悟りを目指すべきだと主張した。

なるほど、悟りの手段はただ坐禅だけということですね。

いや、ちょっとちがうな。道元の場合、**修行**（坐禅）と**悟り**（＝証し）は一体なんだ（**修証一等**）。つまり、修行は悟りという目的の単なる手段というわ

けではない。修行の一瞬一瞬のプロセスがすべてなんだ。これは、旅人にとって空間的に移動することが目的なのではなく、旅そのものが目的であるのと似ている。だから、曹洞宗では、掃除や洗面など生活のあらゆる瞬間を修行と心得て全力で取り組まなければならないんだ。

おぉ、深いですね。道元でほかに気をつける点は？

臨済宗とくらべると、俗世や国家権力から意識的に距離を置こうという姿勢が目立つね。都や鎌倉から遠く、福井の山中に**永平寺**を建立したのもその現れだ。栄西が朝廷や幕府からの保護を受けるのに苦心したのと対照的だね。

なお、道元の大著『**正法眼蔵**』の教えは、その弟子・**懐奘**によって『**正法眼蔵随聞記**』として簡潔にまとめられているよ。

ポイント 臨済宗と曹洞宗

- 臨済宗は**公案**（問答）を行いながら坐禅をするが、曹洞宗は沈黙して坐禅に徹する（**只管打坐**）
- 道元における坐禅は悟りに向かう単なる手段ではない（**修証一等**）

法然と親鸞、栄西と道元のように、近い立場の思想家の違いがよく出題されるよ。よく復習しよう！

日蓮（1222～82）　◆主著：『立正安国論』『開目抄』

法華至上主義

正法（＝法華経）に帰依すべし！

そうすれば……　国家は安泰（立正安国）　鎮護国家思想

さもなくば……　国家の危機　例 元寇

- 「南無妙法蓮華経」と題目を唱えるべき（唱題）
- 四箇格言にもとづき邪宗の折伏が必要

誤った教えを論駁し、正しい教え（法華経）へと導くこと

- 念仏無間：浄土信仰では地獄に落ちる
- 禅天魔　：経文を否定する禅宗は悪魔の教え
- 真言亡国：釈迦を軽んじる真言宗は亡国の教え
- 律国賊　：末法に戒律を説く律宗は国賊だ

鎌倉仏教の最後を飾る**日蓮宗**は、もちろん**日蓮**によって開かれた宗派だ。日蓮の思想で決定的に大事な点は、とにかく彼が**法華経**を重視したということにある（**法華至上主義**）。日蓮が法華経を重要視した理由は、基本的に最澄の場合と同じだ ➡p.234。しかし日蓮の場合、法華経がいわば至上の聖典となっている。人々がすべて正法（正しい教え）である法華経に帰依する（**立正**）ならば国家は安泰となる（**安国**）が、そうでなければ国難が起こってしまうというんだ。

日蓮

ずいぶんとまた極端な主張ですね。

たしかに、法華経に帰依しない他宗をすべて斥けるというのだから、他宗派からすれば受け入れがたい話だし、有力な寺社勢力と関係をもっている幕府にとっても困った教えだ。そんなわけで、日蓮は、襲撃を受けたり流罪になったりと散々に迫害を受ける。ところが、まさにこの時代、日蓮の予言どおりにモンゴル人勢力の襲来（**元寇**）が起こってしまう。こうして意を強くした日蓮はみずからの正しさをますます確信し、弾圧を受けるのも末法の世における「**法華経の行者**」としての試練だとして「**われ日本の柱とならん**」とさけび、

布教に邁進したんだ。

たくましいですねぇ。で、日蓮によれば僕らは何をすればいいんですか？

まずはしっかりと正しい信仰をもつことだね。とはいえ法華経は難しいし、またとても長い。そこで、その正式なタイトル（**題目**）である「妙法蓮華経」の名を唱える（**唱題**）だけでも功徳（ご利益）が得られる。だから、ひたすら「**南無妙法蓮華経**」と唱題することだ。くれぐれも「南無阿弥陀仏」と唱える念仏と混同しないようにね。

なお、法華経では、釈迦がインドに生まれて初めて悟りを開いた人物であるというのは方便だとして、釈迦は永遠の昔に悟りを開いて、永遠にわれわれを教化し続けてくれているとしている（**久遠実成の仏**）。

あとは、誤った教えに対しては妥協せずに断固として闘い、迷える人々を正しい教えに導く**折伏**が必要だ。とくに、念仏による往生を目指す浄土信仰の諸宗、それに禅宗、真言宗、律宗は**四箇格言**において邪宗と位置づけられている。このリストに天台宗が入っていないことに注意しよう。もちろん、天台宗が法華経を信仰の中心に据えているから ➡p.239 だね。

南無阿弥陀仏と南無妙法蓮華経はまったく意味が違うんだよ。そんなの常識？

チェック問題 2

道元についての説明として最も適当なものを、次の①～④のうちから1つ選べ。

① 戒律を厳しく守って坐禅にはげみ、公案に取り組むことによって悟りを得ることができると説き、さらに密教をも取り入れて鎮護国家に努めた。

② すべての衆生に仏になる可能性が備わっていると主張し、大乗の菩薩戒のみを受けて長期間山にこもって修行すれば、悟りが可能になると説いた。

③ 題目には釈迦の因行と果徳が十分に備わっているとし、題目を信じて唱えるならば、それらが譲り与えられて、悟りが可能になると説いた。

④ 坐禅の修行は悟りのための手段ではなく、修行を行うことがそのまま悟りであると説き、また洗面や掃除などの日常的な行為も修行とみなした。

(2004年・センター試験本試)

解答・解説

④

道元は坐禅と修行を一体としてとらえ（**修証一等**）、また日常的な行為も修行とみなして全力で取り組むべきだと説くので、④が正しい。

①：公案に取り組むのも鎮護国家に努めたのも、**栄西**の開いた臨済宗である。

②：菩薩戒だけが必要だと説いた点と、山中の修行を説いた点から、天台宗を開いた**最澄**についての記述だとわかる。

③：題目を唱える（唱題）ことを説くのは**日蓮**である。

スキルアップ5 日本人の美意識

▶自然との一体感

日本では自然が**人間と一体**のものとしてとらえられてきたため、自然の美しさを表す「**花鳥風月**」「**雪月花**」といった表現が風雅な心がまえをも表している。

▶無常観と無常感

万物が流れ去り消え去っていくものであるという、仏教における**無常** ➡p.87 の思想は、日本の文芸作品にも大きな影響を与えている（**西行**や**鴨長明**など）。

「ねがはくは　花のしたにて春死なん　そのきさらぎの　望月の頃」（西行）
「ゆく河の流れは絶えずして、しかももとの水にあらず」（鴨長明『方丈記』）

「世は定めなきこそいみじけれ」（吉田兼好『徒然草』）

しかし、本来の無常が宇宙の客観的な構造をとらえる**無常観**であったのに対し、日本ではこれを主観的な心情（**無常感**）としてとらえるようになった。**吉田兼好**の作品などには、無常のなかにかえって美や趣を見出す傾向も見られるし、近代日本の哲学者・**九鬼周造**は、江戸時代の美意識「**いき（粋）**」を分析し、これは「意気地」や「諦め」の念によって無情を愉しむ姿勢だと論じている。

▶余白や余韻の美

日本文化には、すべてを説明し尽くすのではなく、余白や余韻によって何かを表現するという伝統がある。**枯山水**（石庭）や**雪舟**の大成した**水墨画**などはその典型である。また、**藤原俊成**が歌論の極意とした**幽玄**の美（言外の余韻、奥深さ）は、のちに**世阿弥**が大成した**能**にも取り入れられ（『**風姿花伝**』）、また**千利休**が大成した**茶道**における「**わび**」（わび茶）や、**松尾芭蕉**によって完成された**俳諧**における「**さび**」へと発展していった。

第4章 日本思想

近世日本の思想(1)

この項目のテーマ

1 日本の朱子学と陽明学
江戸期に活躍した多彩な朱子学者と陽明学者の思想とは？

2 古学派の思想
山鹿素行、伊藤仁斎、荻生徂徠の思想を整理しよう

1 日本の朱子学と陽明学

ここまでの日本思想史ではほとんど仏教ばかりが扱われてきたけど、近世（江戸時代）になると、主役の座が**儒学**へと交替するよ。

その背景としては、この時代には江戸幕府という強力な政権が成立して社会秩序が安定したため、現世をどのように生きるかという**道徳的指針**が求められたことや、幕藩体制を思想的に支える**身分道徳**が求められたことなどが挙げられる。こうした思想のニーズにフィットしたのが、儒学、とりわけ**朱子学**だったんだ。

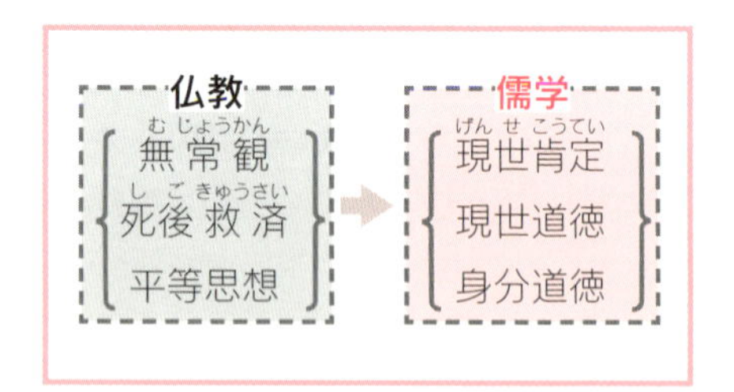

儒学はこの時代にいきなり現れたんですか？

そんなことはないよ。儒学（≒儒教）はもともと仏教よりも古い段階で日本に伝えられている ➡p.231。ただ、江戸時代までは僧侶が教養として片手間に研究してきたんだ。

そんな僧侶の一人だったのが、「近世儒学の祖」と言われる**藤原惺窩**（1561～1619）だ。もともと彼は京都の禅僧だったんだけど、しだいに**朱子学**に傾倒するようになり、**出世間**（俗世を捨てる）を説く仏教への疑問を深めて還俗した（僧籍を捨てた）。これをもって、**日本儒学が仏教から独立**したとみなされているよ。

藤原惺窩が思想界の表舞台に登場したんですね。

いや、惺窩は幕府から仕官するよう要請されたのを断り、自分の弟子だった**林羅山**（1583～1657）を推薦した。林羅山は、徳川家康以下、4代の将軍に侍講（君主や将軍の家庭教師、ブレーン）として仕えた人物で、この林羅山こそが朱子学を思想界の中心に押し上げ、**官学**（幕府公認の学問）化させた最大の功労者と言える。

林羅山（1583～1657）　◆主著：『**三徳抄**』『**春鑑抄**』

上下定分の理：自然界における上下の秩序が不変であるのと同様に、人間社会の**身分秩序**も不変の真理

↓

心に**敬**をもつべし（**存心持敬**）　**朱子**が説いた**居敬**と同じ

林羅山については、さっき紹介した簡単なプロフィールのほかに、**上下定分の理**を必ずおさえてほしい。天が上にあって大地が下にあるというのはだれにも変えられない真理だよね。これと同じように、人間社会における身分の上下もまた不変の真理だと。なんだか屁理屈のようだけど、とにかく林羅山はそう主張した。幕府としては武士を頂点とする身分制を確立したかったのだから、この議論が歓迎されるのは当然だよね。

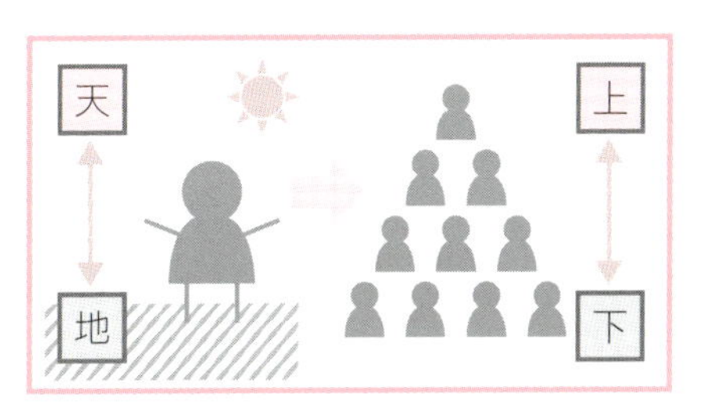

それから羅山は、君臣・夫婦・兄弟などあらゆる上下関係を確実にするため、心に**敬**をもたねばならない（**存心持敬**）と説いている。これは、朱子のところで見た**居敬** ➡p.109 と同じだ。「うやまい」ではなく「つつしみ」と読まなければならない点に注意してほしい。つまり、これは他者を大切にする心ではなく、自己を厳しく律することを意味する。この考え方は、被支配階級にとっては「分際をわきまえよ」という押しつけであっただろうけど、武士たちにとっては私利私欲を戒める精神文化として広まっていった。

そのほかに、大事な朱子学者はいますか？

京都で活躍した**山崎闇斎**（1618〜82）が頻出だね。この人もまた僧侶から還俗して儒者となった経歴をもち、京都で私塾を開いて多くの弟子を育てた。山崎闇斎の思想の特徴は、**厳格な修養主義**と要約することができる。6000人とも言われた弟子の最有力者を破門にしてしまうほど峻厳をきわめる学風で、内なる悪を徹底的に抑え込むことで正義が実現すると説いた。また晩年には、連綿と続く天皇家を戴く神道の教えと儒教は本来同一であるとして、儒教と神道を融合させた**垂加神道**を創始した。

ポイント 近世日本の朱子学者

- 日本の儒学は仏教の**出世間主義**を批判した**藤原惺窩**から始まった
- 藤原惺窩の弟子・**林羅山**は、**上下定分の理**を説き、封建的な身分秩序を理論的に正当化した
- 京都で活躍した**山崎闇斎**は厳格な修養主義を説き、神儒一体の**垂加神道**を創始した

その他の朱子学者たち

新井白石（1657〜1725）は、**木下順庵**（1621〜98）に朱子学を学び、のちに将軍の補佐役として幕政に参与した。キリスト教の布教のため密入国したイタリア人宣教師シドッティを尋問し、そこから得た知識をまとめた『**西洋紀聞**』は、キリスト教や西洋について開明的な理解を示したものと評されている。

雨森芳洲（1668〜1755）は、新井白石の同門として木下順庵に学び、対馬藩に仕えて外交官として活躍した。豊臣秀吉の朝鮮侵略を大義名分のないものと批判し、朝鮮との善隣外交に努めた。

貝原益軒（1630〜1714）は、「信ずべきを信じ、疑うべきを疑う」という実証的・合理的精神から**本草学**（今日の薬物学・植物学など）を研究した。また、『**養生訓**』を著して心身の健康を保つための方法を平易に指南している。

陽明学者にはどんな人がいるんですか？

絶対におさえなければいけないのが**中江藤樹**（1608〜48）だ。彼は、戦前の修身（道徳）教科書には必ず載っていた、親孝行かつ正直者の代名詞のような人物で、**日本陽明学の祖**と位置づけられている。

中江藤樹（1608〜48）　◆主著：『**翁問答**』

- **日本陽明学の祖**、「**近江聖人**」
- **孝**の重視　　あらゆる道徳の基本原理　人を愛し敬う心（**愛敬**）
- **時**・**処**・**位**に応じて**実践**すべし
  とき　ところ　身分

中江藤樹

ただし、中江藤樹の言う「**孝**」は、単に親孝行だけを意味するのではなく、人間の内面から出てくる善の心（＝**良知**）そのものでもあり、これは**愛敬**とも言い換えられる。中江藤樹によると、どんな人でも磨けば輝く善の心をもっており、儒学の目的は知識を詰め込むことなどではなく、善をなす心を磨くことに尽きる。

朱子学は普遍的な理を強調し、画一的な道徳規範に従うように説くが、藤樹は**時**（とき）・**処**（ところ）・**位**（身分）に応じて**実践**すべきだと言う。つまり、状況に応じてなすべき行為はちがうので、良心に従って心と行為を一致させることが大事だというんだ。

彼は故郷に一人で暮らす老いた母に孝養を尽くすため、武士の身分を捨てて脱藩している。これなどは、杓子定規な朱子学の立場からは絶対に許されない主君への裏切りだけど、彼は自分の信念を貫いたということなのだろう。位（＝身分）を重視していることからわかるように、彼はけっして身分秩序を否定したわけではない。でも、心を磨き、それに内面に従って実践あるのみという陽明学の教えは、のちに**吉田松陰** ➡p.274 や西郷隆盛ら倒幕の志士たちにも受け継がれることになるんだ。

その他の陽明学者

中江藤樹の弟子であった**熊沢蕃山**（1619〜91）は、岡山藩の池田光政に仕えて、教育や土木事業など積極的な**藩政改革**に取り組んだ。しかし、陽明学を信奉することから、幕府や藩内の守旧派から圧力が強まり、辞職を余儀なくされた。

大阪町奉行所の与力（幹部）を務めていた**大塩平八郎**（1793〜1837）は、天保の大飢饉にさいして奉行所（役所）の無為無策に憤り、民を救うために挙兵した（**大塩平八郎の乱**）。陽明学の**知行合一** ➡p.110 の立場から、正義を実践したものと受け止められている。

チェック問題 1

中江藤樹の説明として最も適当なものを、次の①～④のうちから１つ選べ。

① 朱子学の天理の抽象性を批判して古学を提唱し、道徳的指導者としての武士のあり方を士道論として展開した。

② すべての人の心には、神妙不測の孝の徳が備わっていると説き、その孝に依拠して身を立て道を行うことを修養の根本とした。

③ 平易な生活道徳としての正直と倹約の実践を唱え、それまで低く見られていた商人の営みに社会的な存在意義を与えた。

④ 身分制度を否定し、農業を重視する立場に立って、万人が直耕する自然世を理想として説いた。

(2003年・センター試験追試)

解答・解説

②

だれもが**心**のなかに徳を備えているとし、その徳を**孝**と表現している点から、中江藤樹とわかる。孝の徳目を強調する日本の思想家とくれば、ほぼ間違いなく中江藤樹だ。

①：古学を提唱して士道論を展開したのは**山鹿素行** ➡p.259 。

③：「正直と倹約」の提唱と商人の営為の正当化という点から**石田梅岩**についての記述 ➡p.269 。

④：身分制度の否定と万人直耕とのキーワードにより、**安藤昌益**についての記述 ➡p.270 。中江藤樹は身分制度を否定していない。

2 古学派の思想

ここまで見てきた**朱子学**と**陽明学**は、いずれも儒学の一派ではあるけれども、孔子や孟子の時代から千数百年後に現れた儒学の**解釈**にすぎない。また、これらは草創期の儒学とくらべると、理論的に緻密にはなっているけれども、形而上学的な空理空論におちいっているという印象も否めない。まさにこうした点を突き、**儒学の原点回帰**を目指すべきだという動きが起こってきたんだ。それが**古学派**だ。

古学派というのは**山鹿素行**の**古学**、**伊藤仁斎**の**古義学**、**荻生徂徠**の**古文辞学**の総称で、いずれも儒学の**原典に忠実であれという主張**、「敬」を重視する朱子学の**厳格主義への反発**という特徴をもっている。

なるほど。では、まず**山鹿素行**からお願いします。

山鹿素行（1622～85）　◆主著：『**聖教要録**』

- 解釈に頼らず儒学の原典を研究する**古学**（聖学）を創始
- 欲望の肯定　　農・工・商の三民
- **士道**：武士は庶民の精神的模範たるべし

平時の武士道徳　　▶**山本常朝**による批判（『**葉隠**』）

儒学者であり軍学者（兵学者）でもあった**山鹿素行**が直面したのは、**儒学はどうあるべきなのか**という主題と、**平時における武士の存在意義**という問題だった。

前者の主題については、素行は、朱子などの解釈に頼らずに孔孟（孔子と孟子）の原典をよく読めという**原典復古主義**を説いた。これが**古学**と呼ばれるようになる。そして、素行が原典から読みとった教訓は、人間を観念的な「理」という型にはめてしまう硬直した朱子学に対し、『論語』などでは、欲望をも抱く**ありのままの人間**が肯定されているということだ。

また、後者の主題（武士の存在意義）についてだけど、山鹿素行の時代は天下泰平の時代であって、もう戦乱の世ではない。だから、平時において武士に求められるのは、戦闘者としての能力よりは、精神的・道徳的なリーダーとしての資質だ。これは、孔子の徳治主義を応用したものと言えるだろう。農・工・商の三民は生業に忙しいから、修養の暇はなかなかない。

そこで、為政者（＝武士）たるものは**道徳的な模範**であらねばならない、これが平時における武士の存在意義というわけだ。

山本常朝の武士道

佐賀（鍋島）藩の藩主側近として生きた武士の**山本常朝**（1659～1719）は、「**武士道といふは死ぬことと見つけたり**」（『**葉隠**』）と述べ、武士の生き様の本質を、「常住死身」（つねに死の覚悟をもつこと）に求め、儒教的な修養に武士の本質を見出した山鹿素行の士道論を批判した。

次は、**伊藤仁斎**ですね。

伊藤仁斎（1627～1705）　◆主著：『**童子問**』『**語孟字義**』

- 京都に私塾・**古義堂**を開き、**古義学**を創始　『論語』と『孟子』の注釈
- 朱子学のような恣意的解釈を排し、**孔孟**を直接読むべし
- 道は卑近な人倫（人間関係）のうちにある　とりわけ、孔子（『論語』）！『孟子』はその注釈書
  - ➡ 儒学の根本精神は**仁**（**仁愛**）

仁の根本には**誠**（真実無偽の心≒**忠信**）が必要

伊藤仁斎は京都で商人の子として生まれた人物で、山鹿素行と同様に、朱子学が儒学を歪めているという問題意識をもち、儒学の本来の意義（古義）を探究する**古義学**を創始した。

伊藤仁斎が重視したのは、儒学の数ある経典のなかでも『論語』や『孟子』、とりわけ『**論語**』だ。彼にとっての『論語』は「**最上至極宇宙第一の書**」とまで言われるほどの完璧な聖典で、仁斎はいっさいの解釈を排して一字一句をすべて真実として受け止めるべきと説いた。

よほど論語に惚れたんですね。で、『論語』から何が明らかになったんですか？

朱子学者たちは、宇宙的な「理」を重視し、その観点から善悪を裁き、心に「敬」をもつよう説く ➡p.254。でも、このような「**残忍酷薄の心**」は儒学の本質ではない。儒家の道とは「**人倫日用の道**」であり、要するに卑近な人間関係における**仁**（**仁愛**）こそ大切だというのが、仁斎の主張だ。

僕らの普段の人間関係を思い起こしてもらうといい。円滑・円満な人間関係が成立しているときってのは、たぶんうそや偽りのない率直な関係を築けているときだよね。こうしたうそ偽りのない**真実無偽の心**（＝**誠**）があるならば、おのずと仁が成立し、五倫 ➡p.98 も成立する。逆に言うと、誠の心がなければ仁も礼も偽りの看板にすぎないというわけだ。この「誠」は、「**忠信**」と言ってもほぼ同じだよ。

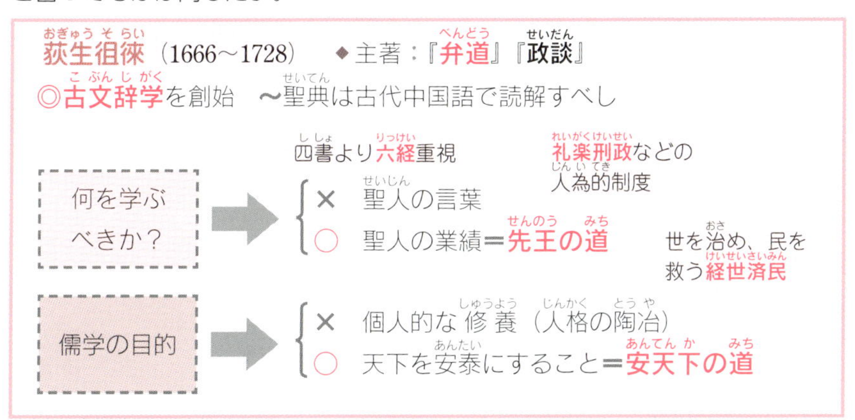

古学派の最後を飾るのは、**古文辞学**を創始した**荻生徂徠**だ。「古文辞」というのは、儒学の経典が書かれた古代中国語という意味だ。日本人は昔も今も中国の古典を日本語風に読み下しているけど、荻生徂徠の学校では日本語を禁止にして中国語でこれを研究したんだよ。

また、彼は伊藤仁斎のように『論語』を特別視せず、むしろそれよりも古い**六経**を重視した。六経というのは**五経** ➡p.109 プラス、失われてしまった「楽経」を指す。

それは、聖人がつくった人為的制度（**礼楽刑政**）こそが、儒家が学ぶべき対象だと考えられたからだ。伊藤仁斎を含めた儒者たちは、一般に**聖人が何を言ったのか**を金科玉条のようにとらえてきた。しかし、徂徠によると、大切なのは**聖人たちの業績**（**先王の道**）のほうだ。

徂徠によると、**堯・舜**といった中国の伝説的な王たちは、社会に秩序をもたらすために礼楽の作法を人為的につくってくれたという。そして、これらの作法が書かれてあるのは『論語』などの四書 ➡p.109 ではなく、孔子自身も学んだ六経のほうなんだ。

荻生徂徠の立場だと、道は人為的なものなの？

まさにそのとおり。朱子学では、道は客観的な「理」そのものだと考えられていたし、陽明学でも心の内面を清めればおのずと社会は整うと考えられていた。でも、徂徠によると、道とは聖人がつくったルールにすぎない（今日の道路交通法みたいなものだ）。朱子学者たちは個人的な修養を重んじたけれども、儒学の目的はむしろ社会に秩序と平和を与えること（**安天下の道**）であり、苦しむ民を救うこと（**経世済民**）だという。内面的な道徳と政治制度を分離したという意味で、「日本のマキャヴェリ」と評価されることもあるよ。

儒学者と赤穂浪士事件

元禄時代に赤穂藩の浪士46人が江戸の吉良義央邸に乗り込み、主君の仇討ちを行うという事件が起こった（**赤穂浪士事件**、いわゆる「忠臣蔵」）。この事件をめぐっては、幕府指導部も儒学者たちも、意見が割れた。木下順庵 ➡p.256 の門下生であった朱子学者の**室鳩巣**（1658～1734）は、これを忠臣・義人たちによる義挙であるとして擁護したが、**荻生徂徠**は、私情にもとづいて公的な秩序を損なったとして切腹させるよう進言した。ここには、儒学者として何を重んじるかという根本的な姿勢のちがいを見てとることができる。

チェック問題 2

荻生徂徠についての説明として最も適当なものを、次の①～④のうちから１つ選べ。

① 聖人の言葉に直接触れるために古代中国の言語を研究する必要を訴え、のちの国学の方法論にも影響を与えた。
② 孔子以来、儒教が重要視する孝を、人倫のみならず万物の存在根拠とし、近江聖人と仰がれた。
③ 実践を重んじる立場から朱子学を批判し、直接孔子に学ぶことを説き、『聖教要録』を著した。
④ 『論語』『孟子』の原典に立ち返ることを訴え、真実無偽の心として誠の重要性を主張した。

（2009年・センター試験本試）

解答・解説

①

古代中国の言語を研究するのが**古文辞学**の立場。国学者の荷田春満 ➡p.281 や賀茂真淵 ➡p.281 も古文辞学の影響を受けているので、①が正しい。

②：孝を最重要視し、「近江聖人」と呼ばれたのは日本陽明学の祖・**中江藤樹**。

③：朱子学を批判して『聖教要録』を著したのは、古学の**山鹿素行**。また、荻生徂徠は孔子以前の聖人の事績が記された六経を重んじている。

④：『論語』『孟子』を重んじ、「誠」を説いたのは**伊藤仁斎**。

江戸時代の思想は、学派と思想家がたくさん出てきて、とてもまぎらわしい。一つひとつしっかり区別しておこうね！

第４章　日本思想

近世日本の思想(2)

この項目のテーマ

1 国　学
国学者たちが探究した日本人の心とは？

2 民衆思想
町人や農民の立場に立った思想を押さえよう

3 洋学と幕末の思想
新時代を思想的に準備する、日本思想と洋学との対決

1 国　学

前項目で見た古学派 ➡p.259 は、文献の実証的な読解によって日本の学問を大きく進歩させた。でも、そこで精読すべき対象とされたのはあくまで儒教の文献、つまり、外国で生まれた文献だった。そこで、しだいに「なぜ日本人が外国の文献ばかり読まなければならないのか？」といった疑問がわいてきた。そうした背景のもと、**日本の古典**を研究して**日本古来の精神**（＝**古道**）を探究しようという**国学**が成立したんだ。

その場合の、「日本の古典」とは？

『**古事記**』や『**万葉集**』などだ。「**聖人の道**」を説く儒教や、「**悟りの道**」を説く仏教は、理想の人間像を思い描き、これに遠くおよばない現実の人間を否定的に見る。ところが、日本の古典には儒仏以前の、おおらかでのびのびとした日本人の文化や心のあり方が描かれているとして、これらをていねいに読み解くべきだと考えられたんだ。

なるほど。国学者にはどんな人がいるんですか？

まず**契沖**（1640〜1701）。この人は真言宗の僧侶だった人物で、『**万葉代匠記**』において『万葉集』を一字一句くわしく研究し、歴史的仮名遣いの原型を生み出した。

そして、この契沖から強い影響を受けたのが**荷田春満**（1669〜1736）だ。彼は神官の息子として育てられたため、**神道**（日本の神々への民族的信仰、➡p.275）を体系化するという目標をもっていた。そのための手段として、古義学➡p.260や古文辞学➡p.261からも学んだ文献学的手法を用いたというわけだ。

賀茂真淵（1697〜1769）　◆主著：『**国意考**』『**万葉考**』

◎おもに『**万葉集**』を研究

- 男性的で力強い「**ますらおぶり**（**益荒男振**）」が理想の歌風（女性的な「**たおやめぶり**（**手弱女振**）」や、人為的な「**からくにぶり**」を批判）
- 古代日本人の精神は、素朴で雄渾な**高く直き心**

賀茂真淵は、浜松の神官の子で、古文辞学派の教えを受けたあとに荷田春満のもとで国学を学び、これを大きく発展させた。彼は、とくに、『**万葉集**』研究に傾注し、そこで基調となっている歌風が「**ますらおぶり**（**益荒男振**）」であることを発見した。「ますらおぶり」とは、字面からもわかるとおり、繊細さや技巧には欠けるが**力強く男性的な歌風**のことを指す。

奈良時代に編纂された『万葉集』は日本最古の和歌集で、それ以降の時代の和歌集では、儒仏の影響を受けた人為的な「**からくにぶり**」や、繊細で女性的な「**たおやめぶり**（**手弱女振**）」の歌風が目立ってくるが、真淵はこれを堕落として批判する。そして、『万葉集』を歌った人々のなかに生きていた**高く直き心**を取り戻すべきだと言う。これは、日本古来の、**素朴で雄渾な人間らしい心**だ。

つまり、真淵は技巧をこらした装飾的な美を批判し、素朴な歌と心を取り戻すべきだと主張したんだ。

本居宣長（1730～1801）　◆主著：『**古事記伝**』『**源氏物語玉の小櫛**』

- 『**古事記**』研究
  - ➡ ●**惟神の道**（神々に由来する自然なあり方）に従うべき！
  - ●日本人本来の心は**真心**（人為的でない素直な心）⟷**漢意**
- 人間情緒の研究
  - ➡ ●文芸の本質は**もののあはれ**（物に触れたときの心の動き）
  - ●理想の歌風は、『古今和歌集』などに見られる**たおやめぶり**（**手弱女振**）

国学の大成者として知られるのが**本居宣長**だ。彼は松坂（現在の三重県）で生まれ、学問をしつつ故郷で医業を営んでいたのだけど、憧れの賀茂真淵との面談がかない（松坂の一夜）、弟子入りするとともに真淵の助言を受けて本格的な『**古事記**』研究を始めた。宣長の『古事記』研究はじつに35年にもおよび、その成果をまとめたのが、大作『**古事記伝**』だ。

本居宣長

本居宣長は『古事記』から何を読みとったんですか？

宣長によると、儒教や仏教が人間を無理やり人為的な型に押し込もうとしてきたのに対し、古代の日本人は**神々の時代から受け継がれてきた、飾らない自然な生き方**をしていたという。これが**惟神の道**だ。この世界ではうれしいことや悲しいことなど、じつにさまざまなことが生起する。そうした森羅万象を**さかしら**（小賢しい分別）でもって善悪正邪へと分析するというのは、**漢意**のなせるわざだ。

漢意とは**外国風（中国風）の考え方**という意味で、具体的には儒教と仏教の考え方を指す。これらの教えは人間を外から縛る規範を前提としていて、それを破る行為は「悪」として批判・否定されてしまう。このように、物事を思慮分別で裁くようなあり方を、宣長は漢意として批判したんだ。

だから、宣長が愛した『源氏物語』も、「仏教的な無常が描かれた書」というように小賢しく分析的にとらえるのではなく、うれしいことをうれしいとし、悲しいことを悲しいとするような素直な感情（**もののあはれ**）を養う書とすべきなんだ。このような「**あはれ**（＝もののあはれ）」を知る心こそが「**よくもあしくも、うまれつきたるままの心**」と言われる**真心**であって、日本人の本来の心（**大和心**）であるとして、その回復を説いたんだ。

なるほど。賀茂真淵を発展させた、ぐらいの感じ？

いや、宣長は師匠の賀茂真淵と大きくちがうことも主張している。歌道についての考え方だ。

賀茂真淵は、**男性的な力強さ**が望ましいという考えだから、失恋に涙する光源氏（『源氏物語』の主人公）のような「女々しさ」は受けつけられなかったんだけど、本居宣長はそうした女性的で繊細な「**たおやめぶり**（**手弱女振**）」こそが美しいと主張した。宣長は、人間というものはそんなにまっすぐで強いばかりでないと考えていたんだろうね。

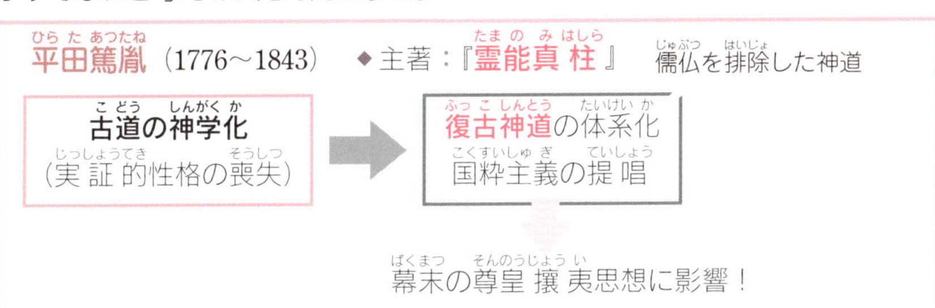

国学の最後を飾るのは、**平田篤胤**だ。彼は、本居宣長の死後に夢で弟子入りを許されたとして「死後の門人」を名乗ったという、ちょっとヘンな人だ。

それまでの国学者たちは、古典文献の読解から古代の日本人の心情を明らかにすることを目指していた。ところが、平田篤胤が目指したのは、**儒仏を排除した復古神道を体系化すること**であり、キリスト教や密教などさまざまな思想体系を取り入れて、独自の神学的体系を一人で構築してしまった。主著『**霊能真柱**』は、篤胤が『古事記』を読解したものだが、その解釈には明らかにキリスト教の影響が見られ、天御中主神など造化三神による天地創造などが描写されている。彼が体系化した復古神道は、幕末に**尊皇攘夷思想**へ影響を与え、明治以降の**国家神道**の基礎にもなっていった➡p.275。

チェック問題 1　標準　1.5分

本居宣長の主張として最も適当なものを、次の①～④のうちから1つ選べ。

① 日本人は、古代の純粋な神道信仰に復帰し、天皇への服従にもとづく民族意識に目覚めなければならない。
② 日本人は、素朴な高く直き心をもって暮らしていた古代の自然の道を回復しなければならない。
③ 日本人は、無名の人々の文字によらない暮らしや考え方の中に、日本文化を見いださなければならない。
④ 日本人は、仏教や儒学が入って来る以前の教えなき時代のあるがままの世界を知らなければならない。

（2003年・センター試験追試）

解答・解説

④

「教えなき時代のあるがままの世界」にあたるのが**惟神の道**なので、④が正しい。儒仏の伝来以前の**真心**を知る時代の日本人に立ち戻るべきだという主張。

①：宣長にも復古神道の考え方はある。しかし、彼は政治的権力としての**「天皇への服従」**を説いたわけではない。これは、**平田篤胤**の主張である。
②：力強い「**高く直き心**」を再興すべきと説いたのは宣長の師・**賀茂真淵**である。
③：「無名の人々の文字によらない暮らしや考え方」を重視したのは、新国学と言われた**民俗学**の創始者・**柳田国男** ➡p.296 である。「無名の人々」のことを、柳田は**常民**と呼んでいる。宣長が行ったのは、あくまで文献研究である。

2 民衆思想

これまでの時代の日本で「思想家」と言えそうな人物は、知識を独占してきた僧侶がほとんどだった。しかし、江戸時代には生産力の上昇を背景に、医師など市井の民も学問の世界で業績を上げるようになり、**民衆的な立場に立脚した独自の思想**が台頭してくる。

まずは、当時の江戸を経済的に支えていた**町人**（≒商人）階級の心情を代表した思想家として、**石田梅岩**を見てみよう。

> **石田梅岩**（1685〜1744）　◆主著：『**都鄙問答**』
> ●**正直**・**倹約**を中心とした平易な町人道徳を説く
> **神道**・**儒教**・**仏教**を融合した**石門心学**
> ●商人の営利活動を正当化（賤貨思想を否定、利潤追求は「天理」）
> …「**商人の買利は士の禄に同じ**（商人の利潤は武士の給料と同じ）」
> ▶身分秩序そのものは否定していない！（**知足安分**を主張）

農民出身の石田梅岩は、京都の商家に奉公に出されていたが、勤勉に働きつつ学問を修めた。そして、45歳のときに聴講無料で女性も学ぶことのできる私塾を開き、体系的な学問を学んだことのない人でも理解できるよう**平易な町人道徳**を説いた。彼の学問は、**神道・儒教・仏教**を融合した折衷的なもので、**石門心学**と言われるよ。

それだけ聞くと、思想としては凡庸な印象を受けますが。

いや、そうばかにしたもんじゃないよ。梅岩の思想史的な意義は、何と言っても**商人の営利活動を正当化**した点にある。江戸時代には、商人の営利活動は卑しいものだとみなす賤貨思想が根強く残っていた。これに対して、梅岩は、物流を担う商業が社会の経済循環に不可欠な営みであることを熟知していたため、商人の職分は武士とくらべてもなんら卑下すべきものでないとして、商人が利潤を獲得することも天理であると説いた。これは、ウェーバーがカルヴァン主義に見出した利潤肯定の考え方 ➡p.119 にも通じるね。

もっとも、彼は身分秩序そのものを否定したわけではなく、職分に満足することを覚えるべき（**知足安分**）だとも言っているので、この点は注意してほしい。

ちなみに、仏教者のなかからも、元武士の**鈴木正三**のように、各人が農業や商業など自己の職分に励むことが仏道の修行になると説く者も現れた。

町人文化

上方（京都・大阪）や江戸では商品経済の発展にともない、町人の文化が興隆した。その代表が、『**好色一代男**』や『**日本永代蔵**』などの**浮世草子**（当時の小説の一種）で、庶民の文化や心情を飾らずに軽妙に描き、世間というものが無情な**憂世**ならぬ、享楽的な**浮世**であることを示した**井原西鶴**（1642～93）や、**義理**（公的規範）と**人情**（私的感情）とのあいだで葛藤する庶民の姿を**人形浄瑠璃**に描いた**近松門左衛門**（1653～1724）などである。

また、大阪では商人たちが出資して**懐徳堂**という民間の学校がつくられ、ここでは身分を問わず教育を受けられ、おおいに栄えた。懐徳堂が輩出した思想家としては、大乗仏教が本来の仏教とは異なるという大乗仏教非仏論を唱えた**富永仲基**（1715～46）や、無鬼論（一種の無神論）を提唱した**山片蟠桃**（1748～1821）などがおり、伝統にとらわれない自由な思想が生まれた。

安藤昌益（1703～62）　◆主著：『**自然真営道**』

◎身分秩序と封建思想を厳しく批判

- **自然世**（理想社会）：**万人直耕**の平等社会、自給自足
- **法　世**（現実社会）：**不耕貪食の徒**がいる身分社会

▶神道・儒教・仏教などが、自然世を法世へと堕落させた

八戸（青森県）の医師として地域医療に従事していた**安藤昌益**は、当時も無名の存在だった。ところが、明治時代になって初めて彼の膨大な著作が発見され、これが戦後にカナダ人外交官ノーマンによって「忘れられた思想家」として紹介され、大きな反響を呼んだ。

どんな点ですごいんですか？

彼によると、だれもが耕し（**万人直耕**）自給自足する**自然世**が理想であって、他人の労働に寄生する**不耕貪食の徒**（武士や知識人）が威張り散らしている**法世**は間違っている。この問題意識は、ちょうど同時代人であったルソーの文明批判 ➡p.142 とも通じるものがある。

安藤昌益は、本格的な学問的修行をしたことのない一介の地方医師にすぎなかったので、仏教や儒教などについて正確な理解があるわけではない。けれ

ども、当時の日本で**身分秩序を正面から批判**し、**仏教・儒教・神道といった支配的な思想が体制を擁護するイデオロギーだという点まで見抜いた**のは、じつに驚くべきことだ。

安藤昌益はまた、自然と人間の調和する社会を夢見たということからエコロジストとしても再評価されているよ。

二宮尊徳（1787〜1856）

◎農政家として農村復興に尽力、「**農は万業の大本**」

● 農業は**天道**（自然の働き）と**人道**（人の働き）により成立

➡天地や他人の恩に報いるべき（**報徳思想**）

その手段
- ● **分度**：経済力に応じた生活（倹約、**合理的生活設計**）
- ● **推譲**：余剰を社会に還元 or 自分の将来のために貯蓄

最後は**二宮尊徳**だ。小学校によく銅像のある二宮金次郎のことだね。この人は、戦前の「修身」の教科書に刻苦勉励の見本として紹介されたものだから、今日でもそのイメージが非常に強い。でも、現実の二宮尊徳は、むしろ破綻寸前の企業や自治体を立て直す経営コンサルタントに近いかもしれない。現に、彼は故郷の小田原藩をはじめ、各地の財政健全化に辣腕をふるった。

へえ！　具体的にはどうやって？

当時（幕末）、経済の中心を占めていたのは、言うまでもなく農業だった。ところが、多くの農村では収穫もふるわず荒廃し、藩財政は悪化の一途をたどる状況だった。そこで彼は、自然の働きとしての**天道**はコントロールできないが、人間の働きである**人道**はそうではないとして、徹底的な合理化を進めていく。

まず彼は、収入の見込みを厳密に計算したうえで支出の計画をたてるべきだと説く。要するに、**身の丈にあった経済設計**をすべしということだ（**分度**）。次に、こうした当たり前のことを徹底すれば、個人レベルでも藩レベルでも余力が生じるから、これを自分の将来、あるいは他者のために回すべしとされる（**推譲**）。

そして尊徳は、こうした実際的な取り組みを先人や他者のために尽くすという思想（**報徳思想**）へと昇華したんだ。

チェック問題 2

易 1.5分

石田梅岩の思想を表す記述として最も適当なものを、次の①～④のうちから1つ選べ。

① 自分が現在このようにして存在するのは、天地や君、親などの大きな徳のおかげであり、その恩に徳をもって報いなければならない。
② すべての人間はみずから衣食住を自給すべきであるのに、武士や手工業者などは、自分で耕作を行わずに農民に寄生している。
③ 自分を偽らず他者をも偽らないという純粋な心情である誠が、人間相互の仁・愛の根底になければならない。
④ 人は身分やそれぞれの持ち分に満足し、日常生活の中で正直と倹約を心がけ、実践することが必要である。

（2000年・センター試験追試）

解答・解説

④

知足と**正直・倹約**を旨とした商人道徳を説いたのが**石田梅岩**なので、④が正しい。商人の独自の意義を強調しつつも、人が「それぞれの持ち分」に満足すべきことを強調したことにも注意すること。

①：**二宮尊徳**の**報徳思想**についての記述。
②：万人がじかに耕す**自然世**を理想とし、農民に寄生する**不耕貪食の徒**を批判したのは**安藤昌益**。
③：古義学の祖である**伊藤仁斎**についての記述。仁斎は、論語の教えの核心に**仁**（**仁愛**）があるとし、その仁の根底には純粋な**誠**があると説いた。

3 洋学と幕末の思想

江戸時代は鎖国体制という印象が強いけれども、実際には朝鮮や中国からさまざまな思想や文物が流入しているし、オランダとの交易は行われていたので、オランダを介する形で西洋の学問や科学技術も入ってきていた。

それが**蘭学**（オランダの学問）というわけなんですね。

そういうこと。**杉田玄白**らがオランダ語の医学書を翻訳して**『解体新書』**として発表したことなどはよく知られているよね。けれども、幕末に外国勢力からの開国要求が突きつけられるようになるとしだいに幕府は態度を硬化させるようになり、鎖国政策を批判した**渡辺崋山**や**高野長英**らの弾圧に乗り出す（**蛮社の獄**、1839年）。

でも、ご存知のとおり、開国の流れを変えることはできず、開国後はオランダ以外の英・仏などからも文化が流入するようになり、まとめて**洋学**と言われるようになる。この時期には**緒方洪庵**が大阪に開いた**適塾**（福沢諭吉 ➡p.277 を輩出）や**シーボルト**が長崎に開いた**鳴滝塾**などの蘭学塾も繁盛したよ。

幕末には西洋一辺倒になったの？

もちろん、そんなことはない。幕末には、**科学技術**の面では西洋のものを受容する必要を説きつつ、**思想**面では日本ないし東洋のものを堅持するという**和魂洋才**の考え方が台頭していた。

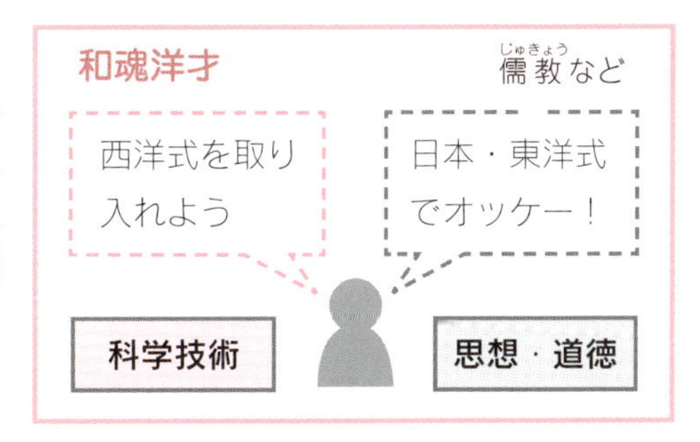

その典型が、儒学者・兵学者の**佐久間象山**（1811〜64）だ。彼はもともと儒学を講じる知識人だったが、藩主の命を受けて西洋式の砲術を含む兵学を研究するようになると、たちまち西洋の科学技術の意義を見抜き、これを研究する重要性を訴えた。そのさいのスローガンが「**東洋道徳、西洋芸術**」だ（この場合の「芸術」は、「技術」を意味する）。彼は、**儒教的な道徳**の優位性を確信していたが、西洋列強からの侵略を防ぐためには**西洋式の技術**をモノにしなければならないと考えたんだ。

熊本藩士の**横井小楠**（1809〜69）も「**堯舜孔子の道を明らかにし、西洋器械の術を尽くす**」と述べ、象山と同様の和魂洋才の教えを説いている。

幕末も、儒教道徳は依然として強力だったんだね。

そうだね。ただし、幕末の儒学は、幕藩体制を支える理論という側面だけではなく、むしろ天皇を国家の支柱に据える「**国体**」論という側面も帯びてくる。

その先駆となったのは、会沢正志斎や藤田東湖らによる**水戸学**で、彼らは儒教の**大義名分論**（「臣下は君主に忠実であれ」）を国体論と結びつけ、幕府よりも天皇への忠誠を説くようになる。

この流れを引き継いだのが、佐久間象山の弟子であった**吉田松陰**（1830〜59）で、**一君万民論**（藩と身分を超えて、だれもが天皇に忠誠を尽くすべき）を説いて尊王倒幕運動の理論的基礎がつくられた。彼はわずか29歳で死罪になるのだけど、山口県の**松下村塾**で教えた弟子たちが明治維新の功労者として育っていく（高杉晋作、伊藤博文、山県有朋ら）。

松陰の門下からは、明治維新で大活躍する重要人物が続々と輩出されたんだね！

スキルアップ6 神道の歴史

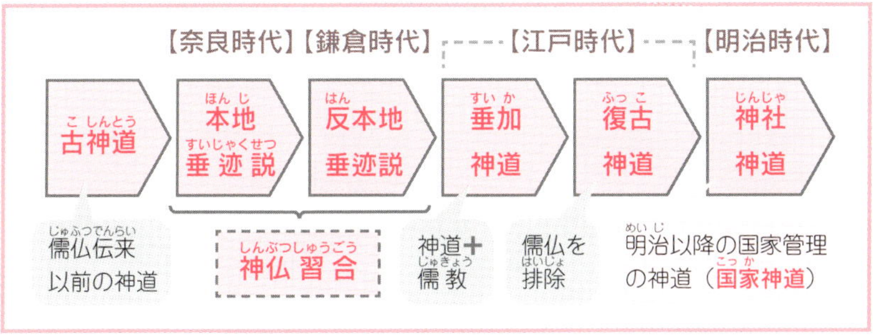

【奈良時代】	【鎌倉時代】	【江戸時代】		【明治時代】	
古神道	本地垂迹説	反本地垂迹説	垂加神道	復古神道	神社神道
儒仏伝来以前の神道	神仏習合		神道＋儒教	儒仏を排除	明治以降の国家管理の神道（国家神道）

太古以来の日本の伝統的な神信仰を**神道**と言う。

このうち、儒教や仏教が大陸から伝来する以前の神道を**古神道**（原始神道）と言う。古神道がどのようなものであったかは不明な点が多いが、**自然信仰**や**祖先崇拝**などを基軸にして、地域や血縁共同体で行われていたと考えられる祭式や行事などが、のちに古神道と呼ばれるようになった。古神道には明確な教義がなく、共通の聖典なども存在しない。

この古神道に、大陸伝来の儒教や仏教の理論や世界観が付加されることで、日本の神道はしだいに体系化されていった。とくに、奈良時代ごろからは神道と仏教が融合する**神仏習合**が進んだ。このうち、本体が仏であって日本の神はその化身だとするのが**本地垂迹説**、逆に仏を日本の神の**権現**（仮の姿）とするものを**反本地垂迹説**と言う。本地垂迹説の典型としては**真言宗** ➡p.234 で信仰された**両部神道**などが挙げられる。これに対して、反本地垂迹説の典型としては**伊勢神道**や**吉田神道**などがある。

江戸時代末期に現れた**復古神道**をへて明治期に確立される**神社神道**は、明治政府の管理下に置かれた神道で、**国家神道**とも言う。民間の宗教として自律性を認められた**教派神道**以外の神道を指し、天照大神を祀る伊勢神宮を頂点にして全国の神社組織を階層化し、**現人神**（人として現れた神）である天皇を最高の祭祀者とする。

24 日本の近現代思想(1)

この項目のテーマ

1 啓蒙思想と民権思想
福沢諭吉と中江兆民はどのような近代化を目指したのか？

2 内面の刷新――キリスト者と文学者
キリスト者と文学者は、時代とどのように格闘したのか？

3 近代化への対応――社会主義と国粋主義
近代化のひずみに、思想家たちはどう対応したのか？

1 啓蒙思想と民権思想

ここからは、明治維新以降の近現代日本の思想を扱う。多くのグループと思想家が登場するから、知識をしっかりと整理してね。

さて、維新後の日本にとって最大の課題は、いかにして**近代化**を進めるかということだった。19世紀後半の日本は、すでに**市民革命**と**産業革命**を済ませた欧米列強とくらべて明らかに立ち遅れていた。大国の中国さえもが半植民地化される危機的状況のなか、日本は一刻も早く近代化（≒**文明開化**）する必要に迫られていたんだ。

なるほど。それで思想家も近代化という課題に向きあったんだね。

そう。そして、その役割を自覚的に担おうとしたのが、明治６年に結成された**明六社**の啓蒙的な知識人たちだ。彼らはおもに留学経験をもつ若手の元幕臣たちで、新政府に雇われ、強い使命感をもって**政府の近代化政策**を思想的に支える役割を果たした。

明六社にはどんな人がいるんですか？

圧倒的に有名なのは**福沢諭吉**だけど、彼はいったん後回しにして、まずそのほかの人物の簡単なプロフィールをチェックしておこう。

明六社のメンバーたち	
森　有礼 (1847〜89)	**明六社の発起人**。**初代文部大臣**。いち早く廃刀を訴え、**男女同権**や英語国語化論などを提唱したが、国粋主義者に襲われて死亡。
西　周 (1829〜97)	オランダに留学して法学や哲学を学ぶ。軍人勅諭の起草にかかわるなど、新政府で要職を歴任。「**哲学**」「**理性**」などの**訳語を創案**。
中村正直 (1832〜91)	スマイルズ『**西国立志篇**』やJ.S.ミル『**自由之理**』などの訳書を刊行。
加藤弘之 (1836〜1916)	東京大学初代学長。もともと**天賦人権説**の立場に立って立憲政体を擁護していたが、のちに**社会進化論**に転向して民権思想を批判。

さて、では近代日本の思想家で最重要と言って間違いない**福沢諭吉**（1834〜1901）について見ていこう。この人は超有名人だよね。彼の仕事はじつに多岐にわたるけど、その核心は**封建制を徹底的に批判**し、**独立した個人**による社会をつくるよう説いたことにあると言える。

福沢諭吉（1834〜1901）　◆主著：『**学問のすゝめ**』『**文明論之概略**』

■ 封建制批判
- **天賦人権論**〜人間の貴賤は、**生まれ**ではなく**学問**の有無で決定
  ：「**天は人の上に人を造らず、人の下に人を造らずと云えり**」
- **独立自尊**
  ：「**一身独立して一国独立す**」（強い個人 ➡ 強い国家）
- **実学**の奨励
  ：**数理学**（例 物理学、経済学）⟷**虚学**（例 儒学）

■ 国権論への傾斜（晩年）
- **官民調和論**：民権論への批判（国の独立・発展がより重要）
- **脱亜論**　：遅れたアジアとの連帯はあきらめよう

福沢諭吉は、万人が平等につくられているという**天賦人権論**の立場に立っていた。これは、下級武士という家柄ゆえに出世できなかった父のことが念頭にあったようで、「**門閥制度は親の敵にござる**」と述べている。家柄や出身地で人の生涯が決められるのはおかしい、ということだ。

第4章 日本思想

では、人間は完全に平等だと？

福沢諭吉

いや、諭吉によると人間の価値は**学問**の有無によって決まる。才能にちがいはないし家柄も関係ないのだから、あとは努力あるのみ！　というわけだ。

ところで、彼は、西洋にあって東洋にないものが2つあると言う。それが、**独立心**と**数理学**（≒**実学**）だ。彼は明六社のほかのメンバーとちがい、最後まで新政府に仕えなかったんだけど、それは、彼が独立心ということを非常に重視していたからだ。彼はだれかに雇われ依存するということが人間にとってどれほどマイナスになるかをよく知っていたから、**独立自尊**の精神で事業を起こし、新聞社をつくり、私塾（**慶應義塾**）を開いたんだ。そして、学校では空理空論ではなく、実社会で役に立つ実学を教えたんだ。

でも、たしか諭吉って晩年には**転向**したんですよね。

たしかに、彼は**民権派を厳しく批判**し、アジアとの連帯を放棄する**脱亜論**を唱えている。だから、これを福沢諭吉の限界とする論者も少なくない。けれども、諭吉がアジア諸国に見切りをつけたのは、旧態依然たる封建思想と封建体制をいっこうに脱せられないことへの失望感ゆえであって、けっしてアジアの人々への差別意識ゆえではない。

福沢諭吉は驚くほど柔軟で自由な思想家であり、その文章は今読んでも清新なことこのうえない。君たちにもぜひ味わってほしいな。諭吉の「限界」を語るのは、それからで十分だと思うよ。

ポイント 福沢諭吉の思想

- 封建制を徹底的に批判し、**独立心**をもち**実学**を身につけた個人からなる社会を構想した
- 民権論に対して**官民調和**を説き、晩年には**国権論**に傾斜し、**脱亜論**を説いた

啓蒙主義者ってすこし「上から目線」的な感じがするなあ。

たしかにそうかもしれないね。近代化が最大の課題であった明治初期には、一方で政府の近代化と連動しようという思想動向があった。これこそが明六社の啓蒙思想だ。でも他方では、新政府の立場とは一線を画し、**自由民権運動**と連動して下からの近代化を進めようとする**民権思想**も起こっていた。自由民権運動というのは藩閥政治を批判し、「憲法をつくれ」「国会を開け」などと要求した運動のことだよ。

啓蒙思想家たちは必ずしも**民権**を否定していないけれども、たしかに**国権論**（国家の独立を強調）に重きを置いていた。というわけで、明治初期には大きく分けて2つの思想潮流があったということになる。

啓蒙思想	民権思想
● **政府**の近代化と連動、上からの近代化 ● **イギリス**流の漸進的改革、明六社	● **自由民権運動**と連動、下からの近代化 ● **フランス**流の急進的改革

このうち民権思想の代表者が、なんと言っても「**東洋のルソー**」と呼ばれた**中江兆民**（1847〜1901）だ。

中江兆民（1847〜1901） ◆主著：『**民約訳解**』『**三酔人経綸問答**』

- 民権思想の代表〜「**東洋のルソー**」
- 2つの民権　　　ルソー『社会契約論』の部分訳
  - **恩賜的民権**：為政者から与えられた権利　例　日本
    - ↓ 育てていくべき　　　権利の内容を豊富にしよう！
  - **恢復的民権**：人民が勝ち取った権利　例　英・仏
- 「**日本に哲学なし**」〜日本人は自分の頭でものを考えない
- 無神無霊魂（独特の唯物論）

中江兆民は、自由民権運動の根拠地となった土佐の出身で、若き日にフランスに留学をしている。帰国後の兆民はルソーの『社会契約論』の部分訳として『**民約訳解**』を刊行し、また、衆議院議員にもなって民権派の思想的リーダーとして活躍する。

中江兆民

ただ、「民権」には２種類あるという。それが、**恩賜的民権**と**恢復的民権**だ。より望ましいのは、英・仏が市民革命で勝ち取ったような恢復的民権だ。この権利は、人民自身が勝ち取ったものだから、その内容も分量も自分たちで決定できる。では、恵み与えられただけの恩賜的民権は意味がないのかというと、そんなことはない。大日本帝国憲法のような与えられた権利であっても、その内容を実質化させられるかどうかは民衆しだいなのだから、これを充実するよう努めるべき、とされる。これが『**三酔人経綸問答**』の議論だ。３人の酔っぱらいが政治について話し合いました、という著作だよ。

「**日本に哲学なし**」ってのはどういう意味？　日本にも思想家はいたはずじゃないですか！

兆民の晩年の言葉「**日本に哲学なし**」とは、自分の頭でものを考える習慣がない、という嘆きの言葉だ。たしかに、日本にもさまざまな思想家がいたけど、兆民に言わせれば、彼らはみな過去の文献を研究していただけであって、そこには信念も主張もなかった。日本では、政治の論議なども確固たる自分の信念や主義・主張がないため、表面的で空疎なものとなってしまっている、と。今日の日本にもあてはまりそうな批判だね。

福沢諭吉を含めた多くの思想家が国権論に傾斜する時代にあって、兆民はあくまで「**民権これ至理なり、自由平等これ大義なり**」（『**一年有半**』）と言い続けた。筋金入りの民権派だったと言えるだろう。

植木枝盛の私擬憲法

植木枝盛（1857～92）は、中江兆民と同じく土佐出身の民権運動家で、上京して福沢諭吉に師事するなどして研鑽を積み、『**民権自由論**』などを著す。政府が憲法の制定を発表すると、各地で私的な憲法草案がつくられた。その代表が、彼のつくった**東洋大日本国国憲按**で、ここには**主権在民**や**抵抗権**といった先進的な内容が盛り込まれていた。

チェック問題 1

啓蒙思想家の一人である中江兆民に関する説明として適当でないものを、次の①～④のうちから１つ選べ。

① 『三酔人経綸問答』を著し、恩賜的民権から、立憲君主制をへて恢復（回復）的民権に移行すべきだと説いた。
② ルソーの『社会契約論』を『民約訳解』として翻訳するなど、急進的なフランス啓蒙思想の移入に努めた。
③ 平民社を設立し、『平民新聞』で反戦平和の大切さを訴えるなど、自由民権運動を積極的に推進した。
④ 『一年有半』『続一年有半』を著し、神や霊魂の存在を否定するなど、独自の唯物論を述べた。

（2008年・センター試験追試）

解答・解説

③

平民社 ➡p.286 は社会主義者たちの新聞社であり、その設立者は**幸徳秋水**と**堺利彦**である。幸徳は、中江兆民の弟子であったが、兆民は平民社設立（1903年）の２年前に死去している。

①：正しい。中江兆民は急進的な民権論者だったが、**恩賜的民権**や立憲君主制を否定はせず、それらをへて、将来的に真の民権（**恢復的民権**）を実現することを構想した。

②：正しい。中江兆民は「東洋のルソー」と呼ばれ、急進的な民主主義者として活躍した。

④：正しい。合理主義的な考え方をもっていた中江兆民は、一種の唯物論と言える「無神無霊魂」を説いている。

2 内面の刷新――キリスト者と文学者

明治期には、**心の内面**も刷新して近代化すべきだという考え方が生まれ、知識人を中心に、西洋のすぐれた文明の根底にある**キリスト教**への関心が高まっていったんだ。その代表が**内村鑑三**だ。

内村鑑三（1861～1930）

◆主著『**余は如何にして基督教徒となりし乎**』『**代表的日本人**』

- 「**二つのJ**」（イエスと日本）への忠誠
  ➡「**武士道に接木されたるキリスト教**」 ▶**不敬事件** **教育勅語**への敬礼拒否 ➡失職
- **無教会主義**：信仰に教会堂は不要
- **非戦論**：日露戦争に反対、絶対平和主義 どんな戦争にも反対

内村鑑三は札幌農学校に学んでキリスト者となり、さらにキリスト教の国アメリカに行って神学を学んだんだけど、そこで彼が見たのは、物質文明に毒されたアメリカだった。これに失望し、内村はかえって日本を見直すことになる。清廉な**武士道**精神の浸透した日本でこそ、キリスト教は根づくのではないか、と。こうして彼はJesusとJapanという「**二つのJ**」への忠誠を捧げることになる。

なかなかの愛国者なんですね。

熱烈な愛国者だよ。彼は『**代表的日本人**』という本も書いていて、ここでは、日蓮や中江藤樹なども日本の心を代表する人物として好意的に紹介している。ただし、もちろんキリスト教の神以外を神として認めるわけにはいかなかった。そのため天皇を神格化した教育勅語の奉読式では最敬礼を行わず、これが原因で第一高等中学校の教員職を失う憂き目にも遭っている（**不敬事件**）。

内村に関しては、そのほか、**無教会主義**の立場と**非戦論**を唱えたことをおさえよう。彼は、じつは日清戦争には賛成の立場だったんだけど、その悲惨なありさまを知り、あらゆる戦争に断固として反対する戦争廃止論に進んでいった。

そういや、以前の5000円札の肖像は、内村鑑三じゃなかったっけ？

それは**新渡戸稲造**（1862～1933）だよ。新渡戸は内村の親友だった人で、同じく札幌農学校で洗礼を受け、のちに**国際連盟事務次長**として大活躍した、

いわば日本初の本格的国際人だ。彼は、日本人の精神的基盤が武士道にあるとして、英語で『**武士道**』を著している。内村と似ている点が多いから混同しないようにね！

その他のキリスト者

新島襄（1843～90）は、若いころに脱藩し、アメリカに密航してキリスト教を学び、帰国後は京都に**同志社**を設立して、**安部磯雄** ➡p.286 や**徳富蘇峰** ➡p.287 などの著名な人物を育てる。**植村正久**（1857～1925）は、キリスト教を日本人のものとすることに尽力し、東京神学社（今日の東京神学大学）をつくるなど、福音主義の普及に努めた。

そのほか、明六社の**森有礼**や**中村正直**、文学者の**北村透谷**や**有島武郎**、社会主義者の**片山潜**など、明治・大正の知識人には多くのキリスト者が含まれていた。

さて、明治中期ごろからは**文学**、とりわけ**小説**の形をとって自我を探求する動きが強まる。時代の大きな転換点にさいして日本社会のあるべき姿が文学的に探求されたと言える。

ふーん、どんな文学が登場するの？

最初に注目すべき潮流は、**浪漫主義**だ。これは、それまでの**封建的な束縛**に反発し、自我の解放を説く立場で、**身分**や**家柄**や**性別**にもとづく秩序を否定し、自分の**感性**に従って自由に生き方を探求しようというわけだ。具体的には、**北村透谷**と**与謝野晶子**がその典型だね。

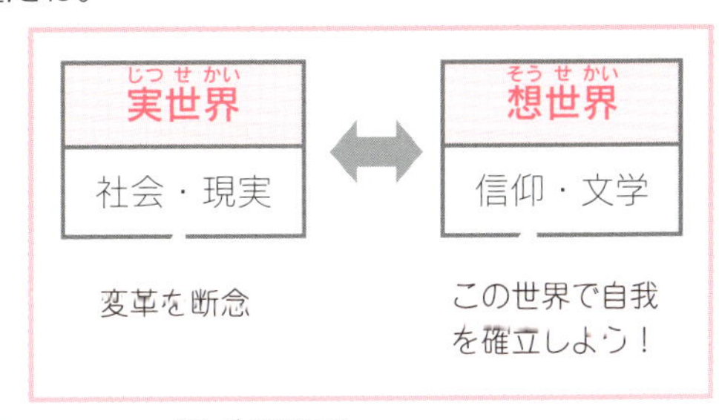

北村透谷（1868～94）は、青年期に自由民権運動に参加した理想主義者だったが、運動が過激化して挫折してしまう。こうした経験から、彼は**実世界**（社会や現実）の変革をあきらめ、内面的な**想世界**（宗教や文学の世界）で自我を確立すべきことを説いた（『**内部生命論**』）。この「想世界」のなかでとくに重視されるのが**恋愛**で、彼は「恋愛は人世の秘鑰（＝鍵）なり」と述べている。

第4章 日本思想

与謝野晶子（1878〜1942）は、歌集『みだれ髪』のなかで大胆に**官能**を肯定した歌をよみ、当時の世間に衝撃を与えた。彼女はまた、日露戦争に出征した弟の無事を祈る歌（「**君死にたまふこと勿れ**」）でも物議をかもし、封建道徳に縛られない自由な感情を表現している。

既成の道徳に縛られない自由な立場が**浪漫派**というわけだね。

そういうこと。これに対して、**現実の厳しさ**を直視しようという**自然主義**も台頭してくる。その代表は、浪漫主義の詩人として出発した**島崎藤村**（1872〜1943）で、『破戒』などの小説で部落差別➡p.284などの社会問題を含めた過酷な現実をありのままに描写した。

しかし、自然主義の主流は、しだいに俗悪な現実を無批判に描くものになってしまったため、これへの反発として**反自然主義**の立場が台頭した。その典型が、**森鷗外**と**夏目漱石**だ。

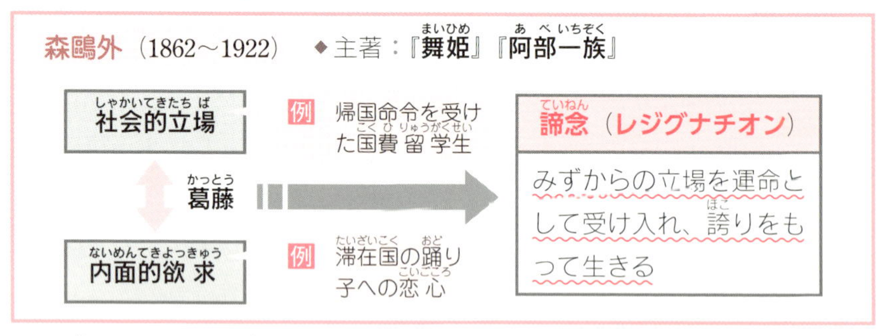

まず、森鷗外。彼が多く描いたのは、**社会的立場**と**内面的欲求**のあいだに葛藤が起こる状況だ。このようなときに、人は大きなジレンマに立たされる。でも、一方をすっかり捨てるのではなく、**自分の境遇をみずからの運命として引き受ける**ということもできるはずだ。これを、鷗外は**諦念**（**レジグナチオン**）と言う。

これは、現実に妥協する後ろ向きな生き方に見えるかもしれない。でも、たとえば親の介護のために自分の夢をあきらめる場合などを考えてほしい。このときには、自分の心がまえしだいで、前向きに生きることはできるはずだ。君たちもいずれ、鷗外の言いたかったことがわかる日が来るはずだよ。

夏目漱石（1867～1916）
- 人間の**エゴイズム**（**利己主義**）を直視
  - ➡ **自己本位**の個人主義を提唱（講演『**私の個人主義**』）
    自己の内面的欲求に忠実&他者を尊重
- 近代化
  - **内発的開化**：自発的な近代化（欧米）
  - **外発的開化**：外圧による表層的な近代化（日本）
- **則天去私**：小さな我を捨てて天（≒自然）に従う～漱石晩年の境地

夏目漱石も、小説のなかで近代という時代と正面から格闘した作家だ。彼は、人間の**エゴイズム**（**利己主義**）に苦しむが、**自己本位**の生き方をすることでこれを克服できるという結論に至った。

え？　身勝手な生き方をすべきだって言うんですか？

漱石の言う「自己本位」とは**自分の内面に忠実**な生き方という意味で、他者に迎合する「**他人本位**」と対をなす。だから、自己本位の生き方は身勝手どころか**他者を尊重**する生き方でもある。

もっとも、漱石は、晩年になるとこの主体的あり方も相対化させていき、小さな我にこだわるのではなく、天（≒自然）に従うという達観した境地（**則天去私**）に至っている。

その他の文学者

武者小路実篤（1885～1976）や**有島武郎**（1878～1923）など、上流層出身の作家たちの**白樺派**は、理想的な人道主義を掲げた作品を描いた。実篤は、理想的共同体「新しき村」を建設するなど、その理想の実現にも情熱的に取り組んだ。

「雨ニモマケズ」などの詩で知られる詩人・童話作家の**宮沢賢治**（1896～1933）は、郷里の岩手で農業の指導をしつつ詩作を続け、自然との強い一体感による独自の文学世界をつくった。彼はまた、熱烈な法華経信仰をもち、「世界がぜんたい幸福にならないうちは個人の幸福はあり得ない」との言葉を残している。

3 近代化への対応――社会主義と国粋主義

明治維新ののち、日本は政府主導で急速な近代化を果たしていった。でも、その陰では、日清戦争後の資本主義の発展にともなう労働問題の激化や、日本の伝統的価値が損なわれることへの反発なども起こっていた。ここではこうした動き、具体的には**社会主義**と**国粋主義**の動向について見てみよう。まずは社会主義から。

社会主義の動向

■ キリスト教的人道主義からの流れ

- **片山潜**：日本初の労働組合を組織、モスクワのコミンテルンで活躍　　共産党の世界組織
- **安部磯雄**：日露戦争で非戦論を提唱、日本フェビアン協会を結成

■ 自由民権運動からの流れ

- **幸徳秋水**：**堺利彦**らと**平民社**を設立し、『**平民新聞**』を主宰、**大逆事件**で処刑　　天皇の暗殺未遂事件

■ 学問研究からの流れ

- **河上肇**：京都帝国大学教授。貧困問題の研究からマルクス経済学者に

日本の初期社会主義者には、大きく2つの系統がある。ひとつは、**キリスト者としての人道主義から社会問題に関心を深めていった流れ**で、**片山潜**（1859～1933）や**安部磯雄**（1865～1949）らがこれにあたる。2人とも、アメリカで「キリスト教社会主義」と呼ばれる潮流と交わり、帰国後に日本初の社会主義政党である社会民主党の結成（1901年）に参加した（ただし、この党はただちに禁止命令を受けた）。

一方で、**自由民権運動から身を起こし、この挫折後により急進的な社会主義運動に進んだ流れ**がある。**幸徳秋水**（1871～1911）が典型だ（中江兆民の元弟子だよ）。彼も社会民主党の結成に参加している。彼は1901年に、世界的にも評価の高い『**廿世紀之怪物帝国主義**』を刊行するなどの活躍を見せるが、1911年に**大逆事件**で処刑された。これは、明治天皇の暗殺計画が発覚したという事件だが、幸徳秋水は事件と無関係であったことがわかっている。

なお、そのほかの社会主義者としては、経済学者の**河上肇**（1879～1946）がよく知られている。彼の『**貧乏物語**』（1916年）は、当時の大ベストセラーになった。

ポイント 日本の社会主義運動

資本主義の発展とともに登場した日本の社会主義運動は、**キリスト教的人道主義**と**自由民権運動**という2つの潮流から成長した。**大逆事件**で**幸徳秋水**が処刑されたことに示されるように、政府はこれらの運動を弾圧した。

日本の近代化の過程では、欧米諸国から一等国とみなしてもらいたいために行われた、安直かつ無理な**欧化政策**も見られた。**鹿鳴館**という西洋風の社交施設をつくって外交官を連日連夜接待したのはその象徴だし、日本語を廃止して英語を公用化しようといった声すら挙がっていた。こうした政府主導の極端な欧化主義に対して、**自国のアイデンティティを重視すべきだという反動**が起こった。これが**国粋主義**だ。

なんだか、江戸時代の国学 ➡p.264 にも似ていますね。

いいところに気づいたね。国学は、中国風の思想・文化に反発して日本の伝統を回復しようという運動だったけど、明治期以降の国粋主義は西洋風の思想・文化に対する反動だ。いずれも**ナショナリズム**の動きであるという点で共通している。

明治以降の国粋主義

- **西村茂樹**：明六社の同人、『日本道徳論』
  ➡ **儒学**に**西洋哲学**を加味した**国民道徳**を涵養すべし
- **井上哲次郎**：ドイツ哲学研究者、キリスト教を排撃
- **岡倉天心**：美術哲学者、『茶の本』などで日本文化を海外に紹介、「**アジアは一つ**」
- **三宅雪嶺**：政教社を設立、雑誌『**日本人**』を主宰
- **陸羯南**：新聞『日本』を主宰、「**国民主義**」を標榜
- **徳富蘇峰**：民友社を設立し、『**国民之友**』を主宰。「**平民主義**」を標榜

（三宅雪嶺・陸羯南・徳富蘇峰）→ ジャーナリスト

のちに排外的な国家主義に転向！

「**国粋主義**」という言葉を聞くと、ただちに**外国人の排斥**や**外国への侵略**を正当化する動きが思い浮かぶかもしれないけど、少なくとも明治後半に起こった当初の国粋主義は必ずしもそうした性格はもたなかった。むしろ、政府に対して民衆の立場を擁護するという**進歩的な性格**が強かったと言えるだろう。このことは、**徳富蘇峰**（1863～1957）のスローガン「**平民主義**」に象徴的に示されているし、**三宅雪嶺**（1860～1945）は社会主義者の堺利彦 ➡p.281 と深く交流していた。なお、この時期の運動を担ったのはおもにジャーナリストだよ。

昭和以後の国粋主義は、少し様子がちがうんですか？

そのとおり。ある程度対外的な地位を確立した強国で起こるナショナリズムは、どうしても排外的な国家主義に傾きがちで、これは軍国主義まであと一歩だ。昭和以降の日本の動向がまさにそうだった。

1936年には**二・二六事件**（青年将校たちによる軍事クーデター）が起こり、世相は一気に軍国主義へと向かっていく。そして、この事件を起こした青年将校たちに影響を与えたのが、『**日本改造法案大綱**』で憲法の停止や政党の解体を訴えて**超国家主義**的な体制の樹立を説いた**北一輝**（1883～1937）だった（北は、事件の理論的指導者と目されて処刑されている）。

また、かつて平民主義を唱えていた徳富蘇峰も転向して、太平洋戦争にさいしては国策と戦争の鼓吹者となってしまう。なお徳富蘇峰は、キリスト者➡開明的ジャーナリスト➡軍国主義者と、激動の日本近代史を一身に体現するような生涯を送っているよ。

チェック問題 2

幸徳秋水（こうとくしゅうすい）についての説明として最も適当なものを、次の①～④のうちから一つ選べ。

① 国は人民によってできたものであると平易に民権思想を説き、主権在民を謳（うた）い抵抗権を認める私擬憲法を起草した。
② 国を支える農業と農民を大切に考え、農民が苦しむ公害問題を解決する運動に身を投じ、その解決の必要性を説いた。
③ 東洋の学問を実生活に役立たない虚学、西洋の学問を実生活に役立つ実学と呼び、後者を学ぶことの必要性を説いた。
④ 社会主義の立場から、当時の帝国主義を、愛国心を経（たていと）とし軍国主義を緯（よこいと）とする20世紀の怪物と呼び、批判した。

（2009年・センター試験追試）

解答・解説

④

幸徳秋水は近代日本を代表する社会主義者。レーニンの『帝国主義論』（1917年）➡p.178 より早くに『**廿世紀之怪物帝国主義**（にじっせいきのかいぶつていこくしゅぎ）』（1901年）を刊行し、帝国主義を「愛国心を経とし軍国主義を緯とする」と言い表した。

①：主権在民と抵抗権を認める**私擬（しぎ）憲法**を起草したのは**植木枝盛（うえきえもり）**である ➡p.280 。

②：農民の立場に寄り添い、公害問題の解決に尽力したとあるので、**足尾銅山鉱毒事件（あしおどうざんこうどくじけん）**の解決に生涯を捧げた**田中正造（たなかしょうぞう）**である（➡p.306）。

③：西洋的な**実学**を重視した思想家ということなので、代表的な啓蒙主義者・**福沢諭吉（ふくざわゆきち）**についての記述である。

第4章 日本思想

25 日本の近現代思想⑵

この項目のテーマ

1 大正期の思想――大正デモクラシーほか

新時代を支えた新しい思想の動向が登場

2 日本の独創的思想――哲学と民俗学

多彩な思想家たちの主張をていねいに追おう

1 大正期の思想――大正デモクラシーほか

大正デモクラシーという言葉は聞いたことあるよね。その名のとおり、大正時代（1912～26）はデモクラシーが開花した時代だった。これは憲法制定（1889年）から20年以上が経過して立憲政治が安定期を迎えたことと、急速な資本主義化もひと段落したことなどが背景にあり、この時代の大正デモクラシーとは、**憲法の擁護**と**普通選挙制**を要求する民衆運動であったと言える。

この時期には大逆事件 ➡p.286 でいったん下火になった社会主義的な潮流も息を吹き返し、そのほか**女性解放運動**や**部落解放運動**など多彩な民衆運動が一挙に展開されるようになるんだ。

どんな人が運動を牽引したんですか？

大正デモクラシーの理論的指導者となったのは、なんといっても東京大学の政治学教授だった**吉野作造**（1878～1933）だ。

吉野作造（1878～1933）　～普通選挙制や政党内閣制などを要求

デモクラシー
- 民主主義：人民による政治（主権在民）　➡ 危険思想
- **民本主義**：人民のための政治（主権の所在は問わない）➡ OK！

吉野がなぜ「**デモクラシー**」というカタカナ語を使ったかというと、「**民主主義**」という日本語は人民主権を意味してしまい、これは天皇主権をうたう憲法と矛盾してしまうからだ。だから、彼は「民衆本位」を縮めた「**民本主義**」を提唱した。

民本主義は、民主主義とちがうの？

民本主義の場合、だれが主権者かということは問われない。だから、天皇主権を維持しつつ**民衆のための福利**を実現することが可能になる。もともと、これは孟子などの儒教で説かれていた教えなので、日本でも受け入れられやすかったと言えるだろう。吉野は民本主義の立場から**普通選挙制**の要求などを行っていったんだ。

それからもう一人、**美濃部達吉**についても触れておこう。

> **美濃部達吉**（1873〜1948）
>
> **天皇機関説**
> - **国家は一種の法人**である（国家法人説）
> - **天皇は国家という法人の最高機関**である
>
> ➡ のちに**迫害**！

美濃部達吉の唱えた**天皇機関説**とは、**国家が一種の法人である**という前提のもと、**天皇をその最高機関とみなす**という考え方だ。これは言ってみれば、天皇を会社の社長のようなものとみなすわけで、天皇の主権を否定するわけではないけれども、社長が会社のルールに縛られるのと同様に、天皇も国家のルールである憲法に縛られることになる。

東京帝国大学教授だった美濃部の天皇機関説は、大正時代には通説となり、この時代の政党政治を支える理論ともなっていた。しかし、昭和に入って軍国主義的ムードが高まると、しだいにこの学説は批判を受けるようになり、著書は発禁処分、貴族院議員の職も追われ、はては右翼から銃撃されるという大変な**迫害**を受けるに至った（**天皇機関説事件**）。大正から昭和への流れを象徴する事件だった。

第4章 日本思想

女性解放運動 〜男女同権（**一夫一婦制**、**婦人参政権**など）を主張
◎**平塚らいてう**（1886〜1971）：雑誌『**青鞜**』を発刊
➡「元始、女性はじつに**太陽**であった。……今、女性は**月**である」
みずから輝き、ほかの者を照らす　　男性に依存するだけの存在

大正時代には人々の意識の高まりにつれて、女性の自覚も強まっていった（当時は「**婦人解放**」と言っていた）。この動きを代表するのが**平塚らいてう**だ。雑誌のタイトルになっている「青鞜」とは「青い靴下」という意味で、女性の自立を目指すイギリスの運動に由来する。「**良妻賢母**」のような男性に都合のいい伝統的な女性像ではなく、「**新しい女**」を目指すもので、日本初のフェミニズムの運動と言える。

良妻賢母って、ダメなんですか？

意見の大きくわかれるデリケートな問題だ。「良妻賢母」というのは、夫に仕えて子を育て、家庭を守るという女性のあり方だよね。現にこうした生き方をしている人を否定する権利はだれにもない。でも、この生き方は女性が主役であるべきではないという価値判断にもとづくものでもあり、女性解放運動の立場は、少なくともこうした生き方を強制すべきではないと考えるんだ。ともあれ、大正時代には**女性の自立**を目指す動きが登場してきたというわけだ。

部落解放運動

江戸時代までの身分社会（士農工商）に対し、明治政府は「四民平等」の方針をとったため、伝統的に差別を受けてきた**被差別部落**の人々は形式上は解放された。しかし、さまざまな差別は根強く残ったため**部落解放運動**が起こり、「**人の世に熱あれ、人間に光あれ**」を掲げる**全国水平社**が1922年に結成された。

チェック問題 1

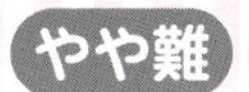

吉野作造は「民本主義」を提唱した。その記述として最も適当なものを、次の①～④のうちから１つ選べ。

① 憲法の規定内で民本主義を貫徹させるには、国民の意思がより反映する普通選挙の実施と政党内閣制の実現が望ましいと主張した。

② 民本主義の具体化のため、まず主権者である天皇の権力を制限することが重要であるとし、国民の意向による民定憲法の制定を主張した。

③ 国民が政治的に中立の立場を貫くことが民本主義にとって重要であるとし、国民を主体とした中道勢力による政党政治の実現を主張した。

④ 民本主義をデモクラシーの訳語として把握するかぎり、国民主権の確立こそが最初に達成すべき政治的な目標であると主張した。

（2002年・センター試験追試）

解答・解説

①

吉野作造は大日本帝国憲法（明治憲法）の枠内で国民生活を向上させることを目指した。そのための手段として彼がとくに重視したのが**普通選挙制**と**政党内閣制**（藩閥ではなく、政党が中心の内閣による政治）なので、①が正しい。

②：吉野は明治憲法を否定する立場には立たなかったので、天皇の権力を制限することや民定憲法（国民が制定する憲法）の制定を主張したりはしていない。

③：たしかに、吉野は**政党政治**の実現を主張しているが、それは「国民を主体とした中道勢力による」ものではない。

④：**民本主義**は、天皇主権を前提としつつ国民の福利（幸福）を実現することを目指す立場であり、国民主権を主張するものではない➡p.291。

2 日本の独創的思想——哲学と民俗学

かつて中江兆民は「日本に哲学なし」と嘆いていた➡p.279けど、明治後期ごろからは注目に値する独自の哲学が生まれるようになった。

西田幾多郎（1870～1945）がその代表者で、彼は西洋近代哲学の前提に疑問をもち、青年時代からの参禅経験をもとにした東洋思想を使って、より根源的な哲学的立場を構築すべく思索を重ねた。

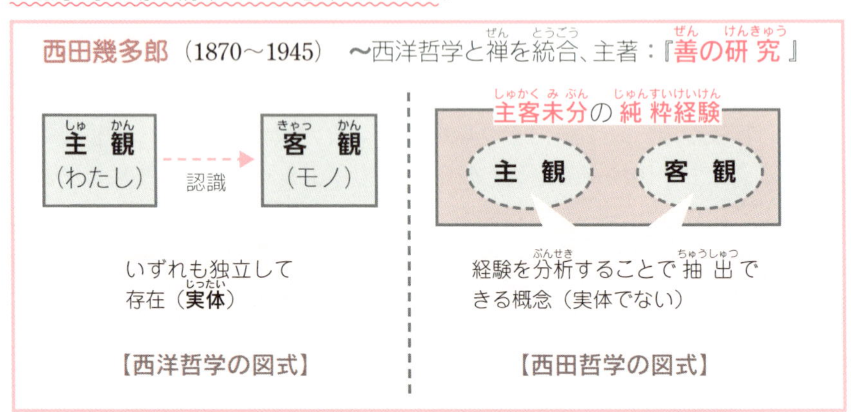

西田によると、デカルトを典型とする西洋哲学では、**主観**と**客観**というものが実体として独立しているということを前提とし、主観が客観を認識するという図式となっている。

主観と客観は本当に切り離すことができるのだろうか？　目の前にある赤いリンゴは、僕ら人間の視覚によって「赤い」ととらえられているからこそ赤いのではないか。さらにリンゴを認識する主観とて、家族や周囲の無数のものに支えられてはじめて存立できているはずで、けっして真空から客観的世界をながめているわけではない。西洋哲学は、この**主観と客観の相互依存的な関係**をとらえ損ねている、というわけだ。

主客未分の**純粋経験**こそが真の実在だと考える。無心で絵を描いているときや料理に夢中になっているとき、自分と対象とは完全に一体だ。これこそが、

根源的な純粋経験だ。

「私は今、勉強をしている」という具合に、自分を第三者的にながめるならば、それはもはや分析された自己にすぎず、真の自己ではない。真の自己（**人格**）は卑小な自我を超えて**知**・**情**・**意**が一体となった純粋経験において完成するのであり、ここにおいて**善**が実現すると西田は説いた。

なお、晩年の西田は、こうした純粋経験において立ち現れる真の実在を、**絶対無**と呼んだ。これは有に対比される無（相対無）ではなく、有と無の両者を同時に成立させる根源的な**場所**のことだ。これは坐禅を通して得られる、自己と世界が一体であるような境地を漠然と表すと考えてもらうといいだろう。

鈴木大拙

鈴木大拙（1870～1966）は、西田幾多郎と同郷・同い年の親友で、禅については先輩として、西田に大きな影響を与えた。英文で『禅と日本文化』『日本的霊性』などを著して仏教思想の紹介者として欧米でも広く知られる。

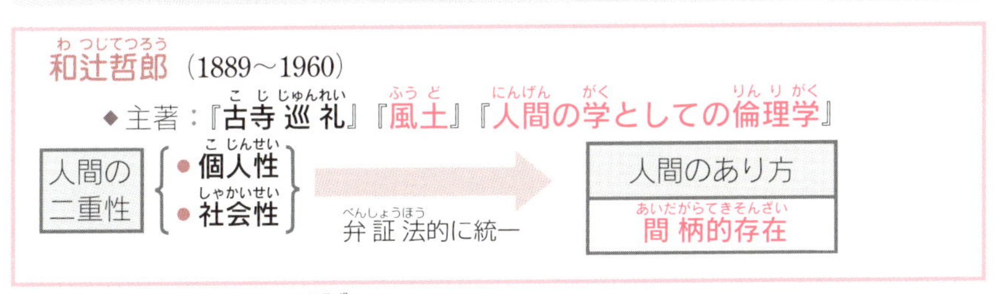

和辻哲郎は、作家を志して漱石に弟子入りしたほどの文学青年だったが、ハイデッガーに深い影響を受け、また日本の仏教美術を独自の観点から評価する（『古寺巡礼』）など、多彩な思索を展開した。

和辻の議論で最も重要なのは、人間を**間柄的存在**としてとらえたことだ。西洋では一般に人間はまずもって**個人**であるという考え方が支配的だけど、完全に自立した個人などというのはありえない。他方で、東洋では人間が**社会的存在**であるということが重視されるが、これは逆に、人間が自分の意志をもっているという自立性の契機を無視している。ところで、「人間」は「人の間」と書くよね。和辻はこれに着目し、人間は**個人的存在という側面**と**社会的存在という側面**の2つを合わせもった**間柄的存在**であると言うんだ。

ポイント 近代日本の哲学

- **西田幾多郎**は、主客未分の**純粋経験**こそが真実在だと主張した
- **和辻哲郎**は、人間が個人性と社会性を兼ね備えた**間柄的存在**だと主張した

日本の民俗学

■ **柳田国男**（1875～1962） ◆主著：『**遠野物語**』

文化の本質は**常民**の生活のうちにある ➡ 各地の民間伝承を収集

■ **折口信夫**（1887～1953）

日本の神話を研究し、日本人の神観念を「**まれびと**」として説明

（まれびと：他界から来訪する神（客人）／常民：無名の民衆のこと）

■ **南方熊楠**（1867～1941）

粘菌の研究など諸学に才能を発揮。**神社合祀令**に反対し、**鎮守の森**の保護を主張

（神社合祀令：国による神社の統廃合政策）

民俗学とは、**民族的な文化や伝統を文献以外の民間伝承などによって明らかにしようという学問**で、日本では**柳田国男**が明治末期に本格的な研究を始めた。

柳田が目指したのは**日本文化の深層**を明らかにすることだ。この課題は江戸時代の国学者たちがやろうとしたこととも通じるので、柳田は自分の学問（＝民俗学）を**新国学**とも称している。

しかし、国学と民俗学とでは、決定的にちがう点がある。それは、国学が記紀などの**古典文献**を頼りにした ➡p.264 のに対し、柳田民俗学は各地の**習俗**や**民間伝承**を頼りに研究するという点だ。

国学	……古典文献を通して日本人の伝統を明らかにする
民俗学	……習俗や民間伝承を通して日本人の伝統を明らかにする

知識人が書いた歴史書といったものにはどうしても為政者の政治支配を正当化するという不純な要素が入り込んでしまう。でも、地域に伝わる**河童**の伝説だとか、**先祖がお山に帰って神になる**といった人々の素朴な信仰など、**常民**（名もなき民衆）が紡いできた伝承や習俗には、日本人の伝統的な心のあり

方がより息づいていると考えられたのだろう。近代に入って大きく変わりゆく日本社会にあって、日本のアイデンティティを残すため、柳田は全国各地を隈なく歩いて伝承や習俗の収集と記録に努めたんだ。

折口信夫の「**まれびと**」ってのは？

「**まれびと**」とは、その名のとおり「まれに来る人」という意味で、「客人」と書く。日本の神話を読むと、**常世の国**と呼ばれる異界（他界）から訪れる神が多く登場する。出雲神話におけるスサノオ ➡p.227 などはその典型だし、「竹取物語」なども似た物語構造となっている。折口は「まれびと」「常世の国」などの概念を用いて日本人の精神風景を魅力的に描き出したんだ。

南方熊楠ってのは、何をやった人なんですか？

それに答えるのは難しいな。**南方熊楠**は和歌山出身の奇才で、18か国語を操れたという天才だ。学問的に正規の教育は受けていないが、英米を放浪し、**粘菌学**などで国際的に最も権威ある科学雑誌に何度も論文が掲載される（歴代最多！）などの実績を残した。

南方に関して必ず言及されるのは、**神社合祀令**への反対運動だ。神社合祀令とは、1町村の神社を原則として一つに統合すべしという明治政府の命令だ。国家神道 ➡p.275 を確立したかった政府としては、わけのわからない神社が各地に無数にあるという状況を改め、管理・統制しやすくしたかったんだ。

でも、知ってのとおり、神社というのは必ず森や林とセットでつくられ、地域を守っている（**鎮守の森**）。だから、神社を統廃合するということは地域の心臓部を破壊することであり、また多くの動植物から住処を奪うことを意味するから**生態系の破壊**でもある。これに南方は断固として反対したんだ。このようなことから、南方は**環境保護**の先駆者として再評価されているんだよ。

柳宗悦の民芸運動

柳宗悦（1889～1961）は高校時代に**武者小路実篤** ➡p.285 らと『白樺』を創刊した文学青年だったが、心理学を専攻したのちに美術評論家となった。彼は、**朝鮮の民族美術**を高く評価して、日本の占領政策を厳しく批判する。その後は日本の美術に関し、天才的な芸術家がつくる芸術作品よりも、名もなき平凡な職人が手仕事でつくる日用の工芸品のなかに真の美があるとして、こうした「**用の美**」を体現した**民芸**を全国各地から収集した。

戦後日本の思想

第二次世界大戦が終わると、それまでの言論弾圧への反動もあって、マルクス主義をはじめ、多彩な思想が競うようにして現れた。

なかでも、戦後民主主義の理論的指導者となったのが、東京大学の政治学教授・**丸山眞男**（1914～96）である。戦中には西洋近代思想の限界と「近代の超克」がしきりに論じられたが、丸山は終戦直後に発表した論文『超国家主義の論理と心理』などで、日本社会の問題はむしろ**近代的自我**がいまだ未成熟な点にあると指摘した。

そのほか、日本における本格的な近代批評の創始者とも言われる**小林秀雄**（1902～83）や、人間の堕落を人間本来の姿に戻ることとしてとらえた**坂口安吾**、日本の文化が多様な外来文化を重層的に受容した雑種文化であると指摘した評論家・**加藤周一**（1919～2008）、丸山眞男の近代志向を批判して学生運動に多大な影響を与えた**吉本隆明**（1924～2012）など、多彩な思想家たちが戦後の論壇を彩っている。

僕たちは、はたして丸山が
言うところの近代的自我を
確立できたのだろうか……
これは、絶えず問い返した
い視点だね！

チェック問題 2

近代への影響の一つの例として、みずからの参禅体験をふまえて独創的な思想を形成した西田幾多郎をあげることができる。彼の考えを説明した記述として最も適当なものを、次の①～④のうちから1つ選べ。

① 主観と客観、精神と物質の対立は、認識を成立させる最も基本的な条件であり、真の実在は純粋な認識主観の確立によって正しく把握される。

② 主観と客観、精神と物質の対立は、分析的・反省的意識によってもたらされたものであり、真の実在は主客未分の純粋経験そのものである。

③ 主観と客観、精神と物質の対立は、人間の有限な知性が設定した仮構であり、真の実在は坐禅の修行による神秘的啓示においてのみ知られる。

④ 主観と客観、精神と物質の対立は、純粋経験が成立するための基本的条件であり、真の実在は主観的心情の純粋化によって直接把握される。

（1998年・センター試験追試）

解答・解説

②

西田幾多郎にとって真の実在は主客未分の**純粋経験**である。主観と客観はあらかじめ前提されるものではなく、事態を分析的・反省的に振り返ったときに事後的にもたらされるにすぎないので、②が正しい。

①：デカルトを典型とする西洋哲学の認識論に関する記述。西田は、主観と客観の分離を前提とする発想を批判した。

③：前半は正しい記述だが、後半が誤っている。たしかに、坐禅は純粋経験の境地を再認識するために有用だが、純粋経験は日常世界にありふれているものであって、神秘的な啓示がなければ体得できないものではない。

④：主客の対立を前提としている前半も、真の実在を心情の純粋化によって把握するという後半の記述も正しくない。

第4章 日本思想

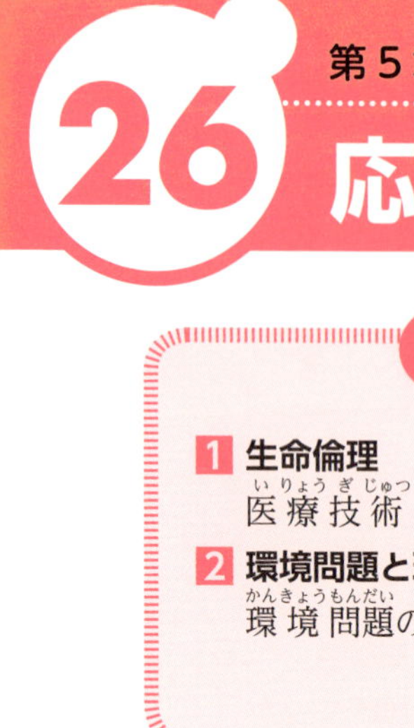

第５章　現代社会の課題

26 応用倫理学

この項目のテーマ

1 生命倫理
医療技術と生命工学の進歩は何をもたらしたのか？

2 環境問題と環境倫理
環境問題の現状と対策、それに、考え方をおさえよう

1 生命倫理

今回のタイトルになっている「**応用倫理学**」とは、さまざまな具体的テーマに応用される倫理学という意味だ。具体的には、臓器移植など生命にかかわる問題を扱う**生命倫理学**、環境問題を扱う**環境倫理学**、情報社会における問題を扱う**情報倫理**などがその典型だ。まずは生命倫理から始めよう。

妊娠することを「命を授かる」と言うよね。これは、生命というものが人知のおよばないものであるという考え方に由来する表現だ。ところが、**医療技術**と**バイオテクノロジー**（生命工学）の急速な進歩によって、生命は人間の手によって操作可能なものとなりつつあるんだ。そんな新たな状況に対し、人は生命を操作することが許されるのか、また許されるとしたらどこまでなのか、こういった問いが生じる。こうしたことを主題とするのが**生命倫理**だ。宗教など根本的な価値観とも関連する大きなテーマだね。

バイオテクノロジーって何？

バイオテクノロジーとは**生物学の知見を利用する技術**を広く指し、20世紀に登場した新しい技術のことだ。とくに、「生命体の設計図」である**遺伝子**についての研究が進んだ。この遺伝子を構成しているのが**DNA**で、そこに書き込まれている遺伝子情報（**ゲノム**）の解明は20世紀後半以降に急速に進み、さまざまな技術に応用されるようになったんだ。人間の遺伝子情報（**ヒトゲノム**）についても国際的に研究され、すでに2003年に解読完了が宣言されている。

遺伝子情報の解明

- **遺伝子診断・遺伝子治療**
  遺伝子診断による差別・**生の選別**などの問題
- **クローン技術**
  - **ヒツジ**などで成功。
  - 人間については**クローン技術規制法**で禁止
  - クローン技術の応用 ➡ **ES 細胞**や**iPS 細胞**などの**万能細胞**
- **遺伝子組み換え作物**
  日本でも流通、ただし**表示義務**あり

遺伝子のしくみがわかれば、遺伝病の診断が容易になる（**遺伝子診断**）し、正常な遺伝子を補うことで治療もできる（**遺伝子治療**）。でも、たとえば遺伝子診断の結果で就職差別が行われたり、生命保険の保険料が高くなるとしたら(アメリカではすでに起こっている)？　また、妊娠成立前の受精卵の段階で行う**着床前診断**や、妊娠段階で行う**出生前診断**で遺伝病が発見され、**人工妊娠中絶**が選択されるとしたら？　これって生まれるに値する人間と、そうでない人間を選別することだよね（**生の選別**）。技術の進歩の結果、僕たちはこれまで考える必要もなかった倫理的問題に直面しているんだ。

クローン技術とは、遺伝的にまったく同一の構造をもつ生命体を複製する技術のことだ。すでにヒツジやサルなどでも生み出されているが、現在、ヒトのクローンは倫理的問題が大きすぎるとして世界的に規制されており、日本でも**クローン技術規制法**（2001年）によって禁止されている。

ただし、細胞レベルでの複製は研究が進められており、神経細胞や心筋細胞など、何にでも分化できる**万能細胞**として**ES 細胞**（胚性幹細胞）が1990年代後半から注目を集め始めた。これは**受精卵**をもとにして作製されたもので、本来は人間の個体に成長するはずだった受精卵を破壊することになることから、倫理的な問題が指摘されている。これに対して2006年に京都大学の山中伸弥教授が発表した**iPS 細胞**は、ES 細胞とちがい、皮膚などの体細胞から作製可能だ。これが実用化されれば拒絶反応のない移植用臓器などを作製することも可能となるとして、**再生医療**の分野で大きな期待を集めている。

- **ES 細胞**…受精卵から作製
  ➡ 倫理的問題が大
- **iPS 細胞**…体細胞などから作製
  ➡ 倫理的問題は小

第5章 現代社会の課題

遺伝子組み換え作物とは、遺伝子組み換え技術によって作られた作物のことで、日照りや多雨、害虫などに強い作物などが実際に作られている。しかし、これらはそれまで地球上に存在しなかった生命体であり、人体や生態系に与える影響が懸念されている。日本では、遺伝子組み換え食品はその旨**表示する義務**が課されている。

ポイント　バイオテクノロジーの進歩がもたらしたもの

- 生命の操作がどこまで許されるのかという問題（**生命倫理**）が浮上
- 遺伝子情報の解明は、再生医療などを進歩させた反面、**生の選別**などを深刻に

生殖革命って言葉を聞いたことがあるんだけど？

生殖革命とは、生殖技術が大きく進歩することを指す概念で、具体的には**人工授精**、**体外受精**、**代理出産**などの生殖補助医療を指す。

人工授精とは、自然妊娠ができない夫婦などを対象に、人為的に授精を行う技術のことだ。このうち、精子と卵子を取り出して受精卵をつくることを、とくに**体外受精**と言う。これらの技術を使えば、遺伝上の父と法律上の父のあいだで、あるいは遺伝上の母と法律上の母（産みの母）のあいだでズレが生じることがある。このように、**親子関係が複雑化**してしまうことが子どもや社会にとって望ましいことなのか、議論がなされている。

代理出産ってのは？

代理出産には、夫の精子を妻以外の女性に人工授精してもらうのと、夫婦の受精卵を別の女性に移植するという2つのパターンがある。いずれにせよ、夫婦から見て第三者の女性が**代理母**として妊娠・出産するわけだ。

問題として、第一に、**家族関係がきわめて複雑**になってしまうことが挙げられる。母親が2人いることになっちゃうからね。第二の問題として、普通、代理母には謝礼が払われる。つまり、いわば**母胎がビジネスの対象となってしまう**んだ。これは、倫理的に問題が大きいので、日本では産科婦人科学会がガイドラインで代理出産を禁止している。ただし、こうした事態はそもそも想定されていなかったので、今のところ法律上の規制はない。また国によっては代理出産契約が現に増えていて、これを規制すべきなのかどうなのか、なかなか難

しいところだ。

そのほか、アメリカなどでは**精子バンク**（精子銀行）や**卵子バンク**が存在し、インターネットで精子や卵子が売買されている。また、**ゲノム編集**という方法で受精卵を操作し、親が望む外見や能力をもつ子（**デザイナー・ベビー**）を生み出す研究も進められている。生殖革命は、人間社会のあり方そのものをも揺るがしているんだ。

ポイント 生殖革命

- **人工授精・体外受精**は日本でも可。親子関係を複雑化させる問題も
- **代理出産**は、日本では学会のガイドラインで禁止されている

次に、医療倫理について近年重視されている考え方を見ておこう。それは**QOL**（Quality of Life, 生命の質）という考え方だ。

伝統的な医療倫理では**SOL**（Sanctity of Life, 生命の尊厳）という考え方が主流だった。これは、もともと命に絶対的価値を認めるという至極もっともな考え方を意味したんだけど、医療技術が高度化するなかで**延命治療**を絶対視すべきなのかという疑問が浮上してきた。回復の見込みもないのに耐えがたい苦痛にさいなまれ、何年間もベッドに縛りつけられるのが人間らしい生き方と言えるのか、という問題だ。

そこで、近年では**ターミナル・ケア**（終末医療）が重視され始めた。これは、**苦痛の緩和**や**精神的ケア**を重視するものであって、**安らかな死**を目指す新しい医療と言える。なお、こうした末期患者を専門として受け入れる施設のことを**ホスピス**というよ。

そのほか、近年では**インフォームド・コンセント**も重視されている。これは、費用やリスクについて医師が十分に**説明**し、患者が**同意**することを治療の条件とするという考え方だ。治療に関して医師が一方的に決めるのではなく、患者自身の意思（**自己決定権**）を大切にする、ということだね。なお、これとは反対に、（医師など）権威ある人が弱い立場の人の事柄について決定すべきだという考え方を、広く**パターナリズム**というよ。

ターミナル・ケアに関しては、次の2つをしっかり区別してほしい。

- **尊厳死**（消極的安楽死）…延命治療を停止すること（➡ **自然死**）
- **安楽死**（積極的安楽死）…薬物投与などで人為的に死なせること

▶**オランダ**など一部の国では安楽死が法的に認められているが、日本では尊厳死だけが認められている

脳死問題もよく話題になるね。

そうだね、1997年に**臓器移植法**が制定され、2009年に大きな改正があった。それまでは死の定義により、心臓が動いている限り死者とはみなされなかったため、どうしても**心臓移植**ができなかった。これをやると臓器提供者（**ドナー**）が死に、殺人になっちゃうからね。そこで、**脳死**状態におちいった人を便宜的に死者として認め、生きた心臓を移植することを可能にする臓器移植法がつくられたんだ。

なるほど、臓器移植法の制定で**死の定義**を変えたんだね。

そのとおり。でも、臓器移植法が制定・施行されたあとも、移植の条件が厳しいことなどから移植例はなかなか増えなかった。そこで、ドナーを待っている患者は海外に出て外国人からの移植を行うことが多かったんだけど、国際的にも臓器は足りないので、こうしたことに対してWHO（世界保健機関）などから国際的な批判がなされるようになってきた。そこで行われたのが、2009年の改正だ。

旧臓器移植法		2009年改正
● 書面による**本人の意思表示**が必須	▶	● **家族の同意**のみで可
● **15歳未満**は不可	▶	● **15歳未満**も可
		▶親族への優先提供も可

従来も**家族の同意**は必要だった。でも、改正法では、家族の同意さえあれば、本人の意思表示がなくても臓器提供ができるようになった。本人が臓器提供を拒否する意思表示をしていた場合にはもちろんそれが優先されるけどね。いずれにせよ、これは**リヴィング・ウィル**（生前の意思）を軽視するものだとして批判する声も出されている。

それから、**15歳未満**の移植も解禁された。これまで15歳未満の子どもからの臓器移植が禁じられていたのは、子どもは法的に意思表示する能力がないとみなされ、またとくに身体的な可塑性が高いからだ（脳死判定を受けたあとに再び脳が動き始める事例がある）。でも、本人のリヴィング・ウィルが不要になり、子どもの臓器移植を望む声が強かったことから、この縛りもなくなったんだ。

また、臓器の提供者は**親族への優先提供**の意思表示を行うこともできるようになったよ。

チェック問題 1

生徒Xは、人間は生まれながらにして自らの生命、自由、財産について所有権をもつという考え方を、現代社会で生じている諸問題に当てはめてよいのだろうかという疑問について考えるために、日本における法整備などの現状を調べた。その説明として最も適当なものを、次の①～④のうちから一つ選べ。　　　　(2018年・共通テスト試行調査問題「倫理」改題)

① 身体は自分に固有なものであるから、本人の意思が確認できなければ、死後であっても移植のために臓器(ぞうき)を摘出(てきしゅつ)することは許されていない。

② 身体は自分に固有なものであるにもかかわらず、臓器の提供者(ていきょうしゃ)といえども臓器の提供先について意思を表明しておくことはできない。

③ 身体がもたらす苦痛から逃(のが)れるために、医師による致死薬(ちしやく)の投与など直接死に至らしめる処置(しょち)を受ける権利は法制化されていない。

④ 身体の衰(おとろ)えた部分や損傷した部分の機能を回復させるために、幹(かん)細胞(さいぼう)を用いた再生医療の技術を用いることは認められていない。

解答・解説

③

たとえ回復の見込みのない患者であっても、医師が致死薬の投与などで人為的(じんいてき)に患者を死に至らしめること（**安楽死**(あんらくし)）は、日本では法的に認められていない。

①：1997年に制定された当初の**臓器移植法**では、脳死に至る前の段階で本人が臓器提供の意思表示（**リヴィング・ウィル**）をしておくことが必須であったが、2009年の同法改正により、本人の意思が不明の場合には家族の同意だけで脳死後の本人の臓器の摘出ができるようになった。

②：これも改正前の臓器移植法についての記述。2009年の同法改正により、臓器提供者（**ドナー**）は、**親族に対する優先提供の意思表示**を行うことができるようになった。

④：**ES細胞**や**iPS細胞**などの幹細胞（万能細胞(ばんのうさいぼう)）を用いて皮膚(ひふ)や臓器の修復を目指す再生医療は、まだ技術が確立したわけではないものの、研究と臨床実験が進められている。

2 環境問題と環境倫理

グローバル化が進む今日の世界では、一国だけではとうてい解決できない地球規模の問題がたくさんある。安全保障や経済をめぐる問題などはその代表例だが、**環境問題**もそうした問題の1つだ。

公害と**環境問題**ってちがうの？

一般に、企業などの事業活動によって引き起こされる社会的災害を**公害**と呼ぶのに対し、人間の活動を原因とした自然環境の破壊を広く**環境問題**と呼ぶ。問題をとらえる視点がややちがうけど、問題そのものの多くはかぶっている。ただ、公害問題が地域的な問題であることが多いのに対し、環境問題はグローバルな規模で被害が拡大するケースが多い。

公害は、いつごろに起こったの？

公害は、経済活動が急速に活発化する時期に起こるもので、どの国でも**産業革命**期に問題化した。日本でも産業革命期にあたる明治中期に、「公害の原点」と言われる**足尾銅山鉱毒事件**が起こり、衆議院議員であった**田中正造**が告発し、天皇に直訴したことで知られる。

また、戦後には、作家・**石牟礼道子**が『苦海浄土』で告発した**水俣病**をはじめとする**四大公害病**が高度経済成長期に問題となった。

環境問題はいつごろから注目され始めたの？

アメリカの生物学者**レイチェル・カーソン**の書いた『**沈黙の春**』(1962年)が大きな転機になったと言われる。これは、農薬に含まれる化学物質が**生態系**に対してもつ破壊的影響について警告した著作で、**生体濃縮**（または生物濃縮。食物連鎖によって化学物質の濃度が上昇すること）の結果、動植物のみならず食物連鎖の頂点にいる人間にも害がおよぶと訴えた。この著作は大きな反響を呼び、1970年代以降に活発化する環境保護運動の呼び水となったんだ。

環境問題には次のような種類があるよ。

	原因と影響
オゾン層破壊	エアコンやスプレーなどに使われていたフロンガスがオゾン層を破壊し、南極上空には**オゾンホール**が発生した。フロンガスそのものは人体に無害だが、オゾン層は太陽からの**紫外線**を吸収するので、これが地表に直射することで皮膚がんや白内障などが起こった。
砂漠化	過放牧や過耕作、過度の**灌漑**などによりサハラ砂漠南部などで急速な砂漠化が進行。農産物の減産を引き起こして途上国の飢餓問題を深刻化させるほか、森林の侵食により**地球温暖化を加速**させる。
酸性雨	工場や自動車などから排出される**硫黄酸化物**（SO_X）や**窒素酸化物**（NO_X）が雨に溶け込んで発生させる。この結果、河川や湖沼の生物が死滅したり、森林が枯死するなどの被害が起こっている。
熱帯林の減少	商業伐採や焼畑農業などによって発生。生物多様性が失われるほか、CO_2吸収量が減ることにより**地球温暖化を加速**させるなどの影響が起こる。

そうだね。**地球温暖化**問題はほかの環境問題との関連という意味でも、影響の大きさという意味でも、環境問題のなかで最重要だ。

温暖化のメカニズム自体は非常にシンプルだ。**二酸化炭素**（CO_2）をはじめとした**温室効果ガス**濃度が高まると、大気はビニールハウスの内部と同様に暖められることになる。

温室効果ガス自体は人間にとって不可欠（温室効果ガスがなければ地表の平均気温はマイナス15度くらいになってしまう！）だけど、これが増えすぎると陸上の氷が溶け出すので、**海水面が上昇**する。その結果、島嶼国や低地国が水没の危機にさらされる。そのほか、**生態系への打撃**や乾燥化・**砂漠化**といったことを引き起こす、あるいは、すでに引き起こしているんだ。

次のように考えられている。

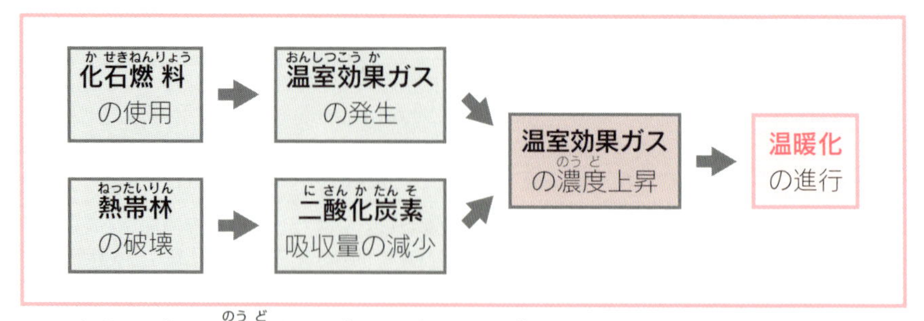

温室効果ガスの濃度上昇が原因だとすれば、考えられる**温暖化の対策**は、温室効果ガスの**排出を抑制**することと、二酸化炭素を吸収する植物を増やすこと（**緑化**）の2通りしかない。そのための具体的方策は、1997年の**京都議定書**および2015年の**パリ協定**によって定められた。まずは京都議定書から見てみよう。

京都議定書（1997年）　◆実施期間2008～12年

- 先進諸国の温室効果ガスの削減目標を数値化
  - ▶途上国には削減義務なし、アメリカは2001年に離脱
- **排出量取引**などによる融通も可
- ロシアの批准によって発効（2005年）

排出量取引って何？

簡単に言って、割り当てられた排出削減目標を達成できなかった国が、超過達成した別の国から超過分の権利を買い取るというものだ。たとえば次のような具合だ。

排出量取引

A・B両国とも100万tの削減義務の場合

A国
120万t削減
超過達成！

B国
80万t削減
未達成……

20万t分の排出権を売買
（B国がA国から購入）

上のB国は実際には目標を達成していないのに、達成したかのようにみなせるというというわけで、これをズルいと感じる人もいるかもしれない。ただ、このしくみがあれば、A国のように頑張(がんば)って二酸化炭素を減らす国が増え、結果的に排出削減が進むことが期待できるんだ。

京都議定書では**先進国しか削減義務を負わなかった**んですね。

そのとおり。その理由は、これまでに地球温暖化を引き起こした責任の大部分は先進国にあるからだ。先進国でも国ごとに異なる目標が割り当てられている。ただ、右のグラフを見てもらえればわかるとおり、今日(こんにち)では世界最大の二酸化炭素排出国が中国で、インドの排出量も急増している。地球温暖化を防止するためには、途上国の協力が欠かせない。またその点に関連して、途上国に義務がない点を不服として、京都議定書からは**アメリカが離脱**してしまった（2001年）。

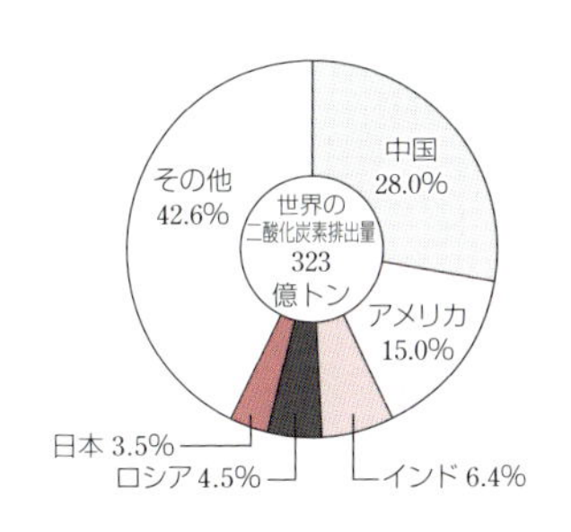

各国の二酸化炭素排出量（2016年）

というわけで、二酸化炭素の排出量の上位3か国（中国、アメリカ、インド）が国際法上の削減義務を負わないという状況になっていたんだ。

それじゃあまり実効性がありませんね。

そう。そこで京都議定書に代わる枠組みが求められた。そうして新たにつくられたのが気候変動への国際的な取り組み、**パリ協定**だ。

パリ協定（2015年）

- 目標：産業革命期からの気温上昇を2℃未満に。温室効果ガス排出量を今世紀後半に実質ゼロに
- すべての国が参加　※アメリカは2017年に離脱を表明

京都議定書とはちがい、中国などの途上国も二酸化炭素排出削減の取り組みに参加するという点が重要だ。ただ、2017年にはアメリカのトランプ大統領が離脱を表明し、2019年には正式に離脱を通告してしまった。

ところで先生、そもそもなんで環境を守らなければいけないんでしょう？

まさしくそれこそ環境倫理における根本的な問題だ。なぜ環境を守るべきなのか。それには、大きく分けて次の3通りの答えが提案されているよ。

環境倫理の代表的な考え方

❶ **地球有限主義（地球全体主義）**

地球は閉じた世界だから資源利用や環境への配慮が必要

例 「**宇宙船地球号**」…経済学者ボールディングが提唱

「**かけがえのない地球**」…国連人間環境会議（1972年）のスローガン

「**共有地の悲劇**」…生物学者ハーディンが主張

資源の乱獲は資源の枯渇を招く

❷ **世代間倫理**

現在の世代は未来の世代に対して責任を負うべき

※哲学者**ハンス・ヨナス**が提唱

例 「**持続可能な開発**」…国連環境開発会議（1992年）のスローガン

❸ **自然の生存権**

生存権は人間だけでなく動物や自然そのものにも認めるべき

※哲学者**ピーター・シンガー**らが主張

❸の**自然の生存権**は、権利の概念を動物などにも認めようというもので、ひと昔前ならあまり真剣に受け止められることもなかった。でも、そもそも人権だって、最初は特権階級だけのものだったのが、しだいに条約や法律などを通じてすべての階級、すべての人種、女性、障がい者などに拡充されてきたわけだから、いっそう拡充されても不思議ではない。現代の功利主義哲学者**ピーター・シンガー**は、人間の特権的地位を当然視する見方を**種差別**と呼んで批判しており、実際、近年では乳製品を含めて動物を食べることをいっさい拒否する「ビーガン（完全菜食主義者）」が欧米などで急増しているんだよ。

❷の**世代間倫理**は、今日の社会保障制度などにも深くかかわっているし、グローバルな問題のほとんどに深く関係している。2015年に国連で採択された**持続可能な開発目標**（**SDGs**）では、環境問題だけでなく、貧困問題や性的マイノリティの問題なども、人類社会の存続に向けて喫緊の課題だと位置づけられ

ている。SDGsでは、「我々は、貧困を終わらせることに成功する最初の世代になりうる。同様に、地球を救う機会をもつ最後の世代にもなるかもしれない」とも宣言された。僕たち一人ひとりが真剣に考えなきゃいけないだろうね。

地球有限主義は、**資源の無駄遣い**への警告ですね。

そうだね。江戸時代の日本は世界でもまれなリサイクル社会だったと言われる。稲も、コメとして食用にするだけでなく、精米時にできた糠を糠味噌にし、籾殻は枕の中身にし、稲の茎は藁として俵や草鞋にしていた。

ところが、高度経済成長をへて、日本社会は**大量生産・大量消費・大量廃棄**という悪循環におちいってしまった。そこで、この現状を改めて、**循環型社会**を実現することが目指されている。

循環型社会形成推進基本法（2001年）

3Rを推進しよう！

❶ **リデュース**（発生抑制）：まずごみの量を減らそう
例 不要なものはできるだけ買わない

❷ **リユース**（再使用）：使ったものをもう1回使おう
例 古本の流通、牛乳ビンの再利用

❸ **リサイクル**（再生利用）：使えないものは再生しよう
例 古紙をトイレットペーパーにつくり変える

環境問題の解決には、僕ら一人ひとりの姿勢も大事ですよね。

そうだ。一人ひとりの心がけだけで問題を解決できるほど甘くはないけど、これなしに解決しないというのも事実だ。「**Think globally, act locally**（**地球規模で考え、足元から行動せよ**）」の標語にあるとおり、まずは身近な問題でできることを探し、消費者としても企業に環境に配慮することを求める**グリーン・コンシューマー**であるよう心がけることが必要だろう。

チェック問題 2

標準 1.5分

未来世代に対する責任の自覚と取り組みを説明するものとして適当でないものを、次の①～④のうちから１つ選べ。

① 「宇宙船地球号」という比喩は、その乗組員として人類が一体であり、閉じた環境としての地球の未来について責任を共有しているという意識の表れである。

② リオ宣言を採択した地球サミットでは、地球環境保護と長期的な経済的発展は両立しないものではなく、むしろ相互に補完的な関係にあることが確認された。

③ 京都会議では、経済の発展状況にかかわらず、全参加国に対して一律に温室効果ガスの排出削減を求めることが定められ、排出量取引などのメカニズムが認められた。

④ 「地球規模で考え、足元から行動する」という標語は、地球環境への人間の影響力を意識するからこそ、身近なことから改善を始めようという決意を表している。

（2008年・センター試験本試）

解答・解説

③

「全参加国に対して一律に」という部分が正しくない。**京都議定書**では、途上国に温室効果ガスの削減義務は課せられなかった ➡p.308。**排出量取引**（排出権取引）についての説明は正しい。

①：正しい。ボールディングが提唱した「**宇宙船地球号**」のスローガンは、地球が有限なものであり、人類が運命をともにしているという考え方にもとづく ➡p.310。

②：正しい。1992年の国連環境開発会議（**地球サミット**）では、環境保護と経済発展の両立を目指して「**持続可能な開発**」が掲げられた ➡p.310。

④：正しい。環境問題は特定の国や企業や政治家などに任せたり、責任を押し付けたりするのではなく、一人ひとりの意識と行動によってのみ解決されると考えられている。そのスローガンが「**地球規模で考え、足元から行動せよ**（Think globally, act locally）」である。

スキルアップ7 その他の国際的な環境対策

● **ラムサール条約**（1971年採択）

「とくに**水鳥**の生息地として国際的に重要な**湿地**に関する条約」が正式名。渡り鳥を保護するために湿地・湿原を保全することを定めた条約で、日本では釧路湿原や尾瀬などが登録されている。

● **ワシントン条約**（1973年採択）

「絶滅のおそれのある**野生動植物**の種の国際取引に関する条約」が正式名。ワニやゾウ、ゴリラをはじめとする動植物の商業取引を厳しく規制する条約。剥製や象牙なども規制対象となる。

● **バーゼル条約**（1989年採択）

「**有害廃棄物**の国境を越える移動及びその処分の規制に関するバーゼル条約」が正式名。医療廃棄物や汚染された土壌が海外に輸出されて処理されるといったことが相次いだためにつくられた。

● **砂漠化防止条約**（1996年採択）

砂漠化の防止と解決のために国際社会が支援することを定めた条約。

● **世界遺産条約**（1972年採択）

「世界の**文化遺産**及び**自然遺産**の保護に関する条約」が正式名。UNESCO（国連教育科学文化機関）の総会で採択された。日本では白神山地や屋久島などが自然遺産に、姫路城や原爆ドーム、富士山などが文化遺産に指定されている。

27 現代社会の特質と課題

この項目のテーマ

1 大衆社会
近代化によって人々の性格はどう変化したのか？

2 情報社会
情報化の特徴と問題点をおさえよう

3 現代の家族
家族の変容と、それに対するさまざまな対策をチェック！

4 グローバル化と倫理
グローバル化の時代に求められる考え方とは？

1 大衆社会

20世紀アメリカの社会学者**リースマン**（1909～2002）は、『**孤独な群衆**』のなかで、現代社会における**根無し草的な大衆**の姿を描いている。伝統的社会における人々は、貴族や農民あるいは職人といった特定の職業・階層に属し、特定の共同体のなかで生活し、それぞれの社会に特徴的な外見や思考様式をもって生きていた。ところが、社会の**近代化**によって事情は一変し、人々は**均質で画一的な人間の集団**（塊＝マス）になってしまった。これが**大衆社会**（mass society）だ。

なんで、近代化すると人々が画一化するの？

右の図を見てほしい。社会が近代化すると、政治・経済・文化のあらゆる面で人々のちがいが少なくなっていく。もちろん、政治的権利が一般民衆のものになり、人々の生活水準が向上すること自体は社会の進歩だ。でも、これがある段階以上に進むと、人々はしだいに自分の**自律性**や**主体性**といったものを感じられ

> **政治**：市民革命、選挙権の拡大
> ➡ 政治的権利の平等化
> **経済**：産業革命、技術革新
> ➡ 生活様式の平準化
> **文化**：マスコミの発達
> ➡ 意識の均質化

なくなってしまうんだ。

たとえば、普通選挙制のもとでは、自分の1票は何百万票か何千万票のうちの1票にすぎず、政治参加の意味を実感しにくい。こうした無力感ゆえに、人々は**政治的無関心**へと向かってしまうんだ。

また、**産業革命**や技術革新の結果、大量生産が可能になり、人々は階層・居住地域を問わず、同型的な**消費者**へと均質化されていった。こうした社会ではライフスタイルも似通っていき、ファッションそのほかで**周囲に同調**する傾向がきわめて高くなる（リースマンはこうした現代人の社会的性格を**他人指向型**と呼んでいる）。

リースマンによる社会的性格の分類	
伝統指向型	慣習や伝統を尊重（中世以前に支配的）
内部指向型	自己の内面・良心に忠実（近代社会に支配的）
他人指向型	他者の評価が行動の基準（現代社会に支配的）

なるほど。みんなだんだん**主体性**をなくしちゃうんだね。

そう。フランクフルト学派 ➡p.208 の**フロム**や**アドルノ**は、自己よりも上位の者には盲目的に従属しながら下位の者には抑圧的となるような人格を**権威主義的パーソナリティ**と呼んでいるけど、これなども大衆社会状況における人間の姿だろうね。

官僚制（ビューロクラシー）

社会が複雑化すると**政党・企業・教会**などあらゆる組織が巨大化し、これらは**官僚制**的な性格を帯びてくる。官僚制を近代社会の必然として描き出した**マックス＝ウェーバー** ➡p.120 は、官僚制の特徴として、規則による**職務権限の明確化**、組織における**上下関係**、**文書主義**などを挙げている。これらの特徴は、組織の合理性を追求した結果生まれたものだが、組織が巨大化しすぎると組織が自己目的化して成員を抑圧したり、個人の主体性や自律性の失われる**管理社会**となってしまう危険性がある。

2 情報社会

20世紀の前半までは、豊かな国というのは多くのモノを生産できる国のことだった。でも、情報の大量伝達（＝**マス・コミュニケーション**）が可能になった結果、経済活動の中心はしだいに**モノから情報へ**と移行し、今日（こんにち）では情報の生産と伝達技術こそが豊かさの基準となっている。その意味で、現代社会は**情報社会**（じょうほうしゃかい）（**脱**（だつ）**工業化の社会**）と言われる。

マスコミって、新聞社とかテレビ局のこと？

日常語では**マス・メディア**を「マスコミ」と表現するけど、マス・コミュニケーションとは「大量の情報伝達」というのが元来（がんらい）の意味だよ。

ともかく、新聞・ラジオ・テレビといったマス・メディアが普及（ふきゅう）した結果、情報は瞬時（しゅんじ）に多数の人々に伝達されるようになり、生活の利便性（りべんせい）は大きく向上した。でも、**新たな問題**も生まれてしまった。

情報社会の問題点

- 大量の情報伝達 ➡ **ステレオタイプ**な見方の普及（ふきゅう）
- **商業主義**（しょうぎょうしゅぎ） ➡ 文化の低俗化（ていぞくか）
- 恣意的（しいてき）な情報 ➡ **世論操作**（よろんそうさ）の危険性

現代社会においては人々の行動や考え方が画一化（かくいつか）しやすい ➡p.314。だから、圧倒的な量の情報が一方的に流されると、多くの人がその影響を強く受けてしまうんだ。

ステレオタイプというのは**紋切り型**（もんきりがた）**の固定観念**（こていかんねん）のことで、「日本人は勤勉だ」「大阪人は図々（ずうずう）しい」などはその典型だね。いくらでも例外はあるはず（ちなみに僕は大阪出身だけど、図々しくはない！）なのに、ステレオタイプな見方が広まると、人々は先入観（せんにゅうかん）によって目を曇（くも）らせられてしまう。

また、マス・メディアのほとんどは営利（えいり）企業なので、週刊誌であれば発行部数を、テレビ局であれば視聴率（しちょうりつ）を争う（**商業主義**）。そして、現代人は、難しい政策論争などよりも芸能人の不倫（ふりん）騒動などに関心を寄せてしまう傾向がある。これが文化の低俗化（ていぞくか）を起こしてしまう。

さらに深刻な問題が**世論操作**だ。ヒトラーのカリスマ的演説（えんぜつ）は人々を熱狂（ねっきょう）させ、宣伝大臣（だいじん）であったゲッベルスは「うそも百回言えば真実となる」と言ったとされる。これは戦時中に限った話じゃなく、マス・メディアの姿勢しだいで世論は大きく揺（ゆ）れる。だから僕らは、圧倒的な量の情報のうち何が信頼できるのかをつねに吟味し、さまざまなメディアを使いこなす**メディア・リテラシー**を身につけなければいけないんだ。

最近は、情報のあり方もずいぶん変わっているよね。

そうだね。1990年代以降の**ICT**（情報通信技術）の進展、とくに**インターネット**などの**双方向**（**インタラクティブ**）型メディアの出現とその劇的な進歩は、社会に大変化をもたらした。新聞・テレビなど従来型メディアは基本的に一方向的に情報伝達するものだった。でも、現代型メディアでは普通の市民が**ブログ**や**ツイッター**などの**ソーシャル・メディア**を介して全世界に情報を発信し、見知らぬ人々と情報を交換できるようになっている。国際的な**電子商取引**だって一市民にも容易にできるようになったし、政治を大きく変える影響力ももっている。

このような劇的な変化に関して、ネットワークを介して情報が「いつでもどこでも」手に入れられる社会のことを**ユビキタス社会**と言う。今では**スマートフォン**（多機能電話）も普及しており、この流れはますます加速化していくことだろう。

ICTの問題点はないの？

もちろん、いろいろと新しい問題が起こっている。

ICTによる新たな問題

- 〔情報の双方向化・**ユビキタス**化〕 ➡ **コンピュータ犯罪**の増加
  - 例 ハッキング、コンピュータ・ウィルス、サイバーテロ、フィッシング詐欺
- 情報取得が容易に ➡ **個人情報**の流出
  - ▶個人情報保護法（2003年）
- 情報のデジタル化 ➡ **知的財産権**の侵害

今は、企業も政府も、多くの情報をコンピュータ・ネットワーク上に置いているので、つねに不正侵入（**ハッキング**）の危険にさらされている。とくに、国家機能への攻撃とみなされるほど本格的なものは**サイバーテロ**と言われ、近年では物理的なテロと並ぶ重要な安全保障上の課題だとされている。

フィッシングというのは、会員制ウェブサイトなどになりすまして、パスワードやクレジットカードの番号などを入力させてだまし取るというものだ。

知的財産権とは著作権や特許権などの無形の知的創作物に関する権利のこと。とくにDVDやパソコン・ソフトなどのデジタル・データは複製がきわめて容易であり、途上国を中心に十分な保護が行われていないことが問題視されている。

また、情報化によって利便性が高まった反面、情報を使いこなせる人とそうでない人との格差（**デジタル・デバイド**）が拡大していることは、大きな問題となっている。この格差は収入の格差にもつながってしまうからね。さらに、インターネットは**匿名性**を特徴とするため、攻撃的な発言が行われやすいとの問題を指摘できる。人々をつなぐはずのネットで分断が進むのは悲しいことだね。

最後に、情報化にかかわる思想について見ておこう。

情報化にかかわる思想

❶ **リップマン**（1889〜1974）：人はじかに世界を見るわけではなく、メディアによってつくられる**ステレオタイプ**に強く影響されるため、世論は容易に操作される。

❷ **マクルーハン**（1911〜80）：メディアは、その形式によって人間の思考に大きな影響を与える。

※活字メディア以前 ➡ 活字メディアの時代 ➡ 音声・映像メディアの時代

❸ **ブーアスティン**（1914〜2004）：人はメディアによって製造される**疑似イベント**を通して現実を見るようになる。

いずれも近年出題頻度が高くなってきた思想家たちだ。

まず**リップマン**は、20世紀アメリカのジャーナリストで、『**世論**』という本で「**ステレオタイプ**」の概念 ➡p.316 を有名にした。この概念は、**オルポート** ➡p.13 が「**過度の一般化**」と呼んだものともほぼ同じだ。次の**マクルーハン**はメディアの意味について新たな見方を提案した人だ。

新たな見方とは？

メディアはもともと「媒体」という意味だから、ふつうは単に人から人へと情報を伝達する中立的なものと考える。ところがメディア学者のマクルーハンは、**メディアの形式**がもつ重要な意味に注意をうながした。すなわち、15世紀のドイツでグーテンベルクが活版印刷術を発明したことで、聖書をはじめとする活字情報が急速に普及した。そして活字メディアの普及は、それまで**音声**によって物語られることで伝達されていた情報が、個人が**文字**を黙読するという営みへと変わっていった。さらに20世紀に映画やテレビが普及すると、人々は活字ではなく**映像**による感覚的イメージによって情報を受容するように変わった。こうしたメディアの変化は、社会や人間関係をもおおいに変容させていくというわけだ。

ブーアスティンも、メディアの果たしうる負の役割について指摘している。僕らは、たとえばイタリアの観光都市や国内のさまざまな政治勢力などについて、メディアを通じてかなり明瞭なイメージを与えられている。したがって、現実にそれに接するときであっても、そうしたイメージから離れてありのままを見るのは難しくなってしまう。こうしたメディアにつくられた本当らしさのことを「**疑似イベント**」と言う。

情報化はいいことばかりじゃないんだね。入試でも問題点のほうが出題されやすいよ。

チェック問題 1

やや難 

ステレオタイプについての説明として適当でないものを、次の①～④のうちから１つ選べ。

① ある集団についてのステレオタイプは、いったん作り出されると、メディアなどを通じてひとり歩きすることが多い。
② ある集団に対して投影されたステレオタイプは、投影する側が心理的にみずからのうちにもつ否定的なイメージであることが少なくない。
③ ある集団についての型にはまったイメージでも、まったく根拠のない恣意的な蔑称や呼称などはステレオタイプからは除外される。
④ ある集団の「われわれ」意識が形成される過程で、ステレオタイプが他者との差異を強調するために使われることもある。

(2005年・センター試験本試)

解答・解説

③

ステレオタイプには根拠のない蔑称なども含まれる。たとえば、太平洋戦争中には日米両国とも相手国の人々を「鬼畜米英」「ジャップ／イエローモンキー」などと呼び、劣等イメージを拡大・固定化させようとしていた。

①：正しい。たとえば血液型を性格と関連づける発想は欧米にはほとんどないが、日本では昭和初期ごろから広く知られるようになり、メディアを介して非常に広範に広がって、定着した。

②：正しい。「低学歴」などの蔑称は自身の学歴コンプレックスが投影されている可能性がある。

④：正しい。たとえば国民的アイデンティティが形成されるさいにしばしばこうしたステレオタイプが利用される。日本でかつて用いられた「非国民」という表現も、「日本人にあるまじき振る舞い」を明確化することで「われわれ」意識を形成したものと考えられる。

3 現代の家族

人間の集団は、突きつめると2種類しかない。自然発生的に形成された**基礎集団**と、明確な目的をもって人為的に形成された**機能集団**だ。前者の典型例が家族や**地域社会（コミュニティ）**で、後者の例としては企業や学校、政党などがある。社会の高度化とともに、現代では明らかに**基礎集団の機能低下**あるいは**衰退**が強まっている。

家族の機能が低下しているの？

まず、夫婦と未婚の子のみで構成される家族のことを**核家族**という（片親の親子や夫婦のみの家族も含む）。これに対して、直系3世代以上が同居するケースを**拡大家族**と言う。多くの兄弟がいた戦前には、核家族も多かった（長男以外の兄弟は独立して核家族をつくるからね）が、拡大家族も多かった。ところが、戦後の高度経済成長期になると、農村人口の減少とあいまって、拡大家族はどんどん解体されていった。

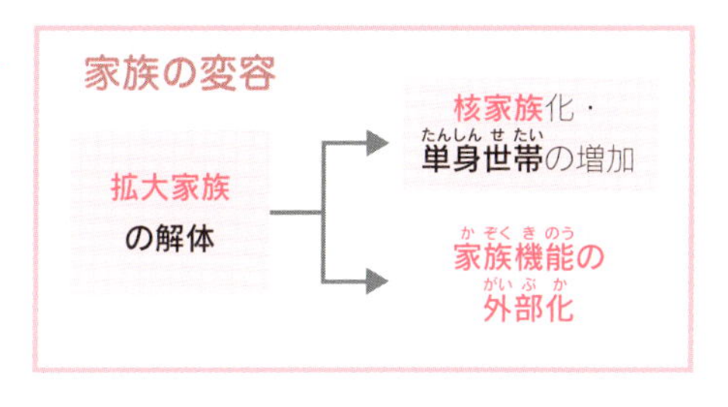

拡大家族の場合には、育児そのほかの家事も分担しやすいけれども、核家族の場合にはそれが難しい。しかも、都市部では若いお母さんにとって近所に頼れる知り合いがいないケースも多いので、**育児ノイローゼ**になってしまったり、悪くすると育児放棄（**ネグレクト**）や子どもへの**虐待**などにつながってしまったりする。さらに、**晩婚化**や**非婚化**が進んでいることから、**少子化**はますます加速している。

少子化問題

日本では少子化が急速に進んでおり、**1人の女性が生涯に産む平均的な子どもの数**を示す**合計特殊出生率**は1.42（2018年）となっている。最も低かった2005年の1.26よりは回復しているものの、人口を維持できるとされる2.07には遠くおよばない。少子化が進むと**高齢化** ➡p.323 にも拍車がかかり社会保障制度の維持に支障をきたすため、対策が急がれている。

第5章 現代社会の課題

少子化への対策としては、育児休業を男女問わず認める**育児・介護休業法**や**少子化社会対策基本法**（2003年）などが制定されている。また、保育所に入所したいにもかかわらず定員超過により入所できない**待機児童**をなくすことなども喫緊の課題とされているが、女性の就業者は増加の一途をたどり、保育ニーズは高まる一方なので、施設や保育士が不足の状態が続いている。

また、近年では核家族以上に**単身世帯**（**単独世帯**）の増加が目立っている。高齢者が子どもと同居していないケースが多いため、配偶者をなくすと単身になってしまうんだ。また、晩婚化と非婚化も単身世帯の増加に拍車をかけている。こんな状況だから、家族の機能は急速に低下し、従来なら家族で行われてきた育児・食事・看病・介護といったことが専門の施設や業者にゆだねられるようになっているんだ（**家族機能の外部化**）。

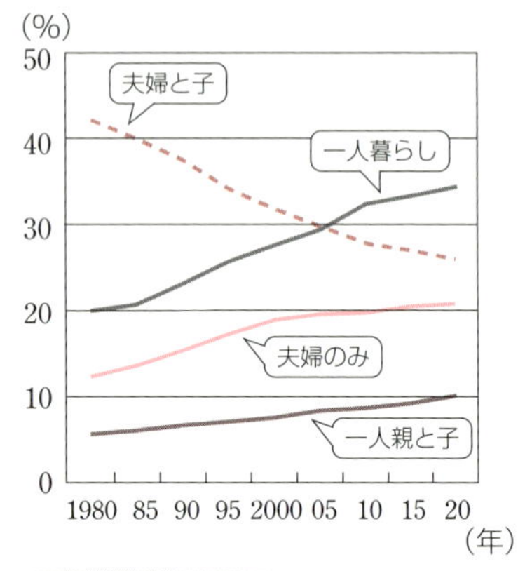

世帯構成の推移

出所：国立社会保障・人口問題研究所「日本の世帯数の将来推計」(2018年)

家族の変化は、**女性の立場**が変わってきたことと関係が深そうだね。

そうだね。1985年に**男女雇用機会均等法**が制定されたことで女性の社会進出が急速に進んだし、1999年には**男女共同参画社会基本法**が制定されている。もはや「男は仕事、女は家庭」などという**性別役割分業**は通用しない時代だ。

ところで、生物学的な性差（オス／メス）は与えられたものだが、**社会的・文化的に形成された性差**（男らしさ／女らしさ）は時代や社会によって多かれ少なかれ異なっている。前者を**セックス**、後者を**ジェンダー**と言う。たとえば、日本でもひと昔前までは、手に職をもつ女性は「女のくせに」と陰口をたたかれた。でも、今日では、現実問題として夫婦が共働きしないと家計の維持が難しくなっているわけだから、そうも言っていられない。ジェンダー（男らしさ／女らしさ）が社会状況によっても変わるという一例だろう。

男女間のその他の問題

夫婦のあいだで生じる暴力（**ドメスティック・バイオレンス、DV**）は表面化しにくく、また法的な規制には慎重な意見が多かった。しかし、殺人など深刻な事件に発展するケースも多いことから、2001年に**DV防止法**が制定された。

日本では民法上、婚姻において夫婦いずれかの姓にしなければならないが、90％以上の夫婦は女性が姓を変えている。これは、結婚によって「家庭に入る」という女性のあり方が変化している実状に合わないとして、別姓も選べるようにする**選択的夫婦別姓制度**の導入が長年議論されているが、まだ実現していない。

多くの国で出産にかかわる決定権は男性（夫）が握るのが普通だった。しかし1994年の**国際人口・開発会議**以来、子どもの出産については女性自身の自己決定に委ねるべきという**リプロダクティブ・ヘルス／ライツ**の考え方が確立した。

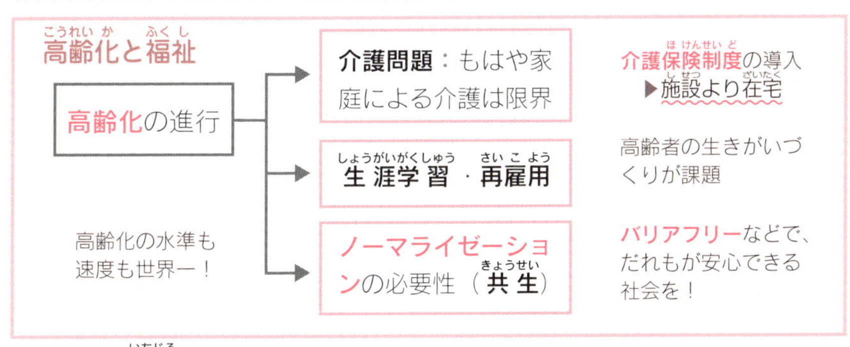

日本では著しく**高齢化**が進行している。総人口のうち65歳以上の人口の割合を**老年人口比率**（高齢化率）というが、日本は28.4％（2019年）と、すでに4人に1人以上が高齢者となっている。また、**高齢化の速度**も世界に類例のない速さだ。**少子化**がこれに拍車をかけているので、2055年には、なんと人口の40％が高齢者となると推計されている。

マジっすか！　いろいろ問題が起こるんじゃないですか？

そうだね。お年寄りが長生きできるようになることはいいことだけど、どうしても年金や医療費がかかるから**社会保障制度**の維持が難しくなってくる。

それに、先ほど見た家族の変容もあいまって、高齢者の介護問題が深刻になる。そこで2000年には**介護保険制度**がスタートした。高齢者の介護を社会全体で引き受けようというわけだ。

そのさい、老人ホームのような**施設での介護**より**在宅での介護**が重視されているという点をおさえてほしい。このほうが低コストだという現実的な事情もあるが、お年寄りにとっても自宅で過ごしたいという願いがあるし、何より施設に隔離するというのは**共生**の考え方にそぐわないからだ。

今日では、**ノーマライゼーション**の考え方が重視されているんだ。これは高齢者も若者も、あるいは障がい者も健康な人も同じように生きることのできる社会をつくるべきだという考え方だ。もちろん、高齢者や障がい者にはハンディキャップがあるから、階段の段差のような障害（バリア）はできるだけなくしていくこと（**バリアフリー**）が求められている。

ポイント　現代の家族

- 現代では都市化と工業化により拡大家族の解体が進み、**家族機能の外部化**が進行している
- 女性の社会進出や晩婚化が進んだ結果、現代では急速に**少子化**が進み、将来の社会保障制度の持続可能性への懸念が強まっている
- 戦後**高齢化**が急速に進行した結果、日本は世界一の高齢化大国となっている

4 グローバル化と倫理

ここまでさまざまな問題や課題を見てきたけど、最後に、グローバル化の進む現在の世界において、僕たちが考えなきゃいけない倫理についてまとめていこう。

まずは人類の存続を脅かす**核兵器**の問題だ。

なぜ核兵器の廃絶ができないんですか？

世界中の人が核廃絶を願っているんだけど、核保有国は**核抑止論**によって自国の核保有を正当化しているんだ。つまり、

❶ 核兵器を廃絶したいのはやまやまだけど、

❷ 現に他国が保有している以上、自国（あるいは世界平和）を守り戦争を抑止するには保有し続けるしかない

……というわけだ。でも、この理屈で世界中の核兵器は増え続け、多くの国に拡散してしまった。結果として核抑止論は、核戦争の脅威を高めてしまったと言うべきだろう。

そんな核戦争の脅威をなんとかしようと、1955年には哲学者・数学者の**バートランド・ラッセル**（1872〜1970）と物理学者の**アインシュタイン**（1879〜1955）が共同で核廃絶を訴えた（**ラッセル・アインシュタイン宣言**）。科学者は真理にのみかかわり、政治や社会の問題には無関係だと考えられてきたが、この宣言では、科学が人類の存続をも脅かすということから**科学者の社会的責任**が強調されている。

でも、核兵器はなくなりませんでしたよね。

政治的に言って、自国の核兵器だけを削減ないし廃絶するというのはたしかに難しいんだ。でもとにかく、困難をきわめた国際交渉の末、次のような条約が順次決められていった。

第5章 現代社会の課題

- **部分的核実験禁止条約**（PTBT、1963年）
  …初めて核実験を規制（地下核実験は可）
- **核拡散防止条約**（NPT、1968年）
  …非核保有国への核兵器の移譲を禁止（非加盟国は拘束できず）
- **包括的核実験禁止条約**（CTBT、1996年）
  …爆発を伴う核実験を禁止（米中などが未批准のため未発効）
- **核兵器禁止条約**（2017年）
  …核兵器の廃絶が目的（未発効、核保有国や日本などは不参加）

ただ、肝心の核保有国はいずれも賛同せず参加していないし、日本を含むアメリカの同盟国もこれに参加していない。なお、2006年以降には**朝鮮民主主義人民共和国（北朝鮮）**が**核実験**を繰り返し実施しており、情勢は不安定化している。

テロリストが核兵器を保有してしまうことも心配ですね。

そうだね。テロリストの動きは21世紀に入ったころから非常に活発化していて、2001年にアメリカで起こった**同時多発テロ事件**とそれに対する報復戦争など、国対国の戦争とはちがう「**見えない敵**との戦い」が起こっている。アメリカは、テロ組織掃討のため、アフガニスタンなどで米本土から遠隔操作できる無人航空機を使ってテロリストへの攻撃を行うなど、伝統的な「戦争」概念を大きく変えるような事態が現実のものとなっている。

その他の軍縮関連条約

- **化学兵器禁止条約**（1993年）
  …化学兵器の開発・生産・貯蔵を禁止
- **対人地雷全面禁止条約**（オタワ条約、1997年）
  …対人地雷の生産・販売・使用などを禁止。NGOの主導で成立。米・中・露などは未署名
- **クラスター爆弾禁止条約**（オスロ条約、2008年）
  …クラスター爆弾の生産・販売・使用などを禁止。NGOの主導で成立。米・中・露などは未署名

20世紀に2つの世界大戦をへた国際社会では、もはや人権は世界的に保障されなくては実効性がないと考えられるようになった。

なんで？

他国の人権侵害を批判しようとすると、すぐに「内政干渉」だと言われてしまうんだ。それを防ぐためには、あらかじめ万国共通の人権保障のルールをつくるしかない。つまり、いわば人権の世界標準（グローバル・スタンダード）を決めてしまえば、ナチスによるユダヤ人虐殺みたいなものの歯止めになる、というわけだ。

人権の国際化

- **世界人権宣言**（1948年）　拘束力なし！
  …国連総会で採択。自然権の保障を宣言
- **国際人権規約**（1966年）
  …拘束力あり。日本は1979年に一部を留保して批准

（条約化：世界人権宣言→国際人権規約）

最初につくられたのが、1948年に第3回国連総会で採択された**世界人権宣言**だ。これは万国共通の普遍的な権利（＝自然権）をうたったものだったけど、いかんせん拘束力のない宣言にすぎなかった。そこで、それを拘束力のある条約としたのが**国際人権規約**（1966年）だ。日本も批准しているよ。

そのほか、個別のテーマごとの人権条約としては、以下のようなものがある。

難民の地位に関する条約［難民条約］（1951年）

- 人種的・宗教的・政治的理由から自国の保護を受けられない者を保護し、国外追放や強制送還を禁止　▶経済難民、環境難民は含まれず
- 日本は、**難民認定**の基準が厳しく受け入れに消極的

人種差別撤廃条約（1965年）

- 人種・皮膚の色などによるあらゆる差別の撤廃を目指す
- 日本は1995年に批准 ➡ **アイヌ文化振興法**の制定

女性差別撤廃条約（1979年）

- 女性差別の撤廃と女性の社会参加、性別役割分業の見直しを求める
- 日本は1985年に批准 ➡ **男女雇用機会均等法**の制定

子どもの権利条約（1989年）　▶日本は1994年に批准

- **18歳**未満の子どもに**権利行使の主体**として**意見表明権**などを認める

上に挙げたなかでは、**子どもの権利条約**がとくに重要だね。

「子どもは弱者だから守ってあげよう」というように、子どもを単に「保護対象」としてとらえるのではなく、自分の意見と意思をもった存在として、「**権利行使の主体**」としてとらえようというのがポイントだよ。

世界を見わたすと、最低限の生活すらままならず、また政府による人権侵害に苦しむ人々が大勢いる。そうした人々の生命と諸権利を守ることを**人間の安全保障**と言う。これは前に見た**持続可能な開発目標**（**SDGs**）とも通じる考え方で、グローバル化の時代における人権を考えるうえで、重要な視点だ。

ところで、**国際化**と**グローバル化**ってちがうんですか？

同じ意味で使うことが多いけど、少しだけニュアンスがちがう。

国際化は、国家と国家の結びつきや相互依存関係が深まることをいうのに対し、**グローバル化**（グローバリゼーション）は、主権国家という枠組みそのものが相対化され、人・モノ・カネ・情報のすべてが全地球規模で活発にやり取りされるようになる事態を指す。国境のもつ重要度が低下するという意味の**ボーダレス化**と言っても、ほぼ同じことを指している。

なるほど。グローバル化の時代には、外国人との付き合いもどんどん増えていくでしょうね。

そうだね。だから、国際化とグローバル化が進む時代にあっては、**異文化理解**および他者との**共生**がきわめて重要となる。

そのために必要な考え方が**文化相対主義**と**多文化主義**（マルチカルチュラリズム）だ。この2つはいずれも**エスノセントリズム**（自民族中心主義）の反対の考え方だけど、微妙に異なっている。

エスノセントリズム
自国の文化や民族が他国よりも優越的だとする考え方

⇔

文化相対主義
文化間の優劣の差を否定

多文化主義
1つの国や社会の内部で複数の文化が共存すべきとの考え方

多文化主義の典型としては、文化的なマイノリティを保護するために複数の言語を公用語と位置づけているスイスやカナダなどの政策を挙げることができる。

少数派の文化を劣ったものとして多数派の文化を押しつけるようなやり方は**同化主義**と呼ばれ、**共生**の時代にはふさわしくないものとして否定されている。日本がかつて朝鮮半島で行った**創氏改名**や、アイヌ民族に対する**北海道旧土人保護法**などはその典型例と言えるだろう。

▶アイヌ民族に対しては、差別的かつ同化主義的な**北海道旧土人保護法**が1997年に廃止され、これに代わって、独自の文化を尊重する**アイヌ文化振興法**が制定された。

なお、多民族国家の典型であるアメリカ社会は「**人種のるつぼ**」としばしば言われてきたが、実際のアメリカ社会では人種が混ざり合って1つの文化を形成しているのではなく、各人種が独自の文化を保持しつつ共存している。そこで近年では、アメリカ社会はけっしてとけ合うことのない「**人種のサラダボウル**」だと言われることが多い。

オリエンタリズム

パレスチナ出身の文芸批評家として米国の名門コロンビア大学で教鞭を執った**エドワード・サイード**（1935～2003）は、主著『**オリエンタリズム**』のなかで、「東洋的（オリエンタル）」という概念が西洋人によって捏造されたものにすぎないと論じた。彼によると、「東洋」とは、西洋人が多様な非西洋世界を一般化して、自分たちの先進性を確認するとともに、これと異なる文明圏を後進的・受動的で西洋人によって支配されるべき対象であることを確認するためにつくり上げた概念だとされる。

これからは、ますます国境が相対化されていくんでしょうね。

そうだね。「国際化」だけでなく「民際化」が必要だという声もあるし、**地球市民**としての自覚をもつことが求められてくることだろう。

その点で、国際社会でも**主権国家**や国際機関だけでなく、さまざまな**NGO**（**非政府組織**）の役割が高まっている。NGOとは一般に国際的な規模でさまざまな非営利的な活動に取り組む組織を指し、国連憲章のなかでは「国連と連携する民間組織」としてNGOが位置づけられている。だから、国際連合で議決権をもつのは主権をもつ加盟国だけだけど、多くのNGOがオブザーバーとしての参加権限を認められているんだ。

へえ、NGOって大事なんですね。

うん、NGOのなかには世界平和にも重要な役割を果たしたものもあるよ。たとえば、NGOの集合体である**地雷禁止国際キャンペーン**は、対人地雷禁止条約を策定する運動を主導して、1997年にノーベル平和賞を受賞した。**核兵器廃絶国際キャンペーン**（**ICAN**）も、核兵器禁止条約において同様の役割を果たし、2017年のノーベル平和賞を受賞しているよ。

代表的なNGO（非政府組織）・NPO（非営利組織）

- **赤十字国際委員会**

　1864年創設。赤十字は、紛争時の傷病者保護を目的にする国際赤十字の常設機関。アンリ・デュナンの提案にもとづいてつくられた。1917年、1944年、1963年にノーベル平和賞を受賞。

- **オックスファム・インターナショナル**

　1942年設立。途上国の飢餓・貧困と不正をなくすための募金と援助活動を行っている。

- **アムネスティ・インターナショナル**

　1961年創設。良心の囚人（非暴力的な政治犯）の釈放や死刑廃止運動などを行っている代表的な人権NGO。1977年にノーベル平和賞を受賞。

- **国境なき医師団**

　1971年創設。天災や戦災にさいし、人道的見地から現地政府との対立をも辞さずに緊急医療援助を行っている。1999年にノーベル平和賞を受賞。

チェック問題 2

第二次世界大戦後、国家や軍の非人道的な行為を防ごうとする努力が重ねられている。そのような国際社会の試みに関する記述として最も適当なものを、次の①～④のうちから１つ選べ。

① 1990年代に地雷禁止国際キャンペーンが始まり、オタワ条約が結ばれたが、軍事大国のアメリカ合衆国やロシア連邦などは批准していない。

② 1990年代にルワンダ内戦などで犯された罪を裁くために、臨時の国際刑事裁判所が設置されたが、常設の国際刑事裁判所はまだ設置されていない。

③ 非人道的な兵器の使用を防ぐために国際社会は努力しているが、化学兵器については同意が得られず、国際条約はまだ採択されていない。

④ 東西冷戦下では、核を保有することで戦争を抑止できるとする議論が盛んであったが、現在では保有国における核兵器製造は禁止されている。

(2009年・センター試験本試)

解答・解説

①

対人地雷全面禁止条約（通称「オタワ条約」）は、地雷禁止国際キャンペーンのイニシアティブによって締結されたが、アメリカやロシアなどは批准していない。

②：1990年代にはルワンダのほか旧ユーゴスラビアなどで国際法廷が開かれ、その流れのなかで常設の**国際刑事裁判所**がつくられた。

③：**化学兵器禁止条約**が1993年に署名され、97年に発効している ➡p.327。

④：核兵器を非核保有国に譲渡するといった行為は**核拡散防止条約**によって禁止されている ➡p.326 が、製造は禁じられていない。また、実験を禁止する**包括的核実験禁止条約**も、アメリカなどは批准していない。

試行調査問題にチャレンジ！

1

難　2分

ピコ・デラ・ミランドラは次のように述べている。次の文章中の【　X　】に入る語句を考え、その語句を入れた際に正しい解説となる文として適当なものを、下の①～④のうちから2つ選べ。ただし、解答の順序は問わない。

> 他のものたちの本性は定められており、われわれが前もって定めた法則によって制限されている。しかし、お前（人間）はどんな制限にも服していないため、お前は、私がお前を委（ゆだ）ねることにした【　X　】によって、自分のためにお前の本性を定めることになるのだ。
>
> （ピコ・デラ・ミランドラ『人間の尊厳について』より）

① エラスムスは、人文主義のたちばから人間の【　X　】を否定し、神に従うことを説いた。

② アウグスティヌスは、【　X　】によって悪に傾かざるをえない人間の姿を捉え、神の恩寵に頼ることを説いた。

③ スピノザは、人間の【　X　】を否定し、世界をつらぬく必然性を認識することを説いた。

④ マキャヴェリは、運命に抗しようとする【　X　】を尊重し、君主の倫理的徳にもとづく統治を説いた。

（2018年・共通テスト試行調査）

解答・解説

②，③

まず、【　X　】に入る語句を特定する必要がある。**ピコ・デラ・ミランドラ**のキーワードとくれば何と言っても「**自由意志**」だ ➡p.114 ということを押さえていれば、与えられた文章をそれほど吟味しなくても特定できる。これを押さえていなかった場合には少し苦しくなるが、それでも①と②の記述あたりから特定することもできる。①・②でも判断できないなら、③・④で【　X　】を特定するのは難しい。

こうして【　X　】に「自由意志」が入るとわかれば、各選択肢の正誤を判断できるようになる。ただし適当な記述を２つ選ばなければならないので、消去法が効かない。センター試験ではどんな設問でも「１つ選べ」という形式だったので消去法が使えたが、共通テストでは使えない。この違いは大きい。ともあれ、【　X　】に「自由意志」を入れて各選択肢を吟味する。

①：**エラスムス**がルネサンス期の「**人文主義の立場**」にあるというのはいいが、この立場はピコ・デラ・ミランドラ以来、古代ギリシアの英雄たちがそうであったように、運命に抗う人間の自由意志を擁護するものである。エラスムスはカトリック信仰の立場を守り続けたものの、神の恩寵に応える人間の自由意志を擁護したので、①は誤文と判断しなければならない。

②：最大の教父と位置づけられる**アウグスティヌス**は、人間が悪への自由のみをもち、自由意志によって善へと向かうことはできないと論じた ➡p.69 。彼によれば、**原罪**を背負った存在として、人間は自由意志によって悪へと流れてしまうが、しかし神の**恩寵**（恵み）によって善へと向かう可能性もあるとされる。正文である。

③：**スピノザ**の自由意志論 ➡p.135 というやや細かい論点の理解が問われている。スピノザは、万物が神の現れであるとする**汎神論**の立場をとり、神の絶対性を強調するがゆえに、人間がみずからの意思で何ごとかをなせるという考え方をすべてしりぞける。人間にできるのは、ただ「**永遠の相のもとに**」神の創造した必然性の世界を眺めることだけであるとされる。正文である。

④：**マキャヴェリ**の自由意志論は難しい。結論としては、マキャヴェリは運命に抗う強靭な意思と能力をもつ君主を擁護するので、前半の記述は正しい。ただし、彼は、君主は非道徳的な手段を用いてもかまわないという立場をとるので、その点で後半の記述は誤文である。これが誤文であることは判断しやすい。

というわけで、正解は②および③ということになる。【　X　】を特定することと各選択肢を正誤判定できることの両方が必要だという点でやや手の込んだ設問となっているが、けっして難しい設問ではない。

2

標準 

生徒が、愛に関する言葉について調べ、それに関わる資料を提示した。次の(1)・(2)に答えよ。

(1) 愛に関する言葉の説明を、次の①～④のうちから任意に一つ選べ。
なお、(1)で①～④のいずれを選んでも、次ページの(2)の問いについては、それぞれに対応する適当な選択肢がある。

① この言葉はもともと愛の神を意味していた。完全なもの・価値あるものを求める愛で真の知恵を愛し求める原動力となるものである。
② この言葉は無差別・無条件の神の愛を意味する。すべての人間、善人にも罪人に対しても、分け隔てなく、注がれるものである。
③ この言葉はあらゆる命への普遍的な愛のことである。苦悩する衆生に差別なく向けられるものである。
④ この言葉は本来、親と子の間にわき起こる自然な愛情を意味する。社会的な関係の中で広げられていくものである。

(2) (1)で選んだ愛に関する言葉の説明と関連の深い資料として最も適当なものを次の①～④のうちから一つ選べ。

① いかなる生物生類であっても、怯(おび)えているものでも強剛なものでも、悉(ことごと)く,長いものでも、大きなものでも、中くらいのものでも、短いものでも、微細なものでも、粗大なものでも、目に見えるものでも、見えないものでも、遠くに住むものでも、近くに住むものでも、すでに生まれたものでも、これから生まれようと欲するものでも、一切の生きとし生けるものは、幸せであれ。
② 人間の生まれつきが、孝行で柔順だというのに上役にさからいたがるものは、まず珍しいね。その上役にさからいたがらないものが内乱をおこしたという例は、まだ聞いたことがない。りっぱな人間は根本をたいせつにする。根本がかたまると道は自然にできる。
③ だれであれ、自分の半身を探し求めるような人たちは恋しているのだという説が語られていますね。しかし、私の説が主張するところでは、恋が求めるのは半分でも全体でもないのです。(中略) 人々が恋

するものは、善きもの以外には何もありません。（中略）恋とは、善きものが永遠に自分のものになることを求めているのです。
④ある人が羊を百匹持っていて、その一匹が迷い出たとすれば、九十九匹を山に残しておいて、迷い出た一匹を捜しに行かないだろうか。（中略）もし、それを見つけたら、迷わずにいた九十九匹より、その一匹のことを喜ぶだろう。

（2018年・共通テスト試行調査）

解答・解説

(1) ①　(2) ③　または
(1) ②　(2) ④　または
(1) ③　(2) ①　または
(1) ④　(2) ②

試行調査問題では、正解が１つに特定できず、ある設問の解答と別の設問の解答の組み合わせによって複数の正解が出る新しいタイプの出題があった。設問の内容としては難しくないが、受験者はこの新しい形式に戸惑ったかもしれない。

まずは(1)のうち、最も自信をもって判断できるものを選べばよいのだが、すべて特定しておく。

(1)の①では「**愛の神**」という表現が出てくる。高校の倫理で学ぶ範囲で「愛の神」といえば、プラトンのいう**エロース**しかない ➡p.42 。「真の知恵を愛し求める原動力」という説明も、エロースの説明となっている。その点をふまえて(2)の選択肢を見ると、③がエロースの説明にあたる。このテーマが論じられている『饗宴（きょうえん）』を実際に読んだことのない大部分の受験生にとってはやや判断しにくい文章だが、「人々が恋するものは、善（よ）きもの以外には何もありません」という記述は、個々の善いものではなく善そのもの（**善のイデア**）を求めたプラトン ➡p.40 の思想に合致するのではないかと見当をつけることができるだろう。

(1)の②では「**無差別無条件の神の愛**」「善人にも罪人にも…」という表現が出てくるので、これは最も判断しやすいだろう。もちろんキリスト教における**アガペー**を指している ➡p.61 。(2)の選択肢のなかでアガペーに深く関連するのは、④である。これは「**見失った羊のたとえ**」と呼ばれるもので、新約聖書における非常に有名な説話のひとつで、神の愛（アガペー）は、助けるに値しないと思われがちなものにまでも及ぶことを説明するためのもので、罪人であろうとも救済する神の愛の深さを示している。このたとえを知っていなくても、これが「無差別」の愛を表すことはすぐに判断できる。

(1)の③はやや漠然(ばくぜん)としているが、「**衆生**(しゅじょう)」という用語法から、これが仏教の**慈悲**(じひ)であると判断することができる ➡p.87 。また仏教における慈悲が人間以外にも及ぶというポイントを知っているならば、「いかなる生物生類であっても…」といった表現や、「**いっさいの生きとし生けるもの**」という仏教の用語法からも、(2)の①が慈悲に対応すると判断できる。

(1)の④では「**親と子の間にわき起こる自然な愛情**」という表現から、とくに「親と子」「自然な」といったヒントから、儒家の**仁**(じん)であることがわかる。(2)の選択肢のなかでは、②に「**孝行**(こうこう)」という表現が出てくるので、これが儒家(じゅか)思想だと容易に判断できるだろう。

試験会場ではすべてを特定する必要はないので、出題形式はひねってあるが、自分の最も得意なテーマで勝負すれば、むしろ得点しやすいタイプの設問といえるだろう。

お疲れさまでした～！ここまで読んでくれてありがとう！
みなさんの共通テスト本番における高得点を、心の底から祈っています！

さくいん

本書の重要語句を
中心に集めています。

え

お

か

き

く

け

し

す

せ

そ

と

な

に

ね

へ

ほ

ま

み

む

め

も

や

ゆ

よ

●参考文献一覧（教科書類や本文で言及された原典以外のおもなもの。順不同）

松田隆夫ほか『心理学概説』（培風館）
永井均ほか『事典　哲学の木』（講談社）
廣松渉ほか編『岩波哲学・思想事典』（岩波書店）
バートランド・ラッセル『西洋哲学史』〈1～3〉（みすず書房）
岩崎武雄『西洋哲学史』（有斐閣）
岩崎允胤ほか『西洋哲学史概説』（有斐閣）
木田元『反哲学史』（講談社学術文庫）
ディオゲネス・ラエルティオス『ギリシア哲学者列伝』〈上・中・下〉（岩波文庫）
小田垣雅也『キリスト教の歴史』（講談社学術文庫）
井筒俊彦『イスラーム文化　その根柢にあるもの』（岩波文庫）
梅原猛ほか『仏教の思想』〈1～12〉（角川ソフィア文庫）
湯浅邦弘『諸子百家　儒家・墨家・道家・法家・兵家』（中公新書）
高島善哉ほか『社会思想史概論』（岩波書店）
戸田山和久『科学哲学の冒険　サイエンスの目的と方法をさぐる』（NHK ブックス）
稲葉振一郎『社会学入門　〈多元化する時代〉をどう捉えるか』（NHK ブックス）
冨田恭彦『観念論ってなに？　オックスフォードより愛をこめて』（講談社現代新書）
リチャード・ローティ『哲学と自然の鏡』（産業図書）
市川浩『精神としての身体』（講談社学術文庫）
廣松渉『マルクス主義の地平』（講談社学術文庫）
仲正昌樹『集中講義！アメリカ現代思想　リベラリズムの冒険』（NHK ブックス）
仲正昌樹『現代ドイツ思想　講義』（作品社）
マイケル・サンデル『これからの「正義」の話をしよう　いまを生き延びるための哲学』（早川書房）
菅野覚明『神道の逆襲』（講談社現代新書）
末木文美士『日本仏教史　思想史としてのアプローチ』（新潮文庫）
丸山眞男『日本政治思想史研究』（東京大学出版会）
R.N. ベラー『徳川時代の宗教』（岩波文庫）

●写真提供

株式会社アフロ／AP/ アフロ（p.193、p.202、p.206）／奈良国立博物館（撮影　佐々木香輔）（p.244）／宝慶寺蔵（p.248）

村中　和之（むらなか　かずゆき）
　大阪府出身。一橋大学大学院博士課程単位修得。現在、駿台予備学校講師。
　法学および文学の学士と社会学の修士をもつ「学位コレクター」。専門は社会哲学および政治思想史で、古今東西の古典を読破。哲学・思想の本質を説明させれば右に出るものはいないと言われる。また、受験生時代には「世界史職人」の異名をとっていたように、地歴公民科全般に関してオールラウンドな知識を有する。
　教壇では、膨大な知識と雑学を駆使した授業により、基礎レベルから難関大志望者までの受講生を魅了し、体系的な板書にも定評がある。現在、駿台予備学校などで「倫理」「倫理、政治・経済」「現代社会」「政治・経済」を指導しているほか、「青本」の執筆や模擬試験の作成、教員向けのセミナーなどを多数担当。また、「駿台サテネット21」で「倫理、政治・経済センター試験対策」の講座を担当（2020年現在）。
　趣味は「哲学」で、特に好きな思想家はハンナ・アーレントと丸山眞男。
　著書に『改訂第２版　センター試験　倫理の点数が面白いほどとれる本』『改訂第２版　センター試験　現代社会の点数が面白いほどとれる本』『日本の大問題が見えてくるディープな政治・経済』『経済のニュースが面白いほどスッキリわかる本』（以上、KADOKAWA）、『学びなおすと倫理はおもしろい』（ベレ出版）がある。

大学入学共通テスト　倫理の点数が面白いほどとれる本

2020年６月26日　初版　第１刷発行
2021年４月20日　　　　第３刷発行

著者／村中 和之

発行者／青柳 昌行

発行／株式会社KADOKAWA
〒102-8177　東京都千代田区富士見2-13-3
電話　0570-002-301（ナビダイヤル）

印刷所／図書印刷株式会社

●お問い合わせ
https://www.kadokawa.co.jp/（「お問い合わせ」へお進みください）
※内容によっては、お答えできない場合があります。
※サポートは日本国内のみとさせていただきます。
※Japanese text only

定価はカバーに表示してあります。

ISBN 978-4-04-604205-7　C7012